BIBLIOTHÈQUE
DE PHILOSOPHIE CONTEMPORAINE

DE LA QUADRUPLE RACINE

DU

PRINCIPE DE LA RAISON SUFFISANTE

DISSERTATION PHILOSOPHIQUE

SUIVIE D'UNE HISTOIRE

DE LA DOCTRINE DE L'IDÉAL ET DU RÉEL

PAR

SCHOPENHAUER

TRADUIT EN FRANÇAIS POUR LA PREMIÈRE FOIS

Par J.-A. CANTACUZÈNE

PARIS
LIBRAIRIE GERMER BAILLIÈRE ET Cⁱᵉ
108, BOULEVARD SAINT-GERMAIN, 108

1882

DE LA QUADRUPLE RACINE

DU

PRINCIPE DE LA RAISON SUFFISANTE

LIBRAIRIE GERMER BAILLIÈRE ET Cie

BIBLIOTHÈQUE DE PHILOSOPHIE CONTEMPORAINE

OUVRAGES DE SCHOPENHAUER

TRADUITS EN FRANÇAIS

Essai sur le libre arbitre. 1 vol. in-18. 2e édit.   2 fr. 50

Le fondement de la morale, traduit par M. Burdeau. 1 vol. in-18.   2 fr. 50

Essais et fragments (les douleurs du monde, — l'amour, — la mort, — l'art et la morale, — fragments de correspondance), traduit et précédé d'une vie de Schopenhauer, par M. Bourdeau. 1 vol. in-18. 3e édit.   2 fr. 50

Aphorismes sur la sagesse dans la vie, traduit par M. Cantacuzène. In-8.   5 fr.

De la quadruple racine du principe de la raison suffisante, suivi d'une esquisse d'une *Histoire de la doctrine de l'idéal et du réel*, traduit par M. Cantacuzène. 1 vol. in-8.   5 fr.

Le monde comme volonté et comme représentation, traduit par M. Burdeau. 2 vol. in-8. (*Sous presse.*)

La philosophie de Schopenhauer, par M. Th. Ribot. 1 vol. in-18.   2 fr. 50

Coulommiers. — Typographie Paul Brodard.

DE LA QUADRUPLE RACINE

DU

PRINCIPE DE LA RAISON SUFFISANTE

DISSERTATION PHILOSOPHIQUE

SUIVIE D'UNE HISTOIRE

DE LA DOCTRINE DE L'IDÉAL ET DU RÉEL

PAR

SCHOPENHAUER

TRADUIT EN FRANÇAIS POUR LA PREMIÈRE FOIS

Par J.-A. CANTACUZÈNE

Ναί μα τον ἀμετέρα ψυχῇ παραδοντα τετρακτύν
Παγαν ἀενάου φύσεως, ρίζωμα τ'ἔχουσαν.

PARIS

LIBRAIRIE GERMER BAILLIÈRE ET Cⁱᵉ

108, BOULEVARD SAINT-GERMAIN, 108

—

1882

A Monsieur T. MAIORESCO

Laissez-moi vous dédier cette traduction, en témoignage d'amitié et de reconnaissance pour les conseils et les encouragements dont vous m'avez soutenu dans mes travaux.

J.-A. Cantacuzène.

Hantsesti, janvier 1881.

PRÉFACE DE LA SECONDE ÉDITION

Cette dissertation de philosophie élémentaire a paru pour la première fois en 1813, sous forme de thèse pour mon doctorat; plus tard, elle est devenue le fondement de tout mon système. Aussi faut-il qu'elle ne soit jamais épuisée dans le commerce, comme c'est le cas, à mon insu, depuis quatre ans.

Mais il me semblerait impardonnable de lancer encore une fois dans le monde cette œuvre de ma jeunesse, avec toutes ses taches et tous ses défauts. Car je songe que le moment ne saurait être bien loin où je ne pourrai plus rien corriger; c'est précisément avec ce moment que commencera la période de ma véritable influence, et je me console par l'espoir que la durée en sera longue; car j'ai foi dans la promesse de Sénèque : « *Etiamsi omnibus tecum viventibus silentium livor indixerit, venient qui sine offensa sine gratia judicent* » (Ep. 79). J'ai donc corrigé, autant que faire se pouvait, le présent travail de ma jeunesse, et, vu la brièveté et l'incertitude de la vie, je dois m'estimer particulièrement heureux qu'il m'ait été donné de pouvoir réviser dans ma soixantième année ce que j'avais écrit dans ma vingt-sixième.

J'ai voulu néanmoins être très indulgent pour mon jeune homme et, autant que possible, lui laisser la parole et même lui laisser tout dire. Cependant, quand il avance quelque chose d'inexact ou de superflu, ou bien encore quand il omet ce qu'il y avait de meilleur à dire, j'ai bien été obligé de lui couper la parole, et cela est arrivé assez fréquemment; tellement, que plus d'un lecteur éprouvera le même sentiment que si un vieillard lisait à haute voix le livre d'un jeune homme, en s'interrompant souvent pour émettre ses propres considérations sur le sujet.

On comprendra facilement qu'un ouvrage ainsi corrigé et après un intervalle aussi long, n'a pu acquérir cette unité et cette homogénéité qui n'appartiennent qu'à ce qui est coulé d'un jet. On sentira déjà dans le style et dans la manière d'exposer une différence si manifeste, que le lecteur doué d'un peu de tact ne sera jamais dans le doute si c'est le jeune ou le vieux qu'il entend parler. Car, certes, il y a loin du ton doux et modeste du jeune homme qui expose ses idées avec confiance, étant assez simple pour croire très sérieusement que tous ceux qui s'occupent de philosophie ne poursuivent que la vérité, et qu'en conséquence quiconque travaille à faire progresser celle-ci ne peut qu'être le bien venu auprès d'eux ; il y a loin, dis-je, de cet on à la voix décidée, mais parfois aussi quelque peu rude, du vieillard qui a bien dû finir par comprendre dans quelle noble compagnie de chevaliers d'industrie et de plats et serviles courtisans il s'est fourvoyé, et quels sont leurs véritables desseins. Oui, le lecteur équitable ne saurait me blâmer quand parfois l'indignation me jaillit par tous les pores ; le résultat n'a-t-il pas démontré ce qui advient quand, n'ayant à la bouche que la recherche de la vérité, on n'est constamment occupé qu'à deviner les intentions des supérieurs les plus haut placés, et quand aussi, d'autre part, étendant aux grands philosophes le « *e quovis ligno fit Mercurius* », un lourd charlatan comme Hegel arrive, lui aussi, à passer tout bonnement pour un grand philosophe. Et, en vérité, la philosophie allemande est couverte aujourd'hui de mépris, bafouée par l'étranger, repoussée du milieu des sciences honnêtes, comme une fille publique qui, pour un vil salaire, s'est donnée hier à celui-là, aujourd'hui à un autre ; les cervelles des savants de la génération actuelle sont désorganisées par les absurdités d'un Hegel : incapables de penser, grossiers et pris de vertige, ils deviennent la proie du vil matérialisme qui a éclos de l'œuf du basilic. — Bonne chance à eux ! — Moi, je retourne à mon sujet.

Il faut donc que le lecteur prenne son parti de la disparité de ton ; car je n'ai pas pu ajouter ici, en supplément séparé, les additions ultérieures, comme je l'ai fait pour mon grand ouvrage. Ce qui importe, ce n'est pas que l'on sache ce que j'ai écrit à vingt-six ou à soixante ans, mais que ceux qui veulent s'orienter, se fortifier et voir clair dans les principes fondamentaux de toute philosophie, trouvent, même dans ces quelques feuilles, un opuscule où ils puissent apprendre quelque chose de solide et de vrai : et ce sera le cas, je l'espère. Par le développement que j'ai donné à certaines parties, l'ouvrage est même devenu une théorie résumée de toutes les facultés de l'intelligence ; cet abrégé, tout en n'ayant pour objet que le principe de la raison, expose la matière par un côté neuf et tout à fait particulier, et trouve ensuite son complément dans le 1er livre de mon ouvrage *Le monde comme volonté et représentation*, dans les chapitres du 2e volume qui se rapportent à ce sujet, et dans la *Critique de la philosophie kantienne*.

ARTHUR SCHOPENHAUER.

Francfort-sur-le-Mein, septembre 1847.

DE LA
QUADRUPLE RACINE
DU PRINCIPE DE LA RAISON SUFFISANTE

CHAPITRE PREMIER

INTRODUCTION

§ 1. — La méthode.

Platon le divin et l'étonnant Kant recommandent, d'une voix unanime et impérieuse, la règle suivante comme méthode pour toute discussion philosophique, pour toute connaissance même [1]. Il faut, disent-ils, satisfaire à deux lois, celle de l'*homogénéité* et celle de la *spécification*, à toutes les deux dans la même mesure et non pas à l'une seulement au détriment de l'autre. La loi de l'*homogénéité* nous enseigne, par l'étude attentive des ressemblances et des concordances, à concevoir les espèces, à grouper celles-ci en genres et ces derniers en

---

[1]. Platon, *Phileb.*, p. 219-223. *Polit.*, 62, 63 ; *Phœdr.*, 361-363, éd. Bipont. — Kant, *Critique de la raison pure*, annexe à la dialect. transc.

familles, jusqu'à ce que nous arrivions à la notion suprême qui comprend tout. Cette loi étant transcendantale, et essentielle à notre raison, présuppose sa concordance avec la nature ; c'est ce qu'exprime cet ancien précepte : « *Entia præter necessitatem non esse multiplicanda.* » — Par contre, Kant énonce ainsi la loi de la *spécification :* « *Entium varietates non temere esse minuendas.* » Celle-ci exige que nous séparions scrupuleusement les genres groupés dans la vaste notion de famille, de même que les espèces supérieures et inférieures, comprises dans ces genres ; elle nous impose d'éviter avec soin les sauts brusques et surtout de ne pas faire entrer directement quelque espèce dernière, et à plus forte raison quelque individu, dans la notion de famille ; car toute notion est susceptible d'être encore subdivisée en notions inférieures, et aucune ne descend jusqu'à l'intuition pure. Kant enseigne que ces deux lois sont des principes transcendants de la raison et qu'elles réclament *à priori* l'accord avec les choses : Platon semble énoncer, à sa façon, la même proposition quand il dit que ces règles auxquelles toute science doit son origine nous ont été jetées par les dieux du haut de leur siège, en même temps que le feu de Prométhée.

§ 2. — Son application dans le cas présent.

Malgré d'aussi puissantes recommandations, la seconde de ces lois a été, selon moi, trop peu appliquée à un principe fondamental de toute connaissance, au *principe de la raison suffisante.* En effet, quoiqu'on l'ait dès long-temps et souvent énoncé d'une manière générale, on a négligé de séparer convenablement ses applications éminemment différentes, dans chacune desquelles il adopte une autre signification, et qui montrent par là qu'il prend sa source dans des facultés intellectuelles distinctes. Or, si l'on compare la philosophie de Kant avec toutes les doctrines antérieures, on peut se convaincre que c'est surtout dans l'étude des facultés intellectuelles que l'application du principe de l'homogénéité, lorsqu'on a négligé d'appliquer en même temps le principe opposé, a produit de nombreuses et longues erreurs; et que c'est par contre en appliquant la loi de spécification que l'on a obtenu les progrès les plus grands et les plus importants.

Que l'on me permette donc, car cela donnera de l'autorité au sujet que je me propose de traiter, de citer ici un passage où Kant recommande d'appliquer aux sources de nos connaissances le principe de la spécification. « *Il est de la plus haute importance,* dit-il, *d'isoler les connaissances qui, par leur nature et leur origine, diffèrent entre elles, et de se bien garder de les laisser se confondre avec d'autres connaissances auxquelles elles sont jointes d'ordinaire dans la pratique. Ainsi que procède le chimiste pour l'analyse de la matière, ou le mathématicien pour l'étude des mathématiques pures; ainsi, et plus rigoureusement encore, doit procéder le philosophe pour pouvoir déterminer sûrement la valeur et l'influence qui appartiennent en propre à telle ou telle espèce particulière de connaissance dans l'emploi vague de l'entendement.* » (*Critique de la raison pure, Etude de la méthode*, 3ᵉ div. pr. [1])

§ 3. — Utilité de cet examen.

Si je réussis à démontrer que le principe qui fait l'objet de cette étude découle dès l'abord de *plusieurs* connaissances fondamentales de notre esprit et non directement *d'une seule*, il en résultera que le principe de nécessité qu'il emporte avec soi comme principe établi *à priori* ne sera pas non plus *unique* et partout *le même*, mais qu'il sera aussi multiple que les sources du principe lui-même. Cela étant, quand on voudra baser une conclusion sur ce principe, l'on sera tenu de spécifier bien exactement sur laquelle des diverses nécessités, formant la base du principe, la conclusion s'appuie, et de désigner cette nécessité par un nom spécial, comme je vais en proposer plus loin. Les discussions philosophiques y gagneront, je l'espère, en netteté et en précision ; pour ma part, je considère qu'en philosophie la plus grande clarté possible, cette clarté que l'on ne peut obtenir que par la détermination rigoureuse de chaque expression, est la condition impérieusement exigée pour éviter toute erreur et tout risque d'être trompé avec préméditation : ainsi seulement, toute connaissance acquise dans le domaine de la philosophie deviendra notre propriété assurée,

---

1. « ...., *afin de pouvoir déterminer sûrement la part de chaque espèce de connaissance, à l'usage vagabond de l'entendement, sa valeur propre et son influence.* » *Crit. de la R. P.*, traduction de M. Tissot. Voir tome II, p. 542. (Paris, Ladrange, 1845.)

qu'aucun malentendu, aucune équivoque, découverts par la suite, ne pourront plus venir nous arracher. En général, le véritable philosophe s'efforcera sans cesse d'être clair et précis ; il cherchera toujours à ressembler non pas à un torrent qui descend des montagnes, trouble et impétueux, mais plutôt à un de ces lacs de la Suisse, très profonds, auxquels leur calme donne une grande limpidité et dont la profondeur est rendue visible par cette limpidité. « *La clarté est la bonne foi des philosophes,* » a dit Vauvenargues. Le faux philosophe, au contraire, ne cherche pas, selon la maxime de Talleyrand, à employer les mots pour dissimuler ses pensées, mais bien pour couvrir le manque de pensées : il rend responsable l'intelligence du lecteur, quand celui-ci ne comprend pas des philosophèmes dont l'incompréhensibilité ne provient que de l'obscurité des propres pensées de l'auteur. Ceci explique pourquoi certains ouvrages, ceux de Schelling par exemple, passent si souvent du ton de l'enseignement à celui de l'invective : on y tance par anticipation le lecteur pour son ineptie.

§ 4. — Importance du principe de la raison suffisante.

Cette importance est immense ; on peut dire que ce principe est la base de toute science. Car on entend par *science* un *système* de connaissances, c'est-à-dire un ensemble composé de connaissances qui s'enchaînent les unes aux autres, par opposition à un simple agrégat. Mais qu'est-ce qui relie entre eux les membres d'un système, si ce n'est le principe de la raison suffisante ? Ce qui distingue précisément toute science d'un simple agrégat, c'est que chaque connaissance y dérive d'une connaissance antérieure, comme de son principe. Aussi Platon dit-il : « Καὶ γὰρ αἱ δόξαι ἀληθεῖς οὐ πολλοῦ ἄξιαι εἶσιν, ἕως ἄν τις αὐτάς δήσῃ αἰτίας λογισμῷ. » (*Etiam opiniones veræ non multi pretii sunt, donec quis illas ratiocinatione a causis ducta liget.* — *Meno*, p. 385, éd. Bipont.) En outre, presque toutes les sciences renferment des notions de causes dont on détermine les effets, et d'autres notions sur la nécessité des conséquences qui découlent d'un principe, ainsi que nous le verrons dans le cours de cette étude; c'est ce qu'Aristote exprimait ainsi : « πᾶσα ἐπιστήμη διανοητική, ἢ καὶ μετέχουσά τι διανοίας περὶ αἰτίας καὶ ἀρχάς ἐστι. » (*Omnis intellectualis scientia, sive aliquo modo intellectu participans, circa causas et principia est.* — *Métaph.*, V, 1.) — Or, comme nous avons admis *à priori* que tout a une raison d'être qui nous autorise à chercher partout le *pourquoi*, on peut dire à bon droit que le *pourquoi* est la source de toute science.

§ 5. — Du principe lui-même.

Nous montrerons plus loin que le principe de la raison suffisante est une expression commune à plusieurs connaissances données *à priori*. Néanmoins, il faut bien pour le moment le formuler d'une manière quelconque. Je choisis la formule de Wolf, comme étant la plus générale : « *Nihil est sine ratione cur potius sit, quam non sit.* » Rien n'est sans une raison d'être.[1]

---

[1]. J'ai traduit littéralement la version libre de Schopenhauer : « *Nichts ist ohne Grund warum es sei.* »

CHAPITRE II

EXPOSÉ SOMMAIRE DE TOUT CE QUI A ÉTÉ ENSEIGNÉ JUSQU'ICI DE PLUS IMPORTANT SUR LE PRINCIPE DE LA RAISON SUFFISANTE.

§ 6. — Première énonciation du principe et distinction entre deux de ces significations.

L'énonciation abstraite, plus ou moins précise, d'un principe aussi primordial de toute connaissance, a dû être formulée dès longtemps; aussi serait-il difficile et sans grand intérêt de montrer où l'on en peut trouver la première mention. Platon et Aristote ne le posent pas encore comme un principe capital; mais ils l'énoncent à plusieurs reprises comme une vérité certaine par elle-même. Platon, par exemple, dit avec une naïveté qui, à côté des recherches critiques des temps modernes, apparaît comme l'état d'innocence en regard de celui de la connaissance du bien et du mal : « Ἀναγκαῖον, πάντα τὰ γιγνόμενα διὰ τίνα αἰτίαν γίγνεσθαι· πῶς γὰρ ἂν χωρὶς τούτων γίγνοιτο. » (*Necesse est, quæcumque fiunt, per aliquam causam fieri : quomodo enim absque ea fierent? Phileb.*, p. 240, éd. Bip.) Et dans le *Timée* (p. 302, *ibid.*) : « Πᾶν δέ τό γιγνόμενον ὑπ' αἰτίου τινός ἐξ ἀνάγκης γίγνεσθαι. πάντι γάρ ἀδύνατον χωρίς αἰτίου γένεσιν σχεῖν. » (*Quidquid gignitur, ex aliqua causa necessario gignitur : sine causa enim oriri quidquam, impossibile est.*) — Plutarque, à la fin de son livre *De fato*, cite, parmi les maximes fondamentales des Stoïciens, la suivante : « Μάλιστα μὲν καὶ πρῶτόν εἶναι δόξειε, τό μηδὲν ἀναιτίως γίγνεσθαι, ἀλλὰ κατὰ προηγουμένας αἰτίας. » (*Maxime id primum esse videbitur, nihil fieri sine causa, sed omnia causis antegressis.*)

Aristote, dans ses *Analytiques postérieures*, I, 2, énonce aussi à peu près le principe de la raison en ces termes : « Ἐπίστασθαι δὲ οἰόμεθα ἕκαστον ἁπλῶς, ὅταν τήν τ'αἰτίαν οἰόμεθα γινώσκειν, δί ἣν τὸ πρᾶγμα ἐστιν, ὅτι ἐκείνου αἰτία ἐστὶν, καὶ μὴ ἐνδέχεσθαι τοῦτο ἄλλως εἶναι. » (*Scire autem putamus unamquamque rem simpliciter, quum putamus causam cognoscere, propter quam res est, ejusque rei causam esse, nec posse eam aliter se habere.*) Dans sa *Métaphysique*, liv. IV, ch. 1, il sépare déjà les raisons, ou plutôt les principes, ἀρχάι, en plusieurs espèces, et en distingue huit ; mais cette division manque de fondement et de précision. Il dit néanmoins très justement : « Πασῶν μὲν οὖν κοινὸν τῶν ἀρχῶν, τό πρῶτον εἶναι, ὁδεν ἤ ἐστιν, ἤ γίνεται, ἤ γιγνώσκεται. » (*Omnibus igitur principiis commune est, esse primum, unde aut est, aut fit, aut cognoscitur.*) Dans le chapitre suivant, il distingue plusieurs espèces de causes, mais assez superficiellement et sans ordre. Dans ses *Analytiques postérieures*, II, 11, il établit cependant plus exactement qu'ici quatre espèces de raisons : « Αἰτίαι δὲ τέσσαρες· μία μὲν τὸ τί ἦν εἶναι· μία δὲ τὸ τινῶν ὄντων ἀνάγκη τοῦτο εἶναι· ἑτέρα δὲ, ἥ τι ωρῶτον ἐκίνησε· τετάρτη δὲ, τὸ τίνος ἕνεκα. » (*Causæ autem quatuor sunt : una quæ explicat quid res sit ; altera, quam, si quædam sint, necesse est esse ; tertia, quæ quid primum movit ; quarta, id cujus gratia.*) C'est là l'origine de la division des causes, généralement adoptée par les scolastiques, en *causas materiales, formales, efficientes* et *finales*, ainsi qu'on peut le voir également dans les *Disputationibus metaphysicis Suarii*, disp. 12, sect. 2 et 3, qui constituent un véritable manuel de la scolastique. Hobbes (*De corpore*, P. II, ch. 10, § 7) la cite aussi et l'explique. — On retrouve cette division, plus détaillée encore et plus claire, dans Aristote, *Métaphysique*, I, 3. Il la rappelle également dans son livre *De somno et vigilia,* ch. 2. — Pour ce qui concerne la distinction si importante entre un principe de connaissance et une cause, Aristote laisse entrevoir qu'il a quelque notion de la chose, car il expose en détail dans ses *Analytiques postérieures*, I, 13, que savoir et prouver qu'*une chose est* diffère beaucoup de savoir et prouver *pourquoi elle est ;* or ce qu'il entend dans le second cas, c'est la connaissance de la cause, et, dans le premier, c'est le principe de la connaissance. Néanmoins, il n'est jamais parvenu à avoir une notion bien précise de cette différence ; sans quoi il l'eût maintenue et observée dans ses autres ouvrages également, ce qui n'est pas du tout le cas ; car là même où, comme dans les passages cités plus haut, il se propose de distinguer les différentes espèces de raisons, il perd de vue la différence, si essentielle pourtant, dont il est question ici ; en outre, il emploie constamment le mot « ἀίτιον » pour désigner toute raison, de quelque nature qu'elle soit : il appelle même très souvent le principe de connaissance, voire même les prémisses d'une conclusion « ἀιτίας », comme par exemple dans la *Métaphysique*, IV, 18 ; dans la *Rhétorique*, II, 24 ; dans le *De plantis*, I, p. 816 (éd. Berlin), et surtout dans les *Analytiques postérieures*, I, 2, où il appelle nommément les prémisses d'une conclusion « ἀιτίαι τοῦ συμπεράσματος ». Or désigner par un même mot deux notions analogues est un indice que l'on ne connaît pas leur différence, ou du moins qu'on ne la maintient pas fermement : une homonymie accidentelle de choses très dissemblables est un cas tout à fait différent. Son erreur se manifeste le plus clairement dans sa démonstration du sophisme *non causæ ut causa* (παρά τό μὴ ἀιτίον ὥς ἀιτίον) au livre *De sophisticis elenchis*, ch. 5. Dans ce passage, il entend par « ἀιτίον » exclusivement la raison démonstrative, les prémisses, donc un principe de connaissance ; en effet, ce sophisme consiste en ce que l'on pose très justement comme impossible une chose qui n'a aucune influence sur la thèse contestée et par laquelle on prétend néanmoins avoir renversé cette thèse. Il n'y est donc nullement question de causes physiques. Mais l'emploi du mot « ἀιτίον » a eu tant d'autorité auprès des logiciens modernes, que, s'en tenant uniquement à cette expression, ils présentent toujours dans leurs démonstrations des *fallaciarum extra dictionem*, la *fallacia non causæ ut causa*, comme ils feraient pour l'énonciation d'une cause physique, ce qui n'est pas : ainsi font, par exemple, *Reimar*, *G.-E. Schultze*, *Fries* et tous ceux que j'ai consultés ; c'est dans la *Logique* de *Twesten* que, pour la première fois, je trouve ce sophisme exposé exactement. Dans d'autres ouvrages et dissertations scientifiques, par l'accusation de *fallacia non causæ ut causa*, on entend également en général le fait de mettre en avant une fausse cause.

Sextus Empiricus nous fournit encore un exemple frappant de cette erreur qui consiste à confondre la loi logique du principe de la connaissance avec la loi naturelle transcendantale de cause et effet. Dans le 9ᵉ livre de son ouvrage *Adversus mathematicos*, livre intitulé *Adversus physicos*, § 204, il se propose de prouver la loi de causalité et dit à ce sujet : « Celui qui prétend qu'il n'existe aucune cause (αἰτία), ou bien n'a aucune cause (αἰτία) pour le prétendre, ou bien il en a une. Dans le premier cas, son affirmation n'est pas plus vraie que l'affirmation contraire ; dans le second, il prouve par son assertion même qu'il existe des causes. »

Nous voyons donc que les anciens n'en étaient pas encore arrivés à distinguer nettement la nécessité d'un principe de connaissance, servant à établir un jugement, de celle d'une cause pour la production d'un événement réel. Plus tard, la loi de la causalité fut pour les scoliastes un axiome placé au-dessus de tout examen. *Non inquirimus an causa sit, quia nihil est per se notius*, dit Suarez, disp. 12, sect. 1. En outre, ils conservaient, d'après Aristote, la division des causes, telle que nous l'avons citée plus haut. Mais eux non plus, autant que je puis le savoir, n'avaient aucune notion de la distinction nécessaire à faire, dont nous traitons ici.

§ 7. — DESCARTES.

Nous trouvons notre excellent Descartes lui-même, le fondateur de l'analyse subjective et, par conséquent, le père de la philosophie moderne, plongé, sur cette matière, dans des confusions à peine explicables, et nous verrons tout à l'heure à quelles sérieuses et déplorables conséquences ces erreurs ont conduit en métaphysique. Dans la *Responsio ad secundas objectiones in meditationes de prima philosophia, axioma I*, il dit : « *Nulla res existit de qua non possit quæri quænam sit causa cur existat. Hoc enim de ipso Deo quæri potest, non quod indigeat ulla causa ut existat, sed quia ipsa ejus naturæ immensitas est* causa *sive* ratio, *propter quam nulla causa indiget ad existendum.* » Il aurait dû dire : L'immensité de Dieu est un principe de connaissance dont il résulte que Dieu n'a pas besoin de cause. Cependant il confond les deux choses, et l'on sent qu'il n'a pas une connaissance bien claire de la grande différence entre une cause et un principe de connaissance. Mais, à vrai dire, c'est l'intention chez lui qui fausse le jugement. En effet, ici, où la loi de causalité exigeait une *cause*, il glisse à la place un *principe de connaissance*, parce que celui-ci ne pousse pas de suite plus loin comme l'autre, et il se fraye ainsi, à l'aide de cet axiome même, la voie vers la *preuve ontologique* de l'existence de Dieu, preuve dont il fut l'inventeur, puisque saint Anselme n'en avait donné qu'une indication générale. Car, immédiatement à la suite des axiomes dont celui que nous avons cité est le premier, il pose formellement et sérieusement cette démonstration ontologique ; en réalité, elle est déjà énoncée dans cet axiome, ou, tout au moins, elle y est contenue aussi formée que le poussin dans un œuf longtemps couvé. Ainsi donc, pendant que toutes les autres choses demandent une cause de leur existence, au lieu de cette cause, pour Dieu, que l'on a fait arriver par l'échelle de la démonstration cosmologique, il suffit de cette *immensitas*, comprise dans sa propre notion, ou, comme s'exprime la démonstration elle-même : « *In conceptu entis summe perfecti, existentia necessaria continetur.* » C'est donc là le tour de passe-passe pour l'exécution duquel on s'est servi immédiatement, *in majorem Dei gloriam*, de cette confusion déjà familière à Aristote *entre les deux significations principales du principe de la raison*.

Examinée au grand jour et sans préventions, cette fameuse démonstration ontologique est vraiment une bouffonnerie des plus plaisantes. Quelqu'un, à une occasion quelconque, se crée une notion, qu'il compose de toutes sortes d'attributs, parmi lesquels il a soin qu'il se trouve aussi l'attribut de réalité ou d'existence, soit que cet attribut soit crûment et ouvertement énoncé, soit, ce qui est plus convenable, qu'il soit enveloppé dans quelque autre attribut, tel que, par exemple, *perfectio, immensitas* ou quelque chose d'analogue. Or il est connu que l'on peut extraire d'une notion donnée, au moyen de simples jugements analytiques, tous ses attributs essentiels, c'est-à-dire ceux dont se compose la notion, de même que les attributs essentiels de ces attributs, lesquels sont alors *logiquement vrais;* c'est-à-dire que leur principe de connaissance se trouve dans la notion donnée. En conséquence, notre homme choisit dans cette notion, qu'il a formée à son gré, et fait ressortir l'attribut de réalité ou d'existence ; ensuite il vient soutenir qu'un objet qui correspondrait à la notion a une existence réelle et indépendante de cette notion :

> Wär der Gedanke nicht so verwünscht gescheut,
> Man wär' versucht ihn herzlich dumm zu nennen [1].

Du reste, la réponse très simple à faire à cette démonstration ontologique est la suivante : « Tout dépend de la question de savoir où tu as été prendre ta notion ; l'as-tu puisée dans ton expérience? à la bonne heure; dans ce cas, son objet existe et n'a pas besoin d'autre preuve ; au contraire, a-t-elle éclos dans ton propre sinciput : alors tous ses attributs n'y peuvent rien ; elle n'est qu'une pure chimère. » — Que la théologie ait dû recourir à de semblables démonstrations afin de pouvoir prendre pied sur le domaine de la philosophie, domaine qui lui est entièrement étranger, mais sur lequel elle serait bien aise de se placer, voilà qui suffit à faire apprécier à l'avance très défavorablement ses prétentions. — Mais admirons la sagesse prophétique d'Aristote ! Il n'avait jamais rien

---

[1]. Si l'idée n'était pas si diablement ingénieuse, — on serait tenté de l'appeler superlativement bête.

entendu dire de la preuve ontologique; mais, comme si, perçant du regard la nuit des sombres temps futurs, il avait entrevu cette finasserie scolastique et avait voulu lui barrer le chemin, li démontre soigneusement, au chapitre VII du second livre des *Analytiques postérieures,* que la définition d'une chose et la preuve de son existence sont deux points différents et éternellement séparés, vu que par la première nous apprenons ce que la chose signifie et par la seconde nous apprenons qu'elle existe : pareil à un oracle de l'avenir, il prononce la sentence suivante : « Τό δ'εἶναι οὐκ οὐσία οὐδενί οὐ γὰρ γένος τό ὄν. » (Esse *autem nullius rei essentia est, quandoquidem ens non est genus.*) Cela signifie : l'existence ne peut jamais faire partie de l'essence; l' « être » ne peut jamais appartenir à la substance de l'objet.

On peut voir combien, au contraire, M. de Schelling révère la preuve ontologique, dans une longue note à la page 152 (édition allemande) du premier volume de ses *Ecrits philosophiques* de 1809. On peut surtout y voir quelque chose de plus instructif encore, à savoir comment il suffit d'être un hâbleur effronté et fanfaron pour pouvoir jeter de la poudre aux yeux des Allemands. Mais qu'un aussi pitoyable sire que Hegel, qui n'est à vrai dire qu'un philosophastre et dont la doctrine est simplement une amplification monstrueuse de la démonstration ontologique, ait voulu défendre celle-ci contre la critique de Kant, voilà une alliance dont la démonstration ontologique elle-même rougirait, si peu capable qu'elle soit de rougir. Il ne faut pas attendre de moi que je parle avec considération de gens qui ont fait tomber la philosophie dans le mépris.

§ 8. — Spinoza.

Bien que la philosophie de Spinoza consiste principalement dans la négation du double dualisme, établi par son maître Descartes, entre Dieu et le monde, et entre l'âme et le corps, cependant il lui est resté entièrement fidèle sur un point : il confond et mêle lui aussi, comme nous avons démontré plus haut que le faisait Descartes, le rapport entre principe de connaissance et conséquence avec celui de cause à effet ; il cherche même, autant qu'il est en son pouvoir, à en retirer de plus grands profits encore pour sa métaphysique que son maître n'en avait retiré pour la sienne ; car cette confusion forme chez Spinoza la base de tout son panthéisme.

En effet, dans une notion sont compris *implicitement* tous ses attributs essentiels ; par suite, on peut les en déduire *explicitement* par de simples jugements analytiques : leur somme constitue sa définition. Celle-ci ne diffère donc de la notion que par la forme et non par le fond, en ce sens que la définition se compose de jugements qui sont tous compris par la pensée dans la notion ; c'est donc dans cette dernière que réside le principe de leur connaissance en tant qu'ils exposent les détails de son essence. Il en résulte que ces jugements peuvent être considérés comme les conséquences de la notion, et celle-ci comme leur principe. Or cette relation entre une notion et les jugements analytiques qui s'appuient sur elle et en peuvent être déduits est identiquement la même que celle qui existe entre ce que Spinoza appelle Dieu et le monde, ou plus exactement entre la substance et ses innombrables accidents : (« *Deus*, *sive substantia constans infinitis attributis.* » *Eth.*, I, pr. 11. — « *Deus, sive omnia Dei attributa.* ») C'est donc le rapport du principe de connaissance à sa conséquence ; tandis que le véritable théisme (celui de Spinoza ne l'est que de nom) adopte le rapport de cause à effet, dans lequel le principe diffère et reste distinct de la conséquence, non pas comme dans l'autre uniquement par le point de vue auquel on l'envisage, mais essentiellement et effectivement, c'est-à-dire en soi et toujours. Car c'est une pareille cause de l'univers, avec la personnalité en plus, que désigne le mot *Dieu* employé honnêtement. En revanche, un Dieu impersonnel est une *contradictio in adjecto*. Mais Spinoza, dans le rapport qu'il établit, voulant conserver le mot Dieu pour désigner la substance, qu'il appelle même nommément *cause du monde*, ne pouvait y parvenir qu'en confondant entièrement les deux rapports dont nous avons parlé ; par conséquent aussi, la loi du principe de connaissance avec celle de la causalité. Pour le démontrer, parmi d'innombrables passages, je ne rappellerai que les suivants : « *Notandum dari necessario unius cujusque rei existentis certam aliquam* causam, *propter quam existit. Et notandum, hanc causam, propter quam aliqua res existit, vel debere contineri in ipsa natura et* definitione *rei existentis (nimirum quod ad ipsius natu-*

ram pertinet existere), *vel debere* extra *ipsam dari.* »
(*Eth.*, P. I, pr. 8, sc. 2.) Dans ce dernier cas, il entend
une cause efficiente, ainsi que cela résulte de ce qui vient
après ; dans le premier, il parle d'un principe de connaissance : mais il identifie les deux et prépare ainsi le terrain pour arriver à son but, qui est d'identifier Dieu avec
le monde. Confondre et assimiler un principe de connaissance compris dans la sphère d'une notion donnée, avec
une cause agissant du dehors, voilà le stratagème qu'il
emploie partout, et c'est de Descartes qu'il l'a appris. —
A l'appui de cette confusion, je citerai encore les passages
suivants : « *Ex necessitate divinæ naturæ omnia, quæ
sub intellectum infinitum cadere possunt, sequi debent.* » (*Eth.*, P. I, prop. 16.) Mais en même temps il
appelle partout Dieu : la cause du monde. « *Quidquid
existit Dei potentiam, quæ omnium rerum* causa *est,
exprimit.* » (*Ibid.*, prop. 36, démonstr.) — « *Deus est
omnium rerum* causa *immanens, non vero transiens.* »
(*Ibid.*, prop. 18.) — « *Deus non tantum est* causa efficiens *rerum existentiæ, sed etiam essentiæ.* » (*Ibid.*,
prop. 25.) — Dans son *Ethique*, P. III, prop. 1, démonstr., il dit : « *Ex data quacumque* idea *aliquis*
effectus *necessario sequi debet.* » — « *Nulla res nisi a
causa externa potest destrui.* » (*Ibid.*, prop. 4.) — Démonstr. : « Definitio *cujuscunque rei, ipsius essentiam*
(essence, constitution, pour ne pas confondre avec « *existentia* », existence) *affirmat, sed non negat : sive rei essentiam ponit, non tollit. Dum itaque ad rem ipsam tantum, non autem ad causas externas attendimus, nihil*

in eadem poterimus invenire, quod ipsam possit destruere. » Cela signifie : Une notion ne pouvant rien contenir qui soit en contradiction avec sa définition, c'est-à-dire avec la somme de ses attributs, une chose non plus ne peut rien renfermer qui puisse devenir la cause de sa destruction. Cette opinion est poussée jusqu'à sa limite extrême dans la seconde et un peu longue démonstration de la onzième proposition, où il confond la cause qui pourrait détruire ou supprimer un être avec une contradiction que renfermerait la définition de cet être et qui par suite annulerait celle-ci. La nécessité de confondre une cause avec un principe de connaissance devient ici tellement impérieuse, que Spinoza ne peut jamais dire *causa*, ou bien *ratio* seulement, mais qu'il est obligé de mettre chaque fois *ratio seu causa;* et dans le passage en question cela lui arrive huit fois, pour masquer la fraude. Descartes en avait déjà fait de même dans l'axiome que nous avons rapporté plus haut.

Ainsi le panthéisme de Spinoza n'est donc au fond que la *réalisation* de la preuve ontologique de Descartes. Il commence par adopter la proposition ontothéologique de Descartes, citée ci-dessus : *Ipsa naturæ Dei immensitas est* causa *sive* ratio, *propter quam nulla causa indiget ad existendum;* au lieu de *Deus*, il dit (au commencement) toujours *substantia;* ensuite il conclut : *Substantiæ essentia necessario involvit existentiam, ergo erit substantia* causa sui. (*Eth.*, P. I, prop. 7.) Ainsi, le même argument par lequel Descartes avait prouvé l'existence de Dieu lui sert à prouver l'existence absolument nécessaire du monde, — lequel n'a donc pas besoin d'un Dieu. Il l'établit encore plus clairement dans la seconde scolie de la huitième proposition : « *Quoniam ad naturam substantiæ pertinet existere, debet ejus definitio necessariam existentiam involvere, et consequenter ex sola ejus definitione debet ipsius existentia concludi.* » Or cette substance, nous le savons, est le monde. — C'est dans le même sens que la démonstration de la prop. 24 dit : « *Id, cujus natura in se considerata* (c'est-à-dire la définition) *involvit existentiam, est causa sui.* »

Donc ce que Descartes n'avait établi que d'une manière *idéale, subjective*, c'est-à-dire rien que pour nous, à l'usage de la connaissance et en vue de la preuve de l'existence de Dieu, Spinoza le prend au *réel* et à *l'objectif*, comme le vrai rapport entre Dieu et le monde. Chez Descartes, dans la notion de Dieu est compris aussi l' « être » qui devient par la suite un argument pour son existence réelle ; chez Spinoza c'est Dieu même qui est contenu dans l'univers. Ce qui n'était donc pour Descartes qu'un principe de connaissance, Spinoza en fait un principe de réalité : si le premier avait enseigné dans sa démonstration ontologique que de *l'essentia* de Dieu résulte son *existentia*, le second en fait la *causa sui* et commence hardiment sa morale ainsi : « *Per causam sui intelligo id, cujus essentia* (notion) *involvit existentiam;* » — sourd aux leçons d'Aristote qui lui crie : « Τὸ δ' εἶναι οὐκ οὐσία οὐδενί! » Nous avons donc ici la plus palpable confusion entre le principe de la connaissance et la cause. Et quand les néo-spinozistes (schellingiens, hégéliens, etc.), habitués à prendre des mots pour des idées, se répandent en pieuses louanges et prennent des airs hautains à l'occasion de cette *causa sui*, je n'y vois pour ma part qu'une *contradictio in adjecto*, un conséquent pris pour un antécédent, un arrêt audacieusement arbitraire, à l'effet de rompre la chaîne infinie de la causalité : elle est analogue, selon moi, au cas de cet Autrichien qui, ne pouvant atteindre, pour la serrer, jusqu'à l'agrafe de son shako qu'il portait fortement bouclé sur sa tête, grimpa sur une chaise. Le véritable emblème de la *causa sui* serait représenté par le baron Münchhausen [1] embrassant de ses jambes son cheval, qui est sur le point de se laisser couler au fond de l'eau, et s'enlevant en l'air ainsi que sa bête, au moyen de la tresse de sa queue ramenée sur le devant de la tête ; au-dessous, il y aurait écrit : *causa sui*.

Pour finir, jetons encore les yeux sur la prop. 16 du premier livre de la *Morale*, où de ce que « *ex data cujuscunque rei definitione plures proprietates intellectus concludit, quæ revera ex eadem necessario sequuntur,* » il déduit : « *ex necessitate divinæ naturæ* (c'est-à-dire prise au réel) *infinita infinitis modis sequi debent;* » incontestablement donc, ce Dieu est au monde dans le rapport d'une notion à sa définition. Néanmoins il y joint immédiatement après le corollaire suivant : « *Deus omnium rerum esse* causam efficientem. » La confusion entre le principe de connaissance et la cause ne saurait être poussée plus loin, ni produire de plus graves conséquences qu'ici. — Mais tout

---

1. En Allemagne, le type légendaire du hâbleur. (*Note du trad.*)

cela témoigne de l'importance qu'a le thème du présent essai.

A ces erreurs de ces deux grands esprits des siècles précédents, erreurs nées d'un défaut de netteté dans la pensée, M. de Schelling est venu de nos jours ajouter un petit acte final, en s'efforçant de poser le troisième degré à la gradation que nous venons d'exposer. En effet, si Descartes avait obvié aux exigences de l'inexorable loi de causalité qui acculait son Dieu dans ses derniers retranchements, en substituant à la cause demandée un principe de connaissance afin de calmer l'affaire et si Spinoza avait fait de ce principe une cause effective et par suite la « *causa sui* », par quoi Dieu devint pour lui l'univers, M. de Schelling (dans son *Traité de la liberté humaine*) sépara en Dieu même le principe et la conséquence ; il consolida la chose encore bien mieux par là qu'il l'éleva à l'état d'une hypostase réelle et corporelle du principe et de sa conséquence, en nous faisant connaître en Dieu « *quelque chose qui n'est pas Dieu même, mais son principe, comme principe primordial* (Urgrund), *ou plutôt comme négation de principe, comme principe sans fondement* (Ungrund). » Hoc quidem vere palmarium est. — Du reste, on sait parfaitement aujourd'hui qu'il a puisé toute cette fable dans le *Rapport approfondi sur le mystère de la terre et du ciel* de Jacob Böhme ; mais il ne semble pas que l'on connaisse où Jacob Böhme lui-même a pris la chose et quelle est la véritable origine de ce *Urgrund;* c'est pourquoi je me permets de l'indiquer ici. C'est le βύθος (c'est-à-dire *abyssus*, *vorago*, ainsi donc, profondeur sans fond, abîme) des

Valentiniens (secte d'hérésiarques au IIᵉ siècle); cet abîme féconda le *Silence*, qui lui était consubstantiel et qui engendra ensuite l'Entendement et l'Univers. Saint Irénée, *Contr. hæres.* lib. I, c. 1, expose la chose en ces termes :

« Λέγουσι γὰρ τινα εἶναι ἐν ἀοράτοις καὶ ἀκατονομάστοις ὑψώμασι τέλειον Αἰῶνα προόντα· τοῦτον δὲ καὶ πρόαρχην καὶ προπάτορα, καὶ βυθὸν καλοῦσιν. — Ὑπάρχοντα δ' αὐτὸν ἀχώρητον καὶ ἀόρατον, ἀΐδιόν τε καὶ ἀγένητον, ἐν ἡσυχία καὶ ἠρεμία πολλῇ γεγονέται ἐν ἀπείροις αἰῶσι χρόνων. συνυπάρχειν δ' αὐτῷ καὶ Ἔννοιαν, ἥν δὲ καὶ Χάριν, καὶ Σιγὴν ὀνομάζουσι. καὶ ἐννοηθῆναι ποτε ἀφ' ἑαυτοῦ προβαλέσθαι τὸν βυθὸν τοῦτον ἀρχὴν τῶν πάντων, καὶ καθαπέρ σπέρμα τὴν προβολὴν ταύτην (ἥν προβαλέσθαι ἐνενοήθη) καθέσθαι, ὡς ἐν μήτρα, τῇ συνυπαρχούσῃ ἑαυτῷ Σιγῇ. ταύτην δὲ, ὑποδεξαμένην τό σπέρμα τοῦτο, καὶ ἐγκύμονα γενομένην, ἀποκυῆσαι Νοῦν, ὅμοιον τε καὶ ἴσον τῷ προβαλόντι, καὶ μόνον χωροῦντα τὸ μέγεθος τοῦ πατρός. τὸν δὲ νοῦν τοῦτον καὶ μονογενῆ καλοῦσι καὶ Πατέρα καὶ ἀρχὴν τῶν πάντων. » (Dicunt enim esse quendam in sublimitatibus illis, quæ nec oculis cerni, nec nominari possunt, perfectum Æonem præexistentem, quem et proarchen, et propatorem, et *Bythum* vocant. Eum autem, quum incomprehensibilis et invisibilis, sempiternus idem et ingenitus esset, infinitis temporum seculis in summa quiete ac tranquillitate fuisse. Una etiam cum eo Cogitationem exstitisse, quam et Gratiam et Silentium (Sigen) nuncupant. Hunc porro Bythum in animum aliquando induxisse, rerum omnium initium proferre, atque hanc, quam in animum induxerat, productionem, in Sigen (silentium) quæ una cum eo erat, non secus atque in vulvam demisisse. Hanc vero, suscepto hoc semine, prægrantem effectam peperisse Intellectum, parenti suo parem et æqualem, atque ita comparatum, ut solus paternæ magnitudinis capax esset. Atque hunc Intellectum et Monogenem et Patrem et principium omnium rerum appellant.) Jacob Böhme aura puisé cela quelque part dans l'histoire des hérésiarques, et c'est de ses mains que M. de Schelling l'a pris en toute croyance.

§ 9. — Leibnitz.

Leibnitz, le premier, posa formellement le principe de la raison, comme un principe fondamental de toute connaissance et de toute science. Il le proclame très pompeusement dans plusieurs passages de ses œuvres, s'en fait accroire énormément à cet égard, et se pose comme s'il venait de le découvrir ; avec tout cela, il n'en sait rien dire de plus, si ce n'est toujours que chaque chose en général et en particulier doit avoir une raison suffisante d'être telle et non autre ; mais le monde savait cela parfaitement avant qu'il vînt le dire. Il indique bien aussi à l'occasion la distinction entre ses deux significations, mais il ne la fait pas ressortir en termes exprès ni ne l'explique quelque part clairement. Le passage principal se trouve dans ses *Princ. philosophiæ*, § 32, et un peu mieux rendu dans l'édition française remaniée, qui porte pour titre *La monadologie :* « *En vertu du principe de la raison suffisante, nous considérons qu'aucun fait ne saurait se trouver vrai ou existant, aucune énonciation véritable, sans qu'il y ait une raison suffisante pourquoi il en soit ainsi et non pas autrement.* » On peut comparer encore avec ce passage sa *Théodicée*, § 44, et la cinquième lettre à Clarke, § 125.

§ 10. — Wolf.

Wolf se trouve donc être le premier qui ait expressément séparé les deux significations capitales de notre principe et en ait exposé la différence. Cependant il ne l'établit pas encore, comme on le fait aujourd'hui, dans la Logique, mais dans l'Ontologie. Ici il insiste déjà, il est vrai, sur ce point qu'il ne faut pas confondre le principe de la raison suffisante de connaissance avec celui de cause et effet; mais il n'y détermine pas nettement la différence et commet même des confusions, vu que là même, au chapitre *de ratione sufficiente*, § 70, 74, 75, 77, il donne, à l'appui du *principium rationis sufficientis*, des exemples de cause et effet et de motif et action, qui, lorsqu'il veut faire la distinction dont il s'agit, devraient être rapportés dans le même ouvrage au chapitre *De causis*. Or, dans celui-ci, il cite de nouveau des exemples tout pareils et pose ici encore le *principium cognoscendi* (§ 876), lequel, il est vrai, ne convient pas à cette place, puisqu'il l'avait déjà exposé plus haut, mais qui sert néanmoins à introduire la distinction précise et claire entre ce principe et la loi de causalité; celle-ci suit immédiatement, § 881-884. « *Principium*, dit-il ici en outre, *dicitur id, quod in se continet rationem alterius;* » il en distingue trois espèces, savoir : 1° Principium fiendi (*causa*), qu'il définit : « *ratio actualitatis alterius; e. gr. si lapis calescit, ignis aut radii solares sunt rationes, cur calor lapidi insit.* »

— 2° Principium essendi, qu'il définit : « *ratio possibilitatis alterius : in eodem exemplo, ratio possibilitatis, cur lapis calorem recipere possit, est in essentia seu modo compositionis lapidis.* » Ceci me semble une notion inadmissible. La possibilité est, ainsi que Kant l'a suffisamment démontré, l'accord avec les conditions, à nous connues *à priori*, de toute expérience. C'est par celles-ci que nous savons, en nous reportant à l'exemple de la pierre, donné par Wolf, que des modifications sont possibles comme effets résultant de causes, qu'un état peut succéder à un autre quand celui-ci contient les conditions du premier : dans l'exemple, nous trouvons, comme effet, l'état de la pierre d'être chaude, et, comme cause, l'état antérieur de la pierre d'avoir une capacité limitée pour le calorique et d'être en contact avec du calorique libre. Que si Wolf veut nommer la première nature de cet état *principium essendi*, et la seconde *principium fiendi*, cela repose sur une erreur provenant chez lui de ce que les conditions intrinsèques de la pierre sont plus durables et peuvent par conséquent attendre plus longtemps l'apparition des autres. En effet, pour la pierre, être telle qu'elle est, d'une certaine constitution chimique, qui produit telle ou telle chaleur spécifique et, par suite, une capacité inverse de celle-ci pour le calorique, aussi bien que d'autre part son arrivée en contact avec du calorique libre, tous ces faits sont la suite d'une chaîne de causes antérieures, qui sont toutes des *principia fiendi* : mais ce n'est que le concours de cette double espèce de circonstances qui vient créer cet état qui, comme cause, produit la caléfaction, comme effet. Il n'y a nulle part de place dans tout cela pour le *principium essendi* de Wolf, qu'en conséquence je n'admets pas ; si je me suis étendu un peu longuement sur ce sujet, c'est en partie parce que j'emploierai cette expression plus loin dans une tout autre acception, et en partie parce que cet examen contribue à faire bien saisir le sens vrai de la loi de causalité. — 3° Wolf distingue encore, comme nous l'avons dit, le « *principium cognoscendi* », et comme « *causa* » il rapporte encore la « *causa impulsiva, sive ratio voluntatem determinans.*

§ 11. — Philosophes de l'époque intermédiaire entre Wolf et Kant.

Baumgarten, dans sa *Metaphysica*, § 20-24 et § 306-313, répète les distinctions de Wolf.

Reimarus, dans son *Traité de la raison* § 81, distingue : 1° le *principe intérieur*, dont l'explication concorde avec celle que donne Wolf de la « *ratio essendi* », mais qui conviendrait mieux à la « *ratio cognoscendi* » s'il ne rapportait pas aux choses ce qui ne peut valoir que pour les notions, et 2° le *principe extérieur*, c'est-à-dire « *causa* ». — Dans les § 120 et suivants, il précise bien la « *ratio cognoscendi* » comme une condition de toute énonciation ; seulement, au § 125, dans un exemple qu'il rapporte, il la confond tout de même avec la cause.

Lambert, dans le *Novum Organum*, ne mentionne plus les distinctions de Wolf, mais il montre par un exemple qu'il fait la différence entre un principe de connaissance et une cause; en effet, dans le vol. I, § 572, il dit que Dieu est le *principium essendi* des vérités, et que les vérités sont les *principia cognoscendi* de Dieu.

Platner, dans les *Aphorismes*, § 868, dit : « Ce qui, dans le domaine de la représentation, s'appelle principe et conséquence (*principium cognoscendi, ratio — rationatum*), est, dans la réalité, cause et effet (*causa efficiens — effectus*). Toute cause est principe de connaissance, tout effet conséquence de connaissance. » Il prétend donc qu'effet et cause sont identiques avec ce qui, dans la réalité, correspond aux notions de principe et conséquence de pensées, et que les premiers se rapportent aux seconds à peu près comme substance et accident à sujet et attribut, ou comme la qualité de l'objet à la sensation qu'elle produit en nous, etc. Je trouve superflu de réfuter cette opinion, car tout le monde comprend facilement que le rapport de principe à connaissance dans les jugements est tout autre chose que la connaissance de cause et effet, bien que, dans quelques cas isolés, la connaissance d'une cause, comme telle, puisse constituer le principe d'un jugement qui énonce l'effet. (Compar. § 36.)

§ 12. — HUME.

Personne, avant ce vrai penseur, n'avait encore douté des principes suivants : tout d'abord, et avant toutes choses, au ciel et sur la terre, il y a le principe de la raison suffisante, c'est-à-dire la loi de la causalité. Car il est une *veritas æterna*, c'est-à-dire qu'il est, en soi-même et par soi-même, placé au-dessus des dieux et du destin : tout le reste, au contraire, comme par exemple l'entendement, qui conçoit la pensée du principe de la raison, comme aussi l'univers entier, et également ce qui peut être la cause de cet univers, tel que les atomes, le mouvement, un créateur, etc., tout cela n'est ce qu'il est qu'en conformité et en vertu de ce principe. *Hume* fut le premier qui s'avisa de s'enquérir d'où dérivait l'autorité de cette loi de causalité, et de lui demander ses lettres de créance. On connaît le résultat auquel il arriva, à savoir que la causalité ne serait rien autre que la *succession dans le temps* des choses et des événements, perçue empiriquement et devenue familière pour nous : chacun sent aussitôt la fausseté de ce résultat, et le réfuter n'est pas bien difficile. Mais le mérite est dans la question même : elle fut le stimulant et le point de départ des recherches profondément méditées de *Kant*, et donna ainsi naissance à un idéalisme incomparablement plus profond et plus fondamental que celui connu jusqu'alors et qui était principalement celui de Berkeley, c'est-à-dire à l'idéalisme transcendantal, qui éveille en nous la conviction que le monde est aussi dépendant de nous dans l'ensemble que nous le sommes du monde dans le particulier. Car en établissant que les principes transcendantaux sont tels que par leur intermédiaire nous pouvons décider quelque chose *à priori*, c'est-à-dire *avant* toute expérience, sur les choses et sur leur possibilité, il prouva par là que ces choses, en elles-mêmes et indépendamment de notre connaissance, ne peuvent pas être telles qu'elles se présentent à nous. La parenté d'un semblable monde avec le rêve saute aux yeux.

§ 43. — Kant et son école.

Le passage le plus important de Kant sur le principe de la raison suffisante se trouve dans la première section, litt. A, de son opuscule intitulé : « *Sur une découverte d'après laquelle toute critique de la raison pure serait rendue inutile.* » Kant y insiste sur la distinction du « principe logique (formel) de la connaissance, savoir que toute proposition doit avoir sa raison, » d'avec le principe transcendantal (matériel) que « toute chose doit avoir sa cause », et y combat *Eberhard*, qui avait voulu identifier ces deux principes. — Plus loin, dans un paragraphe spécial, je critiquerai sa démonstration de l'existence *à priori*, et de la transcendantalité qui en est la conséquence, de la loi de causalité ; mais j'en donnerai auparavant moi-même la seule démonstration exacte.

C'est à la suite de ces précédents, que les divers traités de logique publiés par l'école kantienne, tels que ceux de Hofbauer, Maas, Jacob, Kiesewetter, etc., indiquent avec assez de précision la différence entre le principe de la connaissance et la cause. Kiesewetter surtout, dans sa *Logique*, vol. I, p. 16 (édition allemande), la donné d'une manière entièrement satisfaisante en ces termes : « La raison logique (principe de connaissance) ne doit pas être confondue avec la raison réelle (cause). Le principe de la raison suffisante appartient à la logique, celui de la causalité à la métaphysique (p. 60). Le premier est le principe fondamental de la pensée, le second de l'expérience. La cause se rapporte à des objets réels, la raison logique rien qu'à des représentations. »

Les adversaires de Kant insistent encore plus sur cette distinction. G.-E. *Schulze*, dans sa *Logique*, § 19, note 1, et § 63, déplore la confusion que l'on fait du principe de la raison suffisante avec celui de la causalité. *Salomon Maimon*, *Logique*, p. 20, 21, se plaint que l'on ait beaucoup parlé de la raison suffisante sans expliquer ce que l'on entendait par là, et dans la préface, p. xxiv, il blâme Kant de faire dériver le principe de causalité de la forme logique des jugements hypothétiques.

Fréd.-H. *Jacobi*, dans ses *Lettres sur la doctrine de Spinoza*, suppl. 7, p. 414, dit que de la confusion de la notion de la raison avec celle de la cause naît une erreur qui est devenue la source de maintes fausses spéculations ; aussi en donne-t-il la différence à sa manière. Avec tout cela, on trouve ici, comme d'ordinaire chez lui, plutôt une jonglerie vaniteuse avec des phrases, qu'une sérieuse discussion philosophique.

Finalement, quant à M. de Schelling, on peut voir comment il distingue un principe d'une cause, dans ses *Aphorismes pour servir d'introduction à la philosophie naturelle* (§ 184), qui se trouvent au commencement du premier cahier, dans le premier volume des *Annales de médecine* par Marcus et Schelling. On y apprend que la gravité est le *principe*, et la lumière la *cause* des choses.

— Je ne le cite qu'à titre de curiosité, car, à part cela, un radotage aussi frivole ne mérite pas de trouver une place parmi les opinions de penseurs sérieux et de bonne foi.

§ 14. — Des démonstrations du principe.

Je dois mentionner encore que l'on a inutilement essayé à plusieurs reprises de prouver le principe de la raison suffisante en général, sans déterminer exactement, la plupart du temps, dans quelle acception on le prenait. Ainsi procède Wolf, par exemple, dans son *Ontologie*, § 70; et Baumgarten répète la même démonstration dans sa *Métaphysique*, § 20. Il serait superflu de la répéter aussi ici et de la réfuter, puisqu'il est évident qu'elle repose sur un jeu de mots. Platner, dans ses *Aphorismes*, § 828, Jacob, dans la *Logique* et la *Métaphysique* (p. 38, éd. 1794), ont essayé d'autres preuves dans lesquelles le cercle vicieux est très facile à reconnaître. — J'ai déjà dit que je parlerai plus loin des démonstrations de Kant. Comme, dans le présent essai, j'espère établir les différentes lois de l'intelligence dont l'expression commune est le principe de la raison suffisante, il sera démontré par là même que le principe en général ne saurait se prouver, et que l'on peut appliquer à toutes ces preuves, à l'exception de celle de Kant qui ne vise pas la validité, mais l'*a-priorité* de la loi de causalité, ce que dit Aristote : « λόγον ζητοῦσι ὧν οὐκ ἔστι λόγος. ἀποδείξεως γὰρ ἀρχὴ οὐκ ἀπόδειξις ἐστί. » — *Métaph.*, III, 6 (*rationem eorum quærunt, quorum non est ratio : demonstrationis enim principium non est demonstratio*), avec quoi l'on peut comparer *Analyt. post.*, I, 3. Car toute preuve consiste à remonter à quelque chose de reconnu, et si de ce connu, quel qu'il soit, nous demandons toujours la preuve, nous finirons par arriver à certains principes, qui expriment les formes et les lois, et par suite les conditions de toute pensée et de toute connaissance, et dans l'emploi desquels consiste par conséquent toute pensée et toute connaissance; de manière que la certitude n'est autre chose que la concordance avec ces principes et que leur propre certitude ne peut pas découler à son tour d'autres principes. J'exposerai dans le cinquième chapitre de quelle nature est la vérité de tels principes.

Chercher une preuve au principe de la raison surtout est en outre un non-sens tout spécial, qui témoigne d'un manque de réflexion. En effet, toute preuve est l'exposé de la raison d'un jugement énoncé qui reçoit par là même la qualification de *vrai*. Le principe de la raison est précisément l'expression de cette nécessité d'une raison pour tout jugement. Demander une preuve de ce principe, c'est-à-dire l'exposé de sa raison, c'est l'admettre par là même à l'avance pour vrai; bien plus, c'est baser sa prétention précisément sur cette présupposition. On tombe ainsi dans ce cercle vicieux d'exiger une preuve du droit d'exiger une preuve.

CHAPITRE III

INSUFFISANCE DE L'EXPOSÉ QU'ON EN A FAIT JUSQU'ICI
ET ESQUISSE D'UN EXPOSÉ NOUVEAU

§ 15. — Cas qui ne rentrent pas dans les acceptions
du principe exposées jusqu'à ce jour.

De l'examen que nous avons présenté dans le chapitre précédent, il ressort comme résultat général que l'on a distingué deux applications du principe de la raison suffisante, bien que cela ne se soit fait que graduellement, avec un retard surprenant, et non sans être retombé à plusieurs reprises dans des confusions et des erreurs : l'une est son application aux jugements, qui, pour être vrais, doivent toujours avoir une raison; l'autre, aux changements des objets réels, qui doivent toujours avoir une cause. Nous voyons que, dans les deux cas, le principe de la raison suffisante nous autorise à poser la question : *pourquoi?* et cette propriété lui est essentielle. Mais tous les cas où nous avons le droit de demander *pourquoi* sont-ils bien contenus dans ces deux relations? Quand je demande : Pourquoi, dans ce triangle, les trois côtés sont-ils égaux? La réponse est : Parce que les trois angles le sont. Or l'égalité des angles est-elle la cause de celle des côtés? Non, car il ne s'agit ici d'aucun changement, par conséquent d'aucun effet, qui doive avoir une cause. Est-elle un simple principe de connaissance? Non, car l'égalité des angles n'est pas simplement la preuve de l'égalité des cotes, la simple raison d'un jugement : on ne pourrait jamais comprendre au moyen de pures notions que, lorsque les angles sont égaux, les côtés le doivent être également; car, dans la notion d'égalité des angles, n'est pas contenue la notion d'égalité des côtés. Ce n'est donc pas ici une relation entre des notions ou entre des jugements, mais entre des côtés et des angles. L'égalité des angles n'est pas le principe *immédiat* de la connaissance de l'égalité des côtés, elle n'en est que le principe *médiat*, vu qu'elle est pour les côtés la cause d'*être de telle façon*, dans le cas présent d'être égaux : parce que les angles sont égaux, les côtés doivent être égaux. Il y a ici une relation nécessaire entre angles et côtés, et non pas immédiatement une relation nécessaire entre des jugements. — Ou bien encore, lorsque je demande pourquoi *infecta facta*, et jamais *facta infecta fieri possunt*, c'est-à-dire pourquoi le passé est absolument irréparable et l'avenir infaillible, cela ne peut se démontrer par la logique pure, par de simples notions. Cela n'est pas non plus affaire de causalité, car celle-ci ne régit que les *événements* dans le temps, et non le temps lui-même. Ce n'est pas en vertu de la causalité, mais immédiatement, par le fait seul de son existence, dont l'apparition est néanmoins infaillible, que l'heure présente a précipité celle qui vient de s'écouler, dans l'abîme sans fond du passé, et l'a anéantie à jamais. Cela ne se peut comprendre ni expliquer par de pures notions; nous le reconnaissons tout immédiatement et par intuition, tout comme la différence entre la droite et la gauche et ce qui en dépend, par exemple pourquoi le gant gauche ne va pas à la main droite.

Puisque tous les cas dans lesquels le principe de la raison suffisante trouve son application ne se laissent pas ramener à celui de principe logique et conséquence et à celui de cause et effet, il faut que dans cette classification on n'ait pas suffisamment tenu compte de la loi de spécification. Cependant la loi d'homogénéité nous oblige de supposer que ces cas ne peuvent pas varier à l'infini, mais qu'ils doivent pouvoir être ramenés à un certain nombre d'espèces. Avant que je tente de procéder à cette classification, il est nécessaire d'établir le caractère particulier, qui appartient en propre, dans tous les cas, au principe de la raison suffisante; car il faut toujours fixer la notion du genre avant celle des espèces.

§ 16. — DE LA RACINE DU PRINCIPE DE LA RAISON SUFFISANTE.

Notre faculté de connaissance, se manifestant comme sensibilité externe et interne (réceptivité), comme entendement et comme raison, se décompose en sujet et objet et ne contient rien au delà. Etre objet pour le sujet ou être notre représentation, c'est la même chose. Toutes nos représentations sont objets du sujet, et tous les objets du sujet sont nos représentations. Or il arrive que toutes nos représentations sont entre elles dans une liai-

son régulière que l'on peut déterminer à priori, *en ce qui touche la forme ; en vertu de cette liaison, rien d'isolé et d'indépendant, rien d'unique et de détaché, ne peut devenir notre objet.* C'est cette liaison qu'exprime le principe de la raison suffisante, dans sa généralité. Bien que cette relation, comme nous pouvons le voir par ce qui a été dit jusqu'ici, revête des formes diverses, selon la diversité d'espèce des objets que le principe de la raison exprime alors à son tour par des dénominations différentes, cependant elle conserve toujours ce qui est commun à toutes ces formes et ce qu'affirme notre principe, pris dans son sens général et abstrait. Ce que j'ai nommé la racine du principe de la raison suffisante, ce sont donc ces relations qui en forment la base, et que nous aurons à exposer plus en détail dans ce qui va suivre. En les examinant de plus près et conformément aux lois d'homogénéité et de spécification, nous verrons qu'elles se divisent en plusieurs espèces, très différentes les unes des autres, dont le nombre peut se ramener à *quatre,* selon les *quatre classes* dans lesquelles rentre tout ce qui peut devenir *objet* pour nous, par conséquent toutes nos représentations. Ce sont ces quatre classes que nous exposerons et étudierons dans les quatre prochains chapitres.

Nous verrons, dans chacune de ces classes, le principe de la raison suffisante apparaître sous une autre forme ; mais, en même temps, nous le verrons se manifester comme le même et comme issu de la racine que je viens d'indiquer, en ce qu'il admet partout l'énonciation exposée au commencement de ce paragraphe.

CHAPITRE IV

DE LA PREMIÈRE CLASSE D'OBJETS POUR LE SUJET ET DE LA FORME QU'Y REVÊT LE PRINCIPE DE LA RAISON SUFFISANTE.

§ 17. — Explication générale de cette classe d'objets.

La première classe d'objets possibles pour notre faculté de représentation est celle des représentations *intuitives, complètes, empiriques*. Elles sont *intuitives* par opposition à celles qui ne sont qu'un acte de la pensée, par conséquent par opposition aux notions abstraites; *complètes*, en ce sens qu'elles renferment, suivant la distinction de Kant, non seulement la partie formelle, mais aussi la partie matérielle des phénomènes; *empiriques*, en partie parce qu'elles ne procèdent pas d'une simple liaison de pensées, mais qu'elles ont leur origine dans une excitation de la sensation de notre organisme sensitif, auquel elles nous renvoient toujours pour la constatation de leur réalité, et en partie parce que, en vertu de l'ensemble des lois de l'espace, du temps et de la causalité, elles sont rattachées à ce tout complexe, n'ayant ni fin ni commencement, qui constitue notre *réalité empirique*. Mais comme cette dernière, ainsi que cela résulte de la doctrine de Kant, n'enlève pas à ces représentations leur caractère d'*idéalité transcendantale*, nous ne les considérons ici, où il s'agit des éléments formels de la connaissance, qu'en leur qualité de représentations.

§ 18. — Esquisse d'une analyse transcendantale de la réalité empirique.

Les formes de ces représentations sont celles du sens intime et des sens externes : savoir le *temps* et l'*espace*. Mais ce n'est que *remplies* que ces formes sont *perceptibles*. Leur *perceptibilité*, c'est la *matière*, sur laquelle je vais revenir tout à l'heure, et aussi au § 21.

Si le temps était la forme unique de ces représentations, il n'y aurait pas d'*existence simultanée* (Zugleichseyn) et partant rien de *permanent* et aucune *durée*. Car le *temps* n'est perceptible qu'autant qu'il est rempli, et sa continuité ne l'est que par la *variation* de ce qui le remplit. La *permanence* d'un objet ne peut donc être reconnue que par le contraste du *changement* d'autres objets coexistants. Mais la représentation de la *coexistence* est impossible dans le temps seul ; elle est conditionnée, pour l'autre moitié, par la représentation de l'*espace*, vu que dans le temps seul tout *se succède* et que dans l'espace tout est *juxtaposé ;* elle ne peut donc résulter que de l'union du temps et de l'espace.

Si d'autre part l'espace était la forme unique des représentations de cette classe, il n'y aurait point de *changement :* car changement, ou variation, c'est *succession* d'états ; or la *succession* n'est possible que dans le *temps.* Aussi peut-on définir également le temps comme étant la possibilité de destinations opposées pour le même objet.

Nous voyons donc que les deux formes des représentations empiriques, bien qu'ayant en commun la divisibilité et l'extensibilité infinies, se distinguent radicalement l'une de l'autre par là, que ce qui est essentiel pour l'*une* n'a aucune signification pour l'*autre ;* la juxtaposition n'a aucun sens dans le temps, ni la succession dans l'espace. Et cependant les représentations empiriques qui forment l'ensemble normal de la réalité apparaissent à la fois sous les deux formes ; et même l'*union intime* de toutes les deux est la condition de la réalité qui en dérive, à peu près comme un produit dérive de ses facteurs. Ce qui réalise cette union, c'est l'*entendement ;* en vertu de sa fonction toute spéciale, il unit ces formes hétérogènes de la perception sensible, de façon que de leur pénétration réciproque résulte, bien que pour lui seul, la *réalité empirique* comme une représentation collective : cette représentation forme un tout relié et maintenu par les formes du principe de la raison, mais dont les limites sont problématiques [1] ; les représentations individuelles appartenant à cette première classe sont les parties de cet

---

1. « *Mit problematischen Graenzen.* » J'ai conservé dans la traduction le mot *problématiques*, bien qu'*indéterminées* rendrait mieux, me semble-t-il, la pensée de Schopenhauer. (*Le trad.*)

ensemble et y prennent leur place en vertu de lois précises dont la connaissance nous est acquise *à priori;* dans cet ensemble, il existe simultanément un nombre illimité d'objets ; car nonobstant le flux perpétuel du temps, la substance, c'est-à-dire la matière, y est permanente, et, malgré la rigide immobilité de l'espace, les états de la matière y changent ; en un mot, dans cet ensemble est contenu pour nous le monde objectif et réel tout entier. Le lecteur qui s'intéresse à la question trouvera dans mon ouvrage : *Le monde comme volonté et représentation*, vol. I, § 4 (éd. allem.), un travail complet sur cette analyse de la réalité empirique, dont je ne donne ici qu'une ébauche ; il y verra, exposée dans tous ses détails, la manière dont l'entendement, en vertu de sa fonction, arrive à réaliser cette union et par là à se créer le monde de l'expérience. Le tableau annexé au chap. 4, vol. II du même ouvrage, contenant les *Prædicabilia à priori du temps, de l'espace et de la matière*, lui sera aussi d'un grand secours, et nous le recommandons à sa soigneuse attention, car il y verra surtout comment les contrastes de l'espace et du temps se concilient dans la matière apparaissant comme leur produit sous la forme de la causalité.

Je vais exposer tout à l'heure, en détail, la fonction de l'entendement qui forme la base de la réalité empirique ; mais auparavant je dois écarter, par quelques explications rapides, les premiers obstacles que pourrait rencontrer le système idéaliste que je professe ici.

§ 19. — De la présence immédiate des représentations.

Malgré cette union des formes du sens intime et du sens externe, opérée par l'entendement à l'effet de la représentation de la matière et, par là, d'un monde extérieur consistant, le sujet ne connaît *immédiatement* que par le *sens intime*, vu que le sens externe est à son tour objet pour l'intime qui perçoit de nouveau les perceptions du premier : le sujet reste donc soumis, à l'égard de la *présence immédiate* des représentations dans sa conscience, aux seules conditions du *temps* en sa qualité de forme du *sens intime* [1] : de toutes ces considérations il résulte qu'il ne peut y avoir, à la fois, de présente pour le sujet, qu'une seule représentation distincte, bien qu'elle puisse être très complexe. L'expression : les représentations sont *immédiatement présentes*, signifie que nous ne les connaissons pas seulement dans cette union du temps et de l'espace, accomplie par l'entendement (qui est une faculté intuitive, ainsi que nous le verrons tout à l'heure) à l'effet de produire la représentation collective de la réalité empirique, mais que nous les connaissons comme représentations du sens intime, dans le temps pur, et cela au point mort situé entre les deux directions divergentes du temps, point que l'on appelle le *présent*. La condition indiquée dans le précédent paragraphe, pour la pré-

---

[1]. Comp. *Critique de la r. p.*, Notions élémentaires, sect. II, conséquences *a, d,* not. *b* et *c* (page 33 de la 1ʳᵉ édition allemande et p. 49 de la 5ᵉ). (*Note de Schop.*)
Voyez la traduction de M. Tissot, p. 52. (*Le trad.*)

sence immédiate d'une représentation de cette classe, est son action causale sur nos sens, par suite sur notre corps, lequel appartient lui-même aux objets de cette classe et se trouve soumis par conséquent à la loi qui la régit et que nous allons exposer tout à l'heure, à la loi de la causalité. Comme à cause de cela le sujet, en vertu des lois du monde interne et externe, ne peut pas s'arrêter à cette *unique* représentation ; comme en outre il n'y a pas de simultanéité dans le temps pur, il s'ensuit que cette représentation disparaîtra incessamment, déplacée par d'autres selon un ordre que l'on ne peut déterminer *à priori*, mais qui dépend de circonstances que nous allons indiquer bientôt. En outre, c'est un fait bien connu que la fantaisie et le rêve reproduisent la présence immédiate des représentations ; mais l'examen de ce fait n'appartient pas ici ; il appartient à la psychologie empirique. Mais comme, malgré cette instabilité et cette séparation des représentations, par rapport à leur présence immédiate dans la conscience du sujet, celui-ci conserve néanmoins, au moyen de la fonction de l'entendement, la représentation d'un ensemble de la réalité comprenant tout en soi, ainsi que je l'ai décrit plus haut, on a considéré, à cause de cette opposition, les représentations comme étant de nature toute différente selon qu'elles appartiennent à cet ensemble ou qu'elles sont immédiatement présentes dans la conscience ; on les a appelées dans le premier cas des *objets réels* et dans le second seul des représentations, κατ' ἐξοχήν. Cette théorie, qui est la théorie commune, porte, comme on le sait, le nom de *réalisme*. En regard du réalisme, à l'avènement de la philosophie moderne, est venu se placer l'*idéalisme*, qui a gagné de plus en plus de terrain. Représenté d'abord par *Malebranche* et *Berkeley*, il fut élevé par Kant à la puissance d'un idéalisme transcendantal, qui rend intelligible la coexistence de la réalité empirique et de l'idéalité transcendantale des choses; Kant, dans la *Critique de la raison pratique*, s'exprime entre autres en ces termes : « *J'appelle idéalisme transcendantal de tous les phénomènes la doctrine en vertu de laquelle nous les considérons tous, tant qu'ils sont, comme de pures représentations et non comme des choses en soi* [1]. » Plus loin, dans la note [2], il ajoute : « *L'espace n'est lui-même que représentation; donc, ce qui est dans l'espace doit être contenu dans la représentation; et rien n'y existe qu'autant que réellement représenté en lui.* » (*Crit. du 4ᵉ paralogisme de la Psych. transc.*, p. 369 et 375 de la 1ʳᵉ édition [allem.].) Enfin, dans la « Réflexion » annexée à ce chapitre, il dit : « *Si je supprime le sujet pensant, du coup doit disparaître le monde matériel tout entier, qui n'est autre chose que le phénomène pour la sensibilité de notre sujet, et une sorte de représentation pour lui* [3]. » Dans l'Inde, l'idéalisme est, pour le brahmanisme aussi bien que pour le bouddhisme, le dogme même de la religion populaire : ce n'est qu'en Europe, et par suite des principes essentiellement et absolument réalistes du judaïsme, que ce système

---

1. Comp. Tissot, p. 76 du tome II.   (*Le trad.*)
2. Cette note manque dans la traduction de M. Tissot; elle devrait s'y trouver au bas de la page 82.   (*Le trad.*)
3. Comp. Tissot, p. 90, t. II.   (*Le trad.*)

passe pour un paradoxe. Mais le réalisme perd de vue que la soi-disant existence de ces objets réels n'est *absolument rien autre qu'un état de représentation*, ou, si l'on persiste à n'appeler état de représentation κατ' ἐντελέχειαν, que la présence immédiate dans la conscience du sujet, alors elle n'est même que la possibilité du fait d'être représenté, κατά δύναμιν : il perd aussi de vue que, en dehors de son rapport au sujet, l'objet cesse d'être objet, et que, si on lui enlève ce rapport ou si l'on en fait abstraction, on supprime du même coup toute existence objective. *Leibnitz*, qui sentait bien que la condition nécessaire de l'objet est le sujet, mais qui ne pouvait malgré tout s'affranchir de l'idée d'une existence en soi des objets, indépendante de leur rapport avec le sujet, c'est-à-dire indépendante du *fait d'être représentés*, admit dans le principe un monde des objets en soi, identique au monde des perceptions et marchant parallèlement à celui-ci, auquel toutefois il n'est pas lié directement, mais rien qu'extérieurement, au moyen d'une *harmonia prœstabilita;* — évidemment la chose la plus superflue de la terre, puisqu'elle ne peut pas être perçue elle-même et que ce monde des représentations, identique à l'autre, n'en poursuit pas moins bien sa marche sans lui. Plus tard, quand il voulut mieux déterminer l'essence de ces objets existants en soi objectivement, il se trouva dans la nécessité de déclarer les objets en soi pour des sujets (*monades*), donnant par là même la preuve la plus parlante que notre conscience, en tant que purement connaissante, donc dans les bornes de l'intellect, c'est-à-dire de l'appareil pour le monde des perceptions, ne peut rien trouver au delà d'un sujet et d'un objet, d'un être percevant et d'une perception, et qu'en conséquence lorsque dans un objet nous avons fait abstraction de sa qualité d'objet (du fait pour lui d'être perçu, « Vorgestelltwerden »), c'est-à-dire lorsque nous supprimons un objet comme tel, tout en voulant mettre quelque chose, nous ne pouvons trouver que le *sujet*. Si, à l'inverse, nous faisons abstraction de la qualité du sujet comme tel, tout en ne voulant pas ne rien conserver, c'est le cas opposé qui se présente et qui donne naissance au *matérialisme*.

Spinoza, qui n'avait pas tiré la chose au clair et dont les notions sur ce sujet étaient encore confuses, avait cependant très bien compris que la relation nécessaire entre le sujet et l'objet est tellement essentielle en eux qu'elle est la condition absolue de leur conception possible; c'est pourquoi il les présente comme étant une identité du principe connaissant et du principe étendu, dans la matière qui seule existe.

OBSERVATION. *Je dois faire remarquer, à l'occasion de l'explication générale contenue dans ce paragraphe, que, lorsque dans le cours de cette dissertation j'emploierai, pour abréger et être plus facilement compris, l'expression d'objets réels, il ne faudra par là entendre rien autre chose que les représentations intuitives, jointes en un ensemble pour former la réalité empirique, laquelle en soi reste toujours idéale.*

§ 20. — Du principe de la raison suffisante du « devenir ».

Dans la classe d'objets pour le sujet dont nous nous occupons maintenant, le principe de la raison suffisante se présente comme loi de causalité, et, comme tel, je l'appelle « *principium rationis sufficientis fiendi*. » C'est par lui que tous les objets, qui apparaissent dans la représentation collective formant l'ensemble de la réalité expérimentale, sont rattachés entre eux en ce qui regarde leur passage successif d'un état à un autre, par conséquent dans la direction du cours du temps.

Voici quel est ce principe. Lorsqu'un ou plusieurs objets réels passent à un nouvel état, celui-ci doit avoir été précédé d'un autre auquel il succède régulièrement, c'est-à-dire toutes les fois que le premier existe. Se « suivre » ainsi s'appelle « *s'ensuivre* »; le premier état se nomme la *cause*, et le second l'*effet*. Lorsque, par exemple, un corps s'allume, il faut que cet état d'inflammation ait été précédé d'un état : 1° d'affinité pour l'oxygène, 2° de contact avec ce gaz, 3° d'un certain degré de température. Comme l'inflammation devait immédiatement se produire dès que cet état était présent, et comme elle ne s'est produite qu'en ce moment, il faut donc que cet état n'ait pas toujours été et qu'il ne se soit produit qu'en cet instant même. Cette production d'un état s'appelle un *changement*. Aussi la loi de la causalité se rapporte-t-elle exclusivement à des changements et n'a affaire qu'à eux. Tout *effet* est, au moment où il se produit, un *changement*, et, par là même qu'il ne s'est pas produit avant, il nous renvoie infailliblement à un autre changement qui l'a précédé et qui est *cause* par rapport au premier; mais ce second changement, à son tour, s'appelle *effet* par rapport à un *troisième* dont il a été nécessairement précédé lui-même. C'est là la chaîne de la causalité; nécessairement, elle n'a pas de commencement. Par suite, tout état nouveau qui se produit doit résulter d'un changement qui l'a précédé; par exemple, dans le cas ci-dessus, l'inflammation du corps doit avoir été précédée d'une adjonction de calorique libre, d'où a dû résulter l'élévation de température : cette adjonction a dû elle-même avoir pour condition un changement précédent, par exemple la réflexion des rayons solaires par un miroir ardent; celle-ci, à son tour, peut-être par la disparition d'un nuage qui voilait le soleil; cette dernière, par le vent; celui-ci, par une inégalité de densité dans l'air, qui a été amenée par d'autres conditions, et ainsi *in infinitum*. Lorsqu'un état, pour être la condition de la production d'un nouvel état, renferme toutes les conditions déterminantes sauf *une seule*, on a coutume d'appeler celle-ci, quand elle apparaît également, donc la dernière en date, la *cause* κατ' ἐξοχήν; ceci est juste, en ce sens que l'on s'en tient dans ce cas au dernier changement, qui en effet est décisif ici; mais, cette réserve une fois faite, remarquons qu'un caractère déterminant dans l'état causal n'a, par le fait d'être le dernier, aucune supériorité sur les autres pour établir d'une manière générale l'union causale entre les objets. C'est ainsi que, dans l'exemple cité, la fuite du nuage peut bien être appelée la cause de l'inflammation, comme ayant eu lieu après l'opération de diriger le miroir vers l'objet; mais cette opération aurait pu s'effectuer après le passage du nuage, l'accès de l'oxygène également : ce sont donc de semblables déterminations fortuites de temps, qui, à ce point de vue, doivent décider quelle est la cause. En y regardant de près, nous verrons en revanche que c'est l'*état tout entier* qui est la cause de l'état suivant, et qu'alors il est en somme indifférent dans quel ordre de temps ces déterminations ont opéré leur jonction. Ainsi donc, l'on peut à la rigueur, dans tel ou tel cas particulier, appeler *cause* κατ' ἐξοχήν la dernière circonstance déterminante d'un état, vu qu'elle vient compléter le nombre des conditions requises et qu'en conséquence c'est son apparition qui constitue, dans le cas donné, le changement décisif ; mais quand on examine le cas dans son ensemble, c'est l'*état complet*, celui qui entraîne l'apparition de l'état suivant, qui doit seul être considéré comme la cause. Les diverses circonstances déterminantes qui prises ensemble complètent et constituent la cause peuvent être appelées les moments de la cause (ursächliche Momente) ou bien encore les *conditions* : la cause peut donc se décomposer en conditions. Par contre, il est tout à fait faux d'appeler, non pas l'état, mais les objets, une cause ; par exemple, dans le cas déjà cité, il y en a qui nommeraient le miroir ardent la cause de l'inflammation; d'autres le nuage, ou le soleil, ou l'oxygène, et ainsi de suite, arbitrairement et sans règle. Il est absurde de dire qu'un objet soit la cause d'un autre objet, d'abord parce que les objets ne renferment pas que la forme et la qualité, mais aussi la *matière*, et que celle-ci ne se crée ni se détruit ; ensuite parce que la loi de causalité ne se rapporte exclusivement qu'à des *changements*, c'est-à-dire à l'apparition et à la cessation des états dans le temps, où elle règle le rapport en vertu duquel l'état précédent s'appelle la *cause*, le suivant l'*effet* et leur liaison nécessaire la *conséquence*.

Je renvoie le lecteur qui veut approfondir cette question aux explications que j'ai données dans *Le monde comme volonté et représentation*, vol. 2, chap. 4. Car il est de la plus haute importance d'avoir des notions parfaitement nettes et bien fixées, sur la vraie et propre signification de la loi de causalité, ainsi que sur la portée de sa valeur ; il faut que l'on reconnaisse clairement qu'elle ne se rapporte uniquement et exclusivement qu'à des *changements* d'états matériels et à rien autre absolument ; qu'elle ne doit donc pas être invoquée partout où ce n'est pas de cela qu'il est question. En effet, elle est le régulateur des changements dans le temps survenant dans les objets de l'expérience externe ; or ceux-ci sont tous matériels. Tout changement ne peut se manifester que si quelque autre changement, déterminé par une règle, l'a précédé ; mais alors il se produit, amené nécessairement par ce précédent changement : cette nécessité, c'est l'enchaînement causal.

On voit par ce que nous venons de dire que la loi de la causalité est bien simple ; néanmoins, dans tous les traités de philosophie, depuis les temps les plus anciens jusqu'aux plus modernes, nous la trouvons énoncée d'ordinaire d'une tout autre manière, plus abstraite, et par suite conçue en termes plus larges et plus vagues. On y trouve que la cause est tantôt ce par quoi une autre chose arrive à être, tantôt ce qui produit une autre chose ou la rend réelle, etc. ; Wolf, par exemple, dit : « *Causa est principium, a quo existentia, sive actualitas, entis alterius dependet;* » et cependant il ne s'agit évidemment, en fait de causalité, que des changements dans la forme de la matière indestructible et incréée : naître, arriver à l'existence, est à proprement parler une impossibilité pour ce qui n'a jamais été auparavant. Peut-être est-ce l'obscurité de la pensée, en grande partie, qui produit ces manières trop larges, bizarres et fausses, de comprendre le rapport de causalité ; mais il est indubitable qu'il s'y mêle aussi de l'intention, et nommément l'intention théologique, qui dès longtemps coquette avec la démonstration cosmologique, laquelle est toute disposée, pour lui complaire, à falsifier même les vérités transcendantales *à priori* (ce lait nourricier de l'entendement humain). Cette intention se manifeste le plus nettement dans l'ouvrage de Thomas Brown, *On the relation of cause and effect;* ce livre, qui compte 460 pages, dont la 4e édition remonte déjà à 1835 et qui en a eu encore probablement plusieurs autres depuis, traite assez bien ce sujet, malgré sa fatigante prolixité de prédicateur en chaire. Or cet Anglais a parfaitement reconnu que ce sont toujours des *changements* que concerne la loi de causalité, et que par conséquent tout *effet* est un *changement;* — mais ce qu'il se garde de dire, bien que cela n'ait pu lui échapper, c'est que la *cause* est également un *changement;* d'où il résulte que toute cette opération n'est simplement que l'enchaînement non interrompu des *changements* se succédant dans le temps ; il se borne à appeler toujours et très maladroitement la cause un *objet*, ou bien encore une substance qui précède le changement. C'est à cause de cette expression, si radicalement fausse et qui gâte toutes ses explications, qu'il se démène et se débat péniblement durant tout son interminable ouvrage, allant ainsi à l'opposé de ce qu'il connaît être la vérité et à l'opposé de sa conscience. Et tout cela pour ne pas créer un obstacle à la preuve cosmologique, que lui-même et d'autres auraient à établir ultérieurement. — Que doit-il en être d'une vérité à laquelle on doit frayer la route par de semblables menées?

Mais voyons un peu ce que nos bons et loyaux professeurs de philosophie, gens qui estiment l'esprit et la vérité par-dessus tout, ont fait de leur côté pour cette très précieuse démonstration cosmologique, depuis que *Kant*, dans la *Critique de la raison*, lui eût porté le coup mortel! Quelque bonne inspiration valait son pesant d'or en cette occurrence ; car (ils le savent bien, ces estimables messieurs, quoiqu'ils ne le disent pas) la « *causa prima* », tout aussi bien que la « *causa sui* », est une *contradictio in adjecto ;* mais la première expression est plus fréquemment employée que la seconde ; on a coutume de ne la prononcer qu'en prenant une mine bien grave, solennelle même ; il y en a, particulièrement les « *Reverends* » anglais, qui tournent leurs yeux d'une manière tout à fait édifiante, lorsque, d'une voix emphatique et émue, ils prononcent le « *first cause* », — cette *contradictio in adjecto*. Ils le savent très bien, qu'une première cause est exactement aussi impossible à penser que l'endroit où l'espace finit ou que l'instant où le temps a commencé. Car chaque cause est un changement à l'occasion duquel on doit nécessairement demander quel est le changement qui l'a précédé, et ainsi de suite *in infinitum, in infinitum!* On ne peut même pas concevoir un premier état de la matière dont tous les états suivants seraient issus, du moment que ce premier état ne continue pas d'être. Car, si c'est en soi qu'il eût été leur cause, tous ces états auraient aussi dû être de tout temps, et l'état actuel n'aurait pas pu n'être qu'en cet instant. Si, au contraire, il n'a commencé d'être causal qu'à un moment donné, il faut qu'à ce moment quelque chose soit venu le *changer*, pour qu'il ait cessé d'être en repos ; mais alors il est intervenu quelque chose, il s'est produit un changement dont nous devons immédiatement demander la cause, c'est-à-dire le changement qui a précédé ce changement ; et alors nous nous trouvons sur l'échelle des causes que l'inexorable loi de la causalité nous contraint de gravir, d'échelon en échelon, toujours plus haut, et plus haut encore, — *in infinitum, in infinitum*. (Ces messieurs auront-ils par hasard l'impudence de venir me soutenir que la matière elle-même est née du néant? Il y a plus loin, à leur service, quelques corollaires pour leur répondre.) La loi de causalité n'est donc pas assez complaisante pour qu'on en puisse user comme d'une voiture de place que l'on congédie quand on est rendu à destination. Elle ressemble plutôt à ce balai que l'apprenti sorcier anime dans la ballade de Gœthe et qui, une fois mis en mouvement, ne cesse plus de courir et de puiser de l'eau, de façon que le vieux maître sorcier peut seul le faire rentrer dans le repos. Il est vrai que ces messieurs, tous tant qu'ils sont, ne sont guère sorciers. — Alors qu'ont-ils fait, ces nobles et sincères amis de la vérité, eux qui, dans le ressort de leur profession, épient constamment le mérite pour le proclamer à la face de l'univers dès qu'il se présente; eux qui, lorsqu'un autre est en réalité ce qu'ils ne sont qu'en apparence, bien loin de chercher à étouffer ses travaux en gardant un silence sournois et en les ensevelissant lâchement dans le secret, se font tout d'abord les hérauts de son mérite, — et cela infailliblement, aussi infailliblement que la déraison aime par-dessus tout la raison? Oui, qu'ont-ils fait pour leur vieille amie, pour cette pauvre démonstration cosmologique, si rudement éprouvée et gisant déjà sur le flanc ? — Ah! ils ont imaginé une ruse ingénieuse. « Chère amie, lui ont-ils dit, tu es malade, bien malade, depuis ta fatale rencontre avec le vieil entêté de Kœnigsberg, aussi malade que tes sœurs l'ontologique et la physico-théologique. Mais rassure-toi; *nous*, nous ne t'abandonnons pas pour cela (tu sais, nous sommes payés à ces fins) : cependant il faut, — impossible de faire autrement, — il faut que tu changes de nom et de costume : car, si nous t'appelons de ton nom, nous ferons fuir tout le monde. Tandis que si tu adoptes l'incognito, nous pouvons t'offrir le bras et te présenter de nouveau aux gens ; seulement, nous te le répétons, incognito ; et ça marchera ! Donc, tout d'abord, ton thème va s'appeler désormais l'*Absolu* » ; cela sonne comme un terme bizarre, digne et important, — et nous savons mieux que personne tout ce qu'on peut entreprendre auprès des Allemands en se donnant des airs importants : ce qu'on entend par ce mot? eh mais! tout le monde le comprend et se croit encore très savant par-dessus le marché. Quant à toi-même, il faut que tu te présentes déguisée, sous la figure d'un enthymème. Dépose bien soigneusement au vestiaire tous ces prosyllogismes et ces prémisses, par lesquels tu nous traînais jusqu'au sommet de ton interminable climax : on sait trop aujourd'hui que tout cela n'a aucun fondement. Faisant alors ton apparition, jouant le rôle d'un personnage sobre de paroles, fier, audacieux et important, d'un bond tu arriveras au but. « L'*Absolu*, crieras-tu (et nous ferons chorus), « voilà qui *doit être*, quand le diable y serait, sans quoi il « n'existerait plus rien du tout ! » (Ici, tu frappes du poing sur la table.) « Vous demandez d'où cette chose pourrait bien « venir? Quelle sotte question ! ne vous ai-je pas dit que « c'est l'Absolu ? » — Ça marche, ma parole d'honneur, ça marche ! Les Allemands sont habitués à accepter des mots en place de notions : nous les y dressons à fond dès leur jeunesse ; — voyez seulement les écrits de Hegel; qu'est-ce, sinon un fatras de paroles, vide, creux et qui soulève le cœur? Et cependant quelle brillante carrière que celle de ce philosophe valet de ministre ! Il ne lui a fallu pour cela que quelques lâches compères, qui entonnassent la glorification du méchant philosophastre, et tout aussitôt leurs voix firent retentir dans les crânes vides de milliers d'imbéciles un écho qui vibre et se propage encore aujourd'hui : et voilà comment une cervelle ordinaire, je dirai mieux, un vulgaire charlatan, fut transformé en un grand philosophe. Ainsi, prends courage ! Du reste, chère amie et patronne, nous te seconderons encore par d'autres moyens ; tu sais que nous ne saurions vivre sans toi ! — Le vieux chicaneur de Kœnigsberg a critiqué la raison et lui a rogné les ailes ; — soit ! Eh bien, nous inventerons une *nouvelle* raison, dont homme au monde n'avait entendu parler jusque-là, une raison qui ne pense pas, mais qui a l'*intuition* immédiate, qui perçoit intuitivement des idées (un terme noble, créé pour mystifier) en chair et en os, ou encore qui les *entend*, qui entend immédiatement ce que toi et les autres voulaient prouver d'abord, ou bien — chez ceux-là du moins qui ne veulent pas faire de concession, mais qui se contentent tout de même de peu — qui le *devine*. Ces notions populaires, que l'on inculque de bonne heure aux hommes, nous les faisons passer pour des inspirations de cette nouvelle raison de notre façon, c'est-à-dire, à proprement parler, pour des inspirations d'en haut. Quant à l'ancienne raison, que l'on a critiquée à fond, nous la dégradons ; nous l'intitulons *entendement*, et nous l'envoyons promener. Et le véritable entendement, l'entendement proprement dit ? — Mais, pour l'amour de Dieu ! qu'avons-nous à faire de l'entendement véritable, de l'entendement proprement dit ? — Tu souris d'incrédulité : mais nous connaissons notre public et les naïfs étudiants assis sur ces bancs devant nous. Bacon de Verulam n'a-t-il pas dit déjà : « *Aux universités les jeunes gens apprennent à croire.* » C'est chez nous qu'ils peuvent en apprendre à foison sur ce sujet. Nous avons une bonne provision d'articles de foi. — Si c'est la timidité qui t'arrêtait, il te suffira de te rappeler que nous sommes en Allemagne, où l'on a pu faire ce qui eût été impossible ailleurs ; à savoir, proclamer pour un grand esprit et un profond penseur un philosophastre ignorant et sans intelligence, un écrivailleur d'absurdités qui, par un fatras de paroles creuses comme on n'en entendit jamais, a détraqué de fond en comble et irréparablement les cervelles : — je veux parler de notre cher Hegel ; et non seulement l'on a pu le faire sans être puni ni hué, mais encore les braves gens le croient, ma foi ! ils y croient depuis trente ans et jusqu'à ce jour encore ! — Que malgré le Kant et sa critique, et avec ton concours, nous arrivions seulement à avoir l'Absolu, et nous sommes sauvés ! — Alors nous nous mettons à philosopher du haut de notre grandeur : par les déductions les plus hétérogènes, n'ayant de commun entre elles que leur assommant ennui, de cet Absolu nous faisons dériver le monde, que nous appelons aussi le *Fini*, pendant que l'autre s'appellera l'*Infini*, — ce qui est encore une agréable variation brodée sur notre fatras, — et surtout nous ne parlons jamais que de Dieu ; nous expliquons comment, pourquoi, à quelle fin, par quel motif, par quelle opération, volontaire ou involontaire, il a fait ou enfanté le monde ; s'il est en dedans ou en dehors, etc. ; comme si la philosophie était de la théologie, et comme si elle avait pour mission d'expliquer non pas le monde, mais Dieu. »

Ainsi donc, la preuve cosmologique, à qui s'adresse la précédente apostrophe, et dont nous nous occupons ici, consiste en réalité dans l'affirmation que le principe de la cause efficiente, ou loi de causalité, nous amène nécessairement à une pensée qui le supprime lui-même et le déclare nul et non avenu. Car on n'arrive à la « *causa prima* » (l'absolu) qu'en parcourant, pour remonter de l'effet à la cause, une série d'une longueur arbitraire; mais s'arrêter à la cause première est impossible sans annuler le principe de la cause.

Maintenant que j'ai démontré ici, clair et net, le néant de la preuve cosmologique, comme j'avais démontré au second chapitre celle de la preuve ontologique, le lecteur qui s'intéresse à la matière désirerait peut-être qu'on lui fournît les éclaircissements nécessaires pour connaître la démonstration physico-théologique, laquelle offre pour sa part beaucoup plus de plausibilité. Mais ce n'est pas du tout ici sa place, vu que son objet appartient à une tout autre partie de la philosophie. Je dois donc renvoyer, pour cela, d'abord à Kant dans la *Critique de la raison pratique* et aussi, *ex professo*, à la *Critique du jugement*, et ensuite, pour compléter sa méthode, qui est purement négative, je renvoie à la mienne, qui est positive, et que j'ai exposée dans *La volonté dans la nature*, ce livre, petit de dimension, mais riche et important par son contenu. En revanche, le lecteur qui ne s'intéresse pas à ce sujet n'a qu'à transmettre intact à ses arrière-neveux cet opuscule et même tous mes autres écrits. Je ne m'en soucie guère; car je ne suis pas là pour mes contemporains seulement, mais pour de nombreuses générations.

Comme, ainsi que nous le montrerons dans le prochain paragraphe, la loi de causalité nous est connue *à priori;* comme, par conséquent, elle est transcendantale, applicable à tout fait d'expérience; partant, ne souffrant pas d'exception; comme, en outre, elle établit qu'à un état donné et déterminé, et qui est relativement premier, doit succéder en vertu d'une règle, c'est-à-dire de tout temps, un second état également déterminé; il en résulte que le rapport de cause à effet est un rapport nécessaire; donc la loi de causalité autorise les jugements hypothétiques et se présente par là sous une forme du principe de raison suffisante sur laquelle doivent s'appuyer tous les jugements hypothétiques et sur laquelle repose toute *nécessité*, ainsi que nous le montrerons ci-après.

Je nomme cette forme de notre principe le principe de la raison suffisante du *devenir*, parce que son application présuppose toujours un changement, la production d'un nouvel état, donc un « devenir ». Ce qui le caractérise encore essentiellement, c'est que la cause précède toujours l'effet dans le temps (compar. § 47); et ce n'est qu'à cela qu'on peut reconnaître à l'origine, quel est, de deux états joints entre eux par le lien causal, celui qui est la cause et celui qui est l'effet. A l'inverse, il est des cas où l'enchaînement causal nous est connu par une expérience antérieure, mais où la succession des états est si rapide qu'elle se soustrait à notre perception : dans ces cas-là, nous concluons en toute assurance de la causalité à la succession ; par exemple, que l'inflammation de la poudre précède l'explosion. Je renvoie sur ce sujet à mon ouvrage : *Le monde comme volonté et représentation*, second volume, chapitre 4.

De ce rapport intime et essentiel entre la causalité et la succession, il résulte encore que la notion d'*action réciproque,* prise dans son sens restreint, est nulle, car elle suppose que l'effet est à son tour la cause de sa cause, donc que le conséquent a été en même temps l'antécédent. J'ai exposé tout au long combien cette notion si usuelle est mal fondée, dans *Le monde comme volonté et représentation*, à l'annexe intitulée *Critique de la philosophie kantienne*, à laquelle je renvoie le lecteur. On remarquera que les auteurs emploient d'ordinaire cette expression là où ils commencent à ne plus voir bien clair ; c'est pourquoi aussi son usage est si fréquent. Et vraiment, quand les idées font défaut, il n'y a pas de mot mieux fait pour tirer l'écrivain d'embarras que celui d' « action réciproque » ; aussi le lecteur peut-il le considérer comme une espèce de signal d'alarme indiquant que l'on aborde un terrain semé d'abîmes. Remarquons encore à ce sujet que cette expression *Wechselwirkung* ne se rencontre qu'en allemand et qu'aucune autre langue ne possède pour la rendre un équivalent usuel.

De la loi de causalité découlent deux *corollaires* importants, qui lui doivent leur caractère authentique de connaissance *à priori*, placées par conséquent hors de tout doute et ne comportant aucune exception : ce sont la *loi d'inertie* et celle de la *permanence de la substance*. La première établit que tout état d'un corps, aussi bien l'état de repos que celui de mouvement, quel qu'il soit, doit persévérer et continuer de toute éternité, sans modification, sans diminution comme sans augmentation, s'il ne survient une cause qui le modifie ou l'annule. — La seconde loi, qui prononce la « sempiternité » de la matière, dérive de ce que la loi de causalité ne se rapporte qu'aux *états* des corps, tels que repos, mouvement, forme et qualité, vu qu'elle préside à leur apparition et à leur disparition, et qu'elle ne se rapporte nullement à l'existence de ce qui supporte ces états, et que l'on a nommé *substance* justement pour exprimer son exemption de toute naissance et de toute destruction. *La substance est permanente :* c'est-à-dire, elle ne peut ni naître ni périr ; conséquemment, la quantité qui en existe au monde ne peut ni augmenter ni décroître. Ce qui prouve que nous savons cela *à priori*, c'est la conscience de la certitude inébranlable avec laquelle quiconque, voyant disparaître un corps donné, que ce soit par des tours de prestidigitation, ou par division, ou par l'action du feu, ou par volatilisation, ou par n'importe quel autre procédé, croit fermement à l'avance que, quoi qu'il ait pu advenir de la *forme* du corps, sa substance, c'est-à-dire sa *matière*, doit exister intacte et pouvoir être retrouvée quelque part ; de même que, lorsqu'un corps se rencontre là où il n'existait pas auparavant, nous avons la ferme conviction qu'il y a été apporté ou s'est formé par la concrétion de particules invisibles, par exemple par précipitation, mais que jamais il n'a pu prendre naissance quant à sa substance (sa matière), ce qui implique une impossibilité radicale et est absolument inimaginable. La certitude avec laquelle nous établissons ce fait à l'avance (*à priori*) provient de ce que notre entendement manque entièrement d'une forme sous laquelle il puisse concevoir la naissance ou la destruction de la matière ; car la loi de causalité, qui est la forme unique sous laquelle nous puissions concevoir les changements en général, ne se rapporte toujours qu'aux *états* des corps et nullement à l'existence de ce qui *supporte* les changements de la *matière*. C'est pourquoi je pose le principe de la permanence de la substance comme un corollaire de la loi de causalité. Nous ne pouvons non plus avoir acquis la conviction de la permanence de la substance *à posteriori*, en partie parce que, dans la plupart des cas, l'état de cause est impossible à constater empiriquement ; en partie parce que toute connaissance empirique, acquise par une pure induction, n'est jamais qu'approximative, par conséquent n'offre toujours qu'une certitude précaire et jamais absolue : c'est pourquoi aussi la fermeté de notre conviction à l'égard de ce principe est d'une tout autre espèce et d'une tout autre nature que celle de l'exactitude de n'importe quelle loi naturelle obtenue empiriquement ; car la première a une solidité inébranlable, qui ne chancelle jamais. Cela vient précisément de ce que ce principe exprime une connaissance *transcendantale*, c'est-à-dire qui détermine et fixe *avant* toute expérience tout ce qui, de quelque façon que ce soit, est possible dans toute expérience ; mais par là même le monde expérimental est abaissé au rang d'un pur phénomène cérébral. La loi de la gravitation, de toutes les lois naturelles la plus générale et la moins sujette à exception, est déjà d'origine empirique, par conséquent sans garantie pour son universalité ; aussi la voit-on encore contester parfois ; des doutes s'élèvent aussi de temps en temps sur la question de savoir si elle s'applique également au delà de notre système solaire, et les astronomes ne manquent jamais non plus de faire ressortir tous les indices et toutes les constatations qu'ils en peuvent trouver occasionnellement, prouvant par ce fait même qu'ils la considèrent comme simplement empirique. On peut certainement poser la question si, entre corps qui seraient séparés par un vide *absolu*, la gravitation se manifesterait encore ; ou si, dans notre système solaire, elle ne se produirait pas par l'entremise d'un éther, et si, par suite, elle pouvait agir entre étoiles fixes : ce qui ne pourrait alors être décidé qu'empiriquement. Tout cela prouve que nous n'avons pas affaire ici à une connaissance *à priori*. Quand, au contraire, nous admettons, ainsi qu'il est vraisemblable, que chaque système solaire s'est formé par la condensation progressive d'une nébuleuse cosmique originaire, selon l'hypothèse de Kant-Laplace, nous ne pouvons pas néanmoins penser un seul moment que cette matière première soit née du *néant*, et nous sommes obligés de supposer ses particules comme ayant existé auparavant quelque part et comme n'ayant fait que se rencontrer ; et tout cela précisément parce que le principe de la permanence de la substance est transcendantal.

J'ai exposé avec détails, dans ma *Critique de la philosophie kantienne,* que *substance* n'est du reste qu'un synonyme de *matière*, car la notion de substance ne peut se réaliser qu'à l'égard de la matière et par conséquent doit à celle-ci son origine ; j'y expose aussi tout particulièrement comment cette notion n'a été créée que pour servir à une supercherie. Cette sempiternité, certaine *à priori*, de la matière (que l'on appelle la permanence de la substance), est, à l'instar de bien d'autres vérités tout aussi certaines, un fruit défendu pour les professeurs de philosophie : aussi passent-ils sournoisement devant elle, en se bornant à lui jeter des regards obliques et effarouchés.

Cette chaîne infinie des causes et des effets, qui dirige tous les *changements* et qui ne s'étend jamais au delà, laisse intacts pour cette même raison deux « êtres » : d'une part, comme nous venons de le montrer, la *matière*, et d'autre part les *forces naturelles primitives :* la première parce qu'elle est ce qui *supporte* ou ce sur quoi se produisent les changements ; les secondes parce qu'elles sont *ce en vertu de quoi* les changements ou effets sont possibles généralement parlant, ce qui communique avant tout aux causes la causalité, c'est-à-dire la faculté d'agir, par conséquent ce qui fait qu'ils la reçoivent de ses mains à titre de fief. Cause et effet sont les *changements* conjoints dans le temps et astreints à se succéder nécessairement : les forces naturelles, par contre, en vertu desquelles toute cause agit, sont soustraites à tout changement et, en ce sens, complètement en dehors du temps, mais par là même toujours et partout existantes, partout présentes, inépuisables, toujours prêtes à se manifester dès que, guidée par la causalité, l'occasion s'en présente. La cause est toujours, ainsi que son effet, quelque chose d'individuel, un changement unique : la force naturelle au contraire est quelque chose de général, d'invariable, de présent en tout lieu comme en tout temps. Par exemple, l'ambre attirant en ce moment un flocon, voilà un effet : sa cause, c'est que l'on avait frotté précédemment et approché actuellement l'ambre ; et la *force naturelle* qui a agi ici et qui a présidé à l'opération, c'est l'électricité. On trouvera ce sujet, exposé au moyen d'un exemple plus explicite, dans *Le monde comme volonté et représentation*, volume 1er, paragraphe 26, où j'ai montré, par un long enchaînement de causes et d'effets, comment les forces naturelles les plus variées apparaissent et entrent en jeu dans le phénomène ; par cet exemple, la différence entre la cause et la force naturelle, entre le phénomène fugitif et la forme éternelle d'activité, est rendue facilement saisissable ; comme tout ce long paragraphe 26 y est consacré à étudier cette question, l'exposé sommaire que j'en ai donné ici doit suffire. La *règle* à laquelle est soumise toute force naturelle en ce qui concerne sa *manifestation* dans la chaîne des causes et effets, ainsi donc le lien qui l'unit à cette chaîne, c'est la *loi naturelle*. Cependant la confusion entre une force naturelle et une cause est très fréquente et tout aussi pernicieuse pour la clarté de la pensée. Il semble même qu'avant moi personne n'avait nettement séparé ces notions, quelque nécessaire que ce soit. Non seulement on transforme les forces naturelles en causes, quand on dit par exemple : l'électricité, la pesanteur, etc., est cause : mais il y en a même qui en font des effets, puisqu'ils s'enquièrent de la cause de l'électricité, de la pesanteur, etc. ; ce qui est absurde. Mais il en est tout autrement quand on réduit le nombre des forces naturelles, par là qu'on ramène une de ces forces à quelque autre, comme de nos jours on a ramené le magnétisme à l'électricité. Toute force naturelle *vraie*, c'est-à-dire réellement primitive, — et toute propriété chimique fondamentale est de cette nature, — est essentiellement *qualitas occulta*; ce qui veut dire qu'elle n'admet plus d'explication physique, mais seulement une explication métaphysique, c'est-à-dire passant par delà le phénomène. Aucun philosophe n'a poussé aussi loin la confusion, ou plutôt l'identification de la force naturelle avec la cause, que Maine de Biran dans ses *Nouvelles considérations des rapports du physique au moral*, parce qu'elle est essentielle à sa doctrine. En même temps, il est curieux d'observer que, lorsqu'il parle de causes, il ne dit presque jamais « *cause* » tout court, mais chaque fois « *cause ou force* », tout comme nous avons vu plus haut, au paragraphe 8, Spinoza dire huit fois dans une même page « *ratio sive causa* ». C'est que tous deux savent bien qu'ils identifient deux notions disparates, afin de pouvoir, selon les circonstances, faire valoir tantôt l'une de ces notions, tantôt l'autre : à cet effet, ils sont donc obligés de tenir cette identification toujours présente à l'esprit du lecteur.

Maintenant cette causalité, qui préside à tout changement, quel qu'il soit, apparaît dans la nature sous trois formes diverses : comme *cause,* dans le sens plus restreint du mot, comme *excitation*, et comme *motif*. C'est même sur cette diversité que repose la différence réelle et essentielle entre les corps inorganiques, la plante et l'animal, et non pas sur les caractères anatomiques extérieurs, et encore moins sur les caractères chimiques.

La *cause* dans son sens le plus restreint est celle après laquelle exclusivement se produisent dans le règne *inorganique* les changements, c'est-à-dire ces effets qui forment l'objet de la mécanique, de la physique et de la chimie. A la cause seule s'applique la troisième loi fondamentale de Newton : « *l'action est égale à la réaction;* » cette loi signifie que l'état précédent (la cause) subit un changement qui équivaut en grandeur au changement que cet état a produit (l'effet). En outre, dans ce mode de causalité seul, l'intensité du résultat est toujours rigoureusement mesurée sur l'intensité de la cause, de façon que celle-ci étant connue, on peut en déduire l'autre, et *vice versa.*

La seconde forme de la causalité, c'est l'*excitation :* elle régit la vie organique comme telle, ainsi donc la vie des plantes, et la partie végétative, par conséquent inconsciente, de la vie animale, partie qui est également une vie de végétal. Ce qui la distingue c'est l'absence des caractères de la première forme. Donc ici l'action n'est pas égale à la réaction, et l'intensité de l'effet, à tous ses degrés, n'a nullement une marche conforme à celle de l'intensité de la cause : bien plus, il peut se faire que par le renforcement de la cause l'effet se convertisse en un effet opposé.

La troisième forme de la causalité, c'est le *motif* : comme telle, elle dirige la vie animale propre, donc l'*action*, c'est-à-dire les actes extérieurs et accomplis avec conscience par tous les animaux. Le médium des motifs est la connaissance; la réceptivité pour les motifs exige donc un intellect. Ce qui caractérise réellement l'animal, c'est par conséquent la connaissance, la représentation. L'animal, comme animal, se meut toujours vers un but et une fin : il doit donc avoir reconnu ceux-ci, c'est-à-dire que ce but et cette fin doivent se présenter à l'animal comme quelque chose de distinct de lui et dont néanmoins il acquiert la conscience. Par suite, l'animal doit être défini : ce qui connaît; aucune autre définition n'atteint le point essentiel; peut-être même aucune autre n'est à l'épreuve de la critique. Avec la connaissance disparaît nécessairement en même temps la faculté de se mouvoir en vertu de motifs; il ne reste donc plus alors que la motion en vertu d'excitations, c'est-à-dire la vie végétative; de là vient que sensibilité et irritabilité sont inséparables. Mais le mode d'agir d'un motif diffère de celui d'une excitation d'une manière évidente : l'action du premier peut en effet être très courte, voire même momentanée; car son activité, à l'opposé de celle de l'excitation, n'a aucun rapport quelconque avec sa durée, avec la proximité de l'objet, etc.; pour que le motif agisse, il suffit qu'il ait été perçu, tandis que l'excitation demande toujours le contact, souvent même l'intussusception, mais dans tous les cas, une certaine durée.

Cette courte indication des trois formes de la causalité doit suffire ici. On en trouvera l'exposé détaillé dans mon mémoire couronné sur la liberté de la volonté [1]. Je n'insisterai ici que sur un seul point. Evidemment la différence entre la cause, l'excitation et le motif n'est que la conséquence du degré de *réceptivité* des êtres ; plus celle-ci est grande, plus l'action peut être de faible nature : la pierre demande à être poussée ; l'homme obéit à un regard. Tous deux cependant sont mus par une raison suffisante, donc avec une égale nécessité. Car la « motivation » n'est que la causalité passant par la connaissance : c'est l'intellect qui est l'intermédiaire des motifs, parce qu'il est le degré suprême de la réceptivité. Mais la loi de la causalité ne perd pour cela absolument rien de sa certitude ni de sa rigueur. Le motif est une cause et agit avec la nécessité qu'entraînent toutes les causes. Chez la bête, dont l'intellect est simple, ne fournissant que la connaissance du présent, cette nécessité est facile à apercevoir. L'intellect de l'homme est double : à la connaissance par la perception sensible il joint encore la connaissance abstraite, qui n'est pas liée au présent ; c'est-à-dire il a la raison. C'est pourquoi il possède une détermination de choix réfléchi : ce qui veut dire qu'il peut mettre en balance et comparer des motifs qui, comme tels, s'excluent mutuellement, c'est-à-dire qu'il peut leur permettre d'essayer leur pouvoir sur sa volonté ; après quoi, le plus énergique le détermine, et sa conduite en résulte avec la même néces-

---

1. Voy. *Essai sur le libre arbitre*, p. 56 et suiv. Paris, G. Baillière. 1880.

sité que le roulement de la boule que l'on frappe. Libre arbitre signifie (pas d'après le verbiage des professeurs de philosophie, mais sérieusement) *qu'étant donné un homme, dans une situation donnée, deux manières différentes d'agir lui seront possibles.* Mais la parfaite absurdité de cette proposition est une vérité aussi certaine et aussi clairement démontrée que peut l'être une vérité qui outrepasse le domaine des mathématiques pures. C'est dans mon mémoire sur le libre arbitre, couronné au concours par l'Académie royale des sciences en Norwège, que l'on trouve cette vérité exposée de la manière la plus claire, la plus méthodique et la plus fondamentale, et tenant aussi tout spécialement compte des faits de conscience au moyen desquels les ignorants croient pouvoir accréditer l'absurdité relevée ci-dessus. Mais déjà Hobbes, Spinoza, Priestley, Voltaire, de même Kant [1],

---

1. « Quelle que soit l'idée que l'on se fasse, dans des vues métaphysiques, du libre arbitre, il n'en est pas moins constant que toutes ses manifestations, les actions humaines, sont déterminées par des lois naturelles générales tout aussi bien que n'importe quel autre phénomène. » (*Idées pour servir à une histoire universelle.* Le commencement.)

« Toutes les actions de l'homme dans leurs manifestations sont déterminées par son caractère empirique et par les autres causes concomitantes, selon l'ordre de la nature : et, si nous pouvions scruter jusqu'au fond toutes les manifestations de son libre arbitre, il n'y aurait pas une seule action humaine que nous ne pourrions prédire avec certitude et que nous ne pourrions reconnaître comme nécessaire en vertu des conditions qui l'ont précédée. A l'égard de ce caractère empirique, il n'existe donc pas de liberté, et ce n'est, en définitive, que d'après ce caractère seulement, que nous pouvons considérer l'homme quand nous voulons uniquement observer et rechercher physiologiquement, comme on fait en anthropologie, les mobiles de ses actions. » (*Crit. de la r. pure.* Comp. trad. de M. Tissot, t. II, p. 294.)

« On peut donc affirmer que s'il nous était possible de pénétrer la façon de penser d'un homme, telle qu'elle se manifeste par les actions intérieures aussi bien que par les extérieures assez profondément pour que ont professé les mêmes enseignements sur les points les plus essentiels de la question. Cela n'empêche pas nos dignes professeurs de philosophie de parler tout naïvement, et comme si rien n'avait été dit à cet égard, de la liberté de la volonté comme d'une affaire entendue. Ces messieurs s'imaginent, n'est-il pas vrai ? que si les grands hommes nommés plus haut ont existé de par la grâce de la nature, c'est uniquement pour qu'*eux*-mêmes puissent vivre de la philosophie. — Mais lorsqu'à mon tour, dans mon mémoire couronné, j'eus exposé la question plus clairement qu'on ne l'avait fait jusqu'alors, et cela sous la sanction d'une Société royale, qui a admis ma dissertation dans ses mémoires, alors il était certes du devoir de ces messieurs, vu leurs dispositions que je viens d'indiquer, de s'élever contre une doctrine aussi fausse et aussi pernicieuse, contre une hérésie aussi abominable, et de la réfuter à fond. Et c'était là un devoir d'autant plus impérieux pour eux, que dans le même volume (*Problèmes fondamentaux de l'éthique*), dans mon mémoire de concours sur le *Fondement de la morale*, j'ai démontré que la raison pratique de Kant, avec son impératif catégorique, que ces messieurs continuent de faire servir de pierre fondamentale à leurs plats systèmes de morale, sous le nom de loi morale (Sittengesetz), est une hypothèse non fondée et nulle ; et je l'ai prouvé d'une manière tellement irréfutable et claire qu'il n'y a pas d'homme, pour

tous les ressorts, jusqu'aux plus petits, nous en fussent connus ainsi que toutes les impulsions extérieures agissant sur ces ressorts, l'on pourrait calculer la conduite future d'un homme avec la même certitude qu'une éclipse de lune ou de soleil. » (*Critique de la r. prat.*)

peu qu'il lui reste encore une étincelle de jugement, qui ajoute plus longtemps foi à cette fiction. — Eh bien, ils l'ont fait, je suppose. — Oh! ils se gardent bien de se laisser entraîner sur les terrains glissants. Se taire, ne souffler mot, voilà tout leur talent, voilà l'unique moyen qu'ils ont à opposer à tout ce qui est esprit, jugement, à tout ce qui est sérieux et vrai. Dans aucune des innombrables et inutiles productions de ces écrivailleurs, parues depuis 1841, il n'est fait la moindre mention de mon *Ethique*, bien qu'elle soit sans contredit ce qu'on a fait de plus important en morale depuis soixante ans; l'effroi qu'ils ont de moi et de ma vérité est tel qu'aucune des feuilles littéraires publiées par les Académies ou les Universités n'a seulement annoncé mon ouvrage. Zitto, zitto! que le public n'en apprenne rien! Voilà leur politique constante. On ne saurait nier que c'est certainement l'instinct de conservation qui est le mobile de ces adroites manœuvres. Car une philosophie qui recherche la vérité sans ménagements, au milieu de ces petits systèmes conçus avec mille ménagements par des gens qui en ont reçu la mission comme étant des « bien pensants », ne doit-elle pas jouer le rôle du pot de fer au milieu des pots de terre? La peur effroyable qu'ils ont de mes écrits n'est que la peur qu'ils ont de la vérité. Pour donner un seul exemple à l'appui, cette doctrine de la nécessité absolue de tous les actes de volonté n'est-elle pas précisément en contradiction criante avec toutes les suppositions admises par cette philosophie de vieille matrone, si fort en vogue et taillée sur le patron du judaïsme : mais, bien loin que cette vérité si rigoureusement démontrée soit ébranlée par là, c'est elle qui, comme une donnée certaine et comme un point d'orientation, comme un véritable « δός μοι πού στῶ », prouve le néant de toute cette philosophie de quenouille et la nécessité d'envisager tout autrement et avec bien plus de profondeur l'essence du monde et de l'homme, — peu importe que ces vues cadrent ou ne cadrent pas avec la mission des professeurs de philosophie.

§ 21. — Apriorité de la notion de causalité. — Intellectualité de la perception empirique. — L'entendement.

Dans la philosophie de professeurs des professeurs de philosophie, on trouvera toujours que la perception du monde extérieur est affaire des sens; après quoi suivent des dissertations à perte d'haleine sur chacun des cinq sens. Mais ils ne disent pas un mot de l'intellectualité de la perception, c'est-à-dire qu'elle est, dans sa partie essentielle, l'œuvre de *l'entendement*, et que c'est celui-ci qui, par l'intermédiaire de la forme de causalité qui lui est propre et de celle de la sensibilité pure subordonnée à l'autre, ainsi donc du temps et de l'espace, crée et produit tout d'abord ce monde objectif extérieur avec la matière première de quelques impressions reçues par les organes des sens. Et cependant j'ai déjà établi la question dans ses points principaux, dès l'année 1813, dans la première édition de la présente dissertation, et peu après, en 1816, je l'ai traitée à fond dans mon étude sur la vision et les couleurs; cette étude a même si bien gagné l'approbation du professeur Rosas, à Vienne, qu'elle l'a induit à devenir plagiaire; pour plus de renseignements, on pourra consulter mon ouvrage intitulé *La volonté dans la nature*, p. 19 (de la première édition allemande). Par contre, les professeurs de philosophie n'ont pas plus pris en considération cette vérité, que tant d'autres vérités élevées et importantes que durant toute ma vie je me suis donné pour tâche d'exposer, afin d'en faire le patrimoine immuable du genre humain. Tout cela n'est pas à leur goût; cela ne trouve pas place dans leur boutique; cela ne conduit à aucune théologie; cela n'est même pas propre à dresser convenablement les étudiants pour servir des vues politiques; bref, ils ne veulent rien apprendre de moi et ne voient pas tout ce que j'aurais à leur enseigner : à savoir, tout ce que leurs fils, petits-fils et arrière-petits-fils apprendront de moi. Au lieu de cela, chacun d'eux s'installe à l'aise devant son pupitre pour enrichir le public de ses propres idées dans de volumineuses élucubrations métaphysiques. Si pour y être autorisé il suffit d'avoir ses cinq doigts, alors ils le sont. Mais, en vérité, Machiavel a raison quand il dit, — ainsi que Hésiode (ἔργα), 293) l'avait fait avant lui : « Il y a trois espèces de têtes : d'abord celles qui voient et comprennent les choses par leurs propres ressources; puis celles qui connaissent le vrai quand d'autres le leur exposent; enfin il y a celles qui ne sont capables ni de l'un ni de l'autre. (*Il Principe*, ch. 22.)

Il faut être abandonné de tous les dieux pour s'imaginer que ce monde perceptible, placé là au dehors, tel qu'il est, remplissant l'espace dans ses trois dimensions, se mouvant selon la marche inexorable et rigoureuse du temps, réglé à chacun de ses pas par cette loi de causalité qui ne souffre pas d'exception, n'obéissant, sous tous ces rapports, qu'à des lois que nous pouvons énoncer avant toute expérience à leur égard, — que ce monde, dis-je, existerait là dehors, tout objectivement réel et sans notre concours, mais qu'ensuite il arriverait à entrer, par une simple impression sur les sens, dans notre tête, où, comme là dehors, il se mettrait à exister une seconde fois. Car quelle pauvre chose en définitive n'est pas la sensation seule! Même dans les organes des sens les plus nobles, elle n'est rien de plus qu'un sentiment local, spécifique, capable de quelque variation dans le cercle de son espèce, mais néanmoins toujours subjectif en soi et, comme tel, ne pouvant rien contenir d'objectif, par conséquent rien qui ressemble à une perception. Car la sensation, de quelque espèce qu'elle soit, est et demeure un fait qui se produit dans l'organisme même, limité, comme tel, à la région sous-cutanée, et ne pouvant dès lors rien contenir par soi-même qui soit situé au delà de la peau, par conséquent en dehors de nous. Elle peut être agréable ou pénible, — ce qui indique un rapport avec notre volonté, — mais dans aucune sensation il ne se trouve quelque chose d'objectif. Dans les organes des sens, la sensation est exaltée par la confluence des extrémités nerveuses; elle y est facilement excitable du dehors, vu l'expansion de ces dernières et la mince enveloppe qui les recouvre; en outre, elle y est tout particulièrement ouverte à toutes les influences spéciales, — lumière, son, arome; — mais elle n'en reste pas moins une simple sensation, aussi bien que toutes celles qui se produisent dans l'intérieur de notre corps, et par suite elle demeure quelque chose d'essentiellement subjectif, dont les changements ne parviennent directement à la connaissance que par la forme du *sens intime*, donc du temps seulement, c'est-à-dire successivement. Ce n'est que quand l'*entendement*, — fonction propre non pas à des extrémités ténues et isolées, mais à ce cerveau bâti avec tant d'art et si énigmatiquement, qui pèse trois et exceptionnellement jusqu'à cinq livres, — c'est quand cet *entendement* entre en activité et vient appliquer sa seule et unique forme, la *loi de la causalité*, c'est alors seulement qu'il se produit une immense modification par la transformation de la sensation subjective en perception objective. C'est l'entendement en effet qui, en vertu de la forme qui lui est spécialement propre, *à priori* par conséquent, c'est-à-dire *avant* toute expérience (car l'expérience était impossible jusqu'à ce moment-là), c'est lui qui conçoit la sensation corporelle donnée comme un EFFET (c'est là un mot que lui seul comprend); cet effet, comme tel, doit nécessairement avoir une CAUSE. En même temps, il appelle à son aide la forme du sens *externe*, l'*espace*, forme qui réside également prédisposée dans l'intellect, c'est-à-dire dans le cerveau, pour placer cette cause *en dehors* de l'organisme; car c'est ainsi que naît pour lui le « dehors », dont la possibilité est précisément l'espace, de façon que c'est l'intuition pure qui doit fournir la base de la perception empirique. Dans le cours de cette opération, l'entendement, ainsi que je le montrerai bientôt plus explicitement, appelle à son secours toutes les données, même les plus petites, de la sensation donnée, pour construire dans l'espace la cause de cette sensation, en conformité de ces données. Mais ce travail de l'entendement (formellement nié du reste par Schelling, dans le premier volume de ses écrits philosophiques de 1809, et aussi par Fries, dans sa *Critique de la raison*, 1er vol.), n'est pas une opération discursive, s'effectuant par réflexion, abstraitement, par l'intermédiaire de notions et de mots; c'est une opération intuitive et tout à fait immédiate. Car c'est par elle seule, donc dans l'entendement et pour l'entendement, que le monde des corps, monde objectif, réel, qui remplit l'espace dans les trois dimensions, apparaît pour ensuite changer dans le temps selon la même loi de causalité et pour se mouvoir dans l'espace. — Dès lors, c'est l'entendement même qui doit d'abord créer le monde objectif; ce n'est pas celui-ci qui, tout achevé à l'avance, n'a plus qu'à entrer tout bonnement dans la tête à travers les sens et les ouvertures de leurs organes. En effet, les sens ne fournissent rien autre que la matière première, que l'entendement transforme tout d'abord, au moyen des formes simples données, espace, temps et causalité, en perception objective d'un monde matériel réglé par des lois. Par suite, notre perception journalière, *empirique*, est une perception *intellectuelle*, et c'est à *elle* que convient cette qualification que les hâbleurs-philosophes en Allemagne ont attribuée à une prétendue intuition de mondes chimériques dans lesquels leur bien-aimé Absolu prend ses ébats. Mais moi je vais démontrer maintenant quel abîme immense sépare la sensation de la perception, en indiquant combien sont grossiers les matériaux qui composent ce bel édifice.

A proprement parler, deux sens seulement servent à la perception objective : le tact et la vue. Eux seuls fournissent les données sur la base desquelles l'entendement, par l'opération que nous venons d'indiquer, fait naître le monde objectif. Les trois autres sens restent, en grande partie, subjectifs : car leurs sensations indiquent bien une cause extérieure, mais ne contiennent aucune donnée propre à en déterminer les relations *dans l'espace*. Or l'espace est la forme de toute inintuition, c'est-à-dire de *cette* appréhension dans laquelle seule les *objets* peuvent se représenter. Aussi ces trois autres sens peuvent bien servir à nous annoncer la présence d'objets qui nous sont déjà autrement connus ; mais aucune construction dans l'espace, donc aucune perception objective ne peut s'effectuer sur la base de leurs données. Nous ne pourrons jamais construire la rose au moyen de son parfum ; et un aveugle pourra toute sa vie durant entendre de la musique, sans obtenir par là la moindre représentation objective à l'égard des musiciens, ou des instruments, ou des vibrations de l'air. Par contre, l'ouïe a une haute valeur, comme intermédiaire de la parole : ce qui en fait le sens de la raison, dont le nom même en dérive (en allemand) ; en outre, il est l'intermédiaire de la musique, l'unique voie pour saisir des rapports numériques compliqués, non pas seulement *in abstracto*, mais immédiatement, c'est-à-dire *in concreto*. Mais le ton n'indique jamais des relations d'espace; il ne peut donc jamais conduire à reconnaître la nature de sa cause; il ne nous apprend jamais rien au delà de sa propre sensation; par conséquent, il ne peut servir de donnée à l'entendement pour construire le monde objectif. Les sensations du tact et de la vue constituent seules de semblables données : aussi un aveugle, qui n'aurait ni mains ni pieds, pourrait bien *à priori* se construire l'espace dans toute sa disposition régulière, mais il n'obtiendrait du monde objectif qu'une représentation très vague. Néanmoins ce que fournissent le tact et la vue n'est encore nullement la perception, mais seulement sa matière première : car la perception est si peu contenue dans les sensations de ces deux sens, que ces sensations n'ont même aucune ressemblance avec les propriétés des objets que nous nous représentons par leur intermédiaire, comme je vais le montrer tout à l'heure. Seulement il faut bien distinguer ce qui appartient réellement à la sensation d'avec ce que l'intellect lui ajoute dans la perception. Cela est difficile au premier abord; car nous sommes tellement habitués à passer immédiatement de la sensation à sa cause, que celle-ci nous apparaît sans que nous accordions notre attention à la sensation en soi; celle-ci nous donne, pour ainsi dire, les prémisses de la conclusion que tire l'entendement.

Etudions maintenant le tact et la vue : d'abord ils ont chacun leurs avantages spéciaux; aussi se soutiennent-ils mutuellement. La vue ne demande pas le contact, pas même la proximité : son champ est incommensurable;

il s'étend jusqu'aux étoiles. En outre, elle sent les nuances les plus délicates de la lumière, de l'ombre, de la couleur, de la transparence, et fournit ainsi à l'entendement une foule de données finement déterminées, au moyen desquelles, après en avoir acquis l'exercice, il construit et présente de suite à la perception la forme, la grandeur, la distance et la condition des corps. D'autre part cependant, le toucher, bien que ne pouvant se passer du contact, procure des données si infaillibles et si variées, qu'il est le sens sûr par excellence. Aussi bien les perceptions de la vue se réfèrent finalement au toucher; on peut même envisager la vue comme un toucher imparfait, mais atteignant loin et se servant des rayons de lumière comme de longs tentacules; c'est aussi pour cela qu'elle est exposée à tant d'erreurs, car elle est bornée aux propriétés auxquelles la lumière sert d'intermédiaire; par conséquent, elle est unilatérale, tandis que le tact donne directement les données servant à faire reconnaître la dimension, la forme, la dureté, la mollesse, la siccité, l'humidité, le poli, la température, etc., etc.; en quoi il est aidé en partie par la conformation et la mobilité des bras, des mains et des doigts, dont la position pendant l'attouchement procure à l'entendement les données nécessaires à la construction des corps dans l'espace, et en partie par la force musculaire, au moyen de laquelle il reconnaît le poids, la solidité, la résistance ou la fragilité des corps : et le tout avec la moindre possibilité d'erreur.

Malgré tout cela, ces données ne constituent encore nullement la perception : celle-ci reste l'œuvre de l'entendement. Quand je presse ma main contre la table, dans la sensation qui en résulte pour moi n'est pas du tout contenue la représentation de la ferme consistance des parties de la masse, ni de rien de semblable; ce n'est qu'en passant de la sensation à sa cause que mon entendement se construit un corps qui possède la propriété de solidité, d'impénétrabilité et de dureté. Si, dans l'obscurité, je pose ma main sur une surface, ou si je prends en main une boule d'environ trois pouces de diamètre, ce seront, dans les deux cas, les mêmes parties de la main qui éprouveront la pression; ce n'est que par les différentes positions que ma main doit prendre dans l'un ou l'autre cas que mon entendement construit la forme du corps dont l'attouchement a été la cause de la sensation; et l'entendement confirme son opération en faisant varier les points de contact. Quand un aveugle-né palpe un objet de forme cubique, les sensations de sa main sont tout à fait uniformes pendant le contact et les mêmes de tous les côtés et dans toutes les directions : les arêtes pressent, il est vrai, une moindre portion de la main; il n'y a rien cependant dans toutes ces sensations qui ressemble le moins du monde à un cube. Mais de la résistance qu'il a sentie, son entendement conclut immédiatement et intuitivement à une cause de la résistance, et cette cause, par là même, se représente comme un corps solide; au moyen des mouvements que font ses bras, pendant que la sensation des mains reste la même, il construit, dans l'espace dont il a la notion *à priori*, la forme cubique du corps. S'il ne possédait pas déjà à l'avance la notion d'une cause et d'un espace avec ses lois, jamais l'image d'un cube ne pourrait naître de ces sensations successives qu'éprouve sa main. Si, fermant les doigts, on fait courir une corde dans la main, l'on construira, comme cause du frottement et de sa durée, dans cette position spéciale de la main, un corps allongé, de forme cylindrique, se mouvant uniformément dans une direction certaine. Mais jamais, par cette seule sensation dans ma main, la représentation du mouvement, c'est-à-dire du changement de place dans l'espace par l'intermédiaire du temps, ne pourra se produire, car la sensation ne peut contenir ni produire jamais par elle seule rien de semblable. C'est l'intellect qui doit, avant toute expérience, contenir en soi l'intuition de l'espace, du temps et par suite aussi celle de la possibilité du mouvement, et en même temps la notion de causalité pour pouvoir ensuite passer de la simple sensation empirique à une cause de cette sensation et construire alors cette cause sous la forme d'un corps se mouvant de telle façon et ayant telle figure. Car quelle distance n'y a-t-il pas entre une simple sensation dans la main et les notions de causalité, de matérialité et de mouvement dans l'espace par l'intermédiaire du temps! La sensation dans la main, même avec des attouchements et des positions variés, est quelque chose de beaucoup trop uniforme et de trop pauvre en données pour qu'il soit possible de construire avec cela la représentation de l'espace avec ses trois dimensions, de l'influence réciproque des corps, et des propriétés d'étendue, d'impénétrabilité, de cohésion, de figure, de dureté, de mollesse, de repos et de mouvement, bref tout le fondement du monde objectif; tout cela n'est possible que par là que l'espace comme forme de perception, le temps comme forme du changement, et la loi de causalité comme régulateur de la réalisation des changements, existaient à l'avance tout formés dans l'intellect. L'existence toute complète de ces formes antérieures à toute expérience est justement ce qui constitue l'intellect. Physiologiquement, l'intellect est une fonction du cerveau que celui-ci a tout aussi peu apprise par expérience que l'estomac n'a appris à digérer, ni le foie à sécréter la bile. C'est ainsi seulement que l'on peut expliquer comment beaucoup d'aveugles-nés arrivent à une connaissance si parfaite des conditions de l'espace qu'ils peuvent remplacer par celle-ci en très grande partie l'absence de la vue et exécuter des travaux surprenants : on a vu, il y a une centaine d'années, *Saunderson*, aveugle dès son bas âge, enseigner à Cambridge les mathématiques, l'optique et l'astronomie (pour plus de détails sur Saunderson, voir Diderot, *Lettre sur les aveugles*). On explique de la même manière le cas inverse d'*Eve Lauk*, qui, née sans bras et sans jambes, acquit par la vue seule, et aussi rapidement que les autres enfants, la perception exacte du monde extérieur (voir *Le monde comme volonté et représentation*, vol. II, chap. 4). Tout cela prouve donc que le temps, l'espace et la causalité ne pénètrent ni par la vue, ni par le toucher, ni du dehors, en général, au dedans de nous, mais qu'ils ont une origine interne, par conséquent non empirique, mais intellectuelle. De ceci il résulte à son tour que la perception du monde matériel, dans ce qu'elle a d'essentiel, est un travail intellectuel, une œuvre de l'entendement, pour laquelle la sensation fournit seulement l'occasion et les données devant servir à l'application dans chaque cas isolé.

Je veux maintenant prouver la même chose pour le sens de la vue. Ce qu'il y a d'immédiatement donné ici se borne à la sensation de la rétine, sensation qui admet, il est vrai, beaucoup de diversité, mais qui se résume dans l'impression du clair et de l'obscur, avec les degrés intermédiaires, et des couleurs proprement dites. Cette sensation est entièrement subjective, c'est-à-dire placée uniquement à l'intérieur de l'organisme et sous la peau. Aussi, sans l'entendement, n'en aurions-nous conscience que comme de modifications particulières et variées de la sensation dans notre œil, qui n'auraient rien qui ressemblât à la figure, à la position, à la proximité ou à l'éloignement d'objets hors de nous. Car ce que fournit la *sensation* dans la vision, ce n'est qu'une affection variée de la rétine, en tout semblable à l'aspect d'une palette chargée de nombreuses taches de toute couleur : et c'est là aussi tout ce qui resterait dans la conscience, si l'on pouvait retirer subitement, par une paralysie du cerveau par exemple, l'entendement à une personne placée en face d'un point de vue vaste et varié, tout en lui conservant la sensation ; car c'était là la matière première, avec laquelle son entendement créait auparavant la perception de ce point de vue.

Cette faculté pour l'entendement de pouvoir créer ce monde visible, si inépuisablement riche et si varié de formes, avec des matériaux si peu nombreux, savoir le clair, l'obscur et les couleurs, en vertu de la fonction si simple qu'il possède de rapporter tout effet à une cause et avec le secours de l'intuition de l'espace, lequel est une forme qui lui est inhérente, cette faculté, disons-nous, se base tout d'abord sur le concours que la sensation donne ici elle-même. Ce concours consiste en ce que, *premièrement*, la rétine, comme surface étendue, admet des impressions se juxtaposant; *secondement*, en ce que la lumière agit toujours en lignes droites et se réfracte dans l'intérieur de l'œil également dans des directions rectilignes; et *enfin* en ce que la rétine possède la faculté de sentir du même coup et immédiatement la direction dans laquelle la lumière vient la frapper, circonstance qu'on ne peut probablement expliquer que par le fait que le rayon lumineux pénètre dans l'épaisseur de la rétine. On gagne à cela ce résultat que l'impression seule suffit déjà à indiquer la direction de sa cause; elle montre donc directement la place de l'objet qui émet ou réfléchit la lumière. Sans doute, aller à cet objet comme à la cause présuppose déjà la connaissance du rapport de causalité ainsi que celle des lois de l'espace; mais ces deux notions constituent précisément l'apanage de l'*intellect*, qui, ici encore, doit créer la perception avec une pure sensation. — C'est cette opération que nous allons maintenant examiner de plus près.

La première chose que fait l'intellect, c'est de redresser l'impression de l'objet qui se produit renversée sur la rétine. Ce redressement essentiel se fait, comme on sait, de la manière suivante : comme chaque point de l'objet visible envoie ses rayons dans toutes les directions en ligne droite, ceux qui partent de son bord supérieur se croisent, dans l'étroite ouverture de la pupille, avec ceux qui viennent du bord inférieur, ce qui fait que les rayons du bas pénètrent par le haut, ceux du haut par le bas,

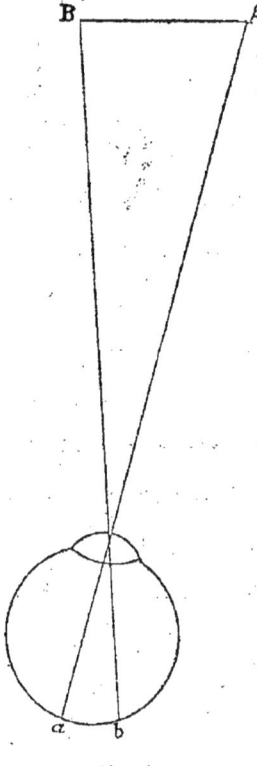

Fig. 1.

comme aussi ceux venant de côté par le côté opposé. L'appareil réfringent, situé en arrière dans l'œil et qui se compose de l'humeur aqueuse, de la lentille et de l'humeur vitrée, ne sert qu'à concentrer assez les rayons lumineux, émanés de l'objet, pour leur permettre d'avoir place sur le petit espace occupé par la rétine. Si donc la vision consistait dans la seule sensation, nous percevrions l'impression de l'objet renversé, car c'est ainsi que nous la recevons ; de plus, nous la percevrions aussi comme quelque chose situé dans l'intérieur de l'œil, puisque nous nous arrêterions à la sensation. Mais en réalité l'entendement intervient aussitôt avec sa loi de causalité ; il rapporte l'effet ressenti à sa cause, et, possédant la donnée, fournie par la sensation, sur la direction dans laquelle le rayon lumineux s'est introduit, il poursuit cette direction en sens inverse le long des deux lignes jusqu'à la cause : le croisement s'effectue donc cette fois-ci à rebours, ce qui fait que la cause se présente maintenant redressée dehors, comme objet dans l'espace, c'est-à-dire dans sa position au moment où les rayons en partaient et non dans celle au moment où ils pénétraient (voy. fig. 1.). — On peut encore constater la pure intellectualité de l'opération, sans plus faire appel à aucune autre explication, et en particulier à aucune explication physiologique, par cette observation que si l'on passe sa tête entre les jambes, ou si l'on s'étend sur le dos, sur un terrain incliné, la tête vers le bas, l'on verra néanmoins les objets non pas renversés, mais parfaitement droits, bien que la portion de la rétine que rencontre ordinairement le bord inférieur des objets soit rencontrée maintenant par le bord supérieur, et malgré que tout soit renversé, excepté l'entendement.

La seconde opération que fait l'entendement pour transformer la sensation en perception, c'est de faire percevoir simple ce que l'on a senti double ; en effet, chaque œil reçoit isolément l'impression de l'objet, et même dans une direction légèrement différente ; et pourtant l'objet se présente simple ; cela ne peut donc résulter que de l'entendement. L'opération qui effectue ce résultat est la suivante : Nos deux yeux ne sont placés parallèlement que lorsque nous regardons au loin, c'est-à-dire au delà de 200 pieds : en deçà, en les dirigeant tous deux sur l'objet que nous voulons considérer, nous les faisons converger ; les deux lignes, tirées de chaque œil jusqu'au point que l'on fixe sur l'objet, y forment un angle que l'on appelle l'*angle optique* ; les lignes mêmes s'appellent les *axes optiques*. Ces derniers aboutissent, quand l'objet est placé droit devant nous, exactement au milieu de chaque rétine, par conséquent à deux points parfaitement correspondants dans chaque œil. L'entendement, qui en tout ne cherche que la *cause*, reconnaît aussitôt que l'impression, bien que double, ne part que d'*un seul* point extérieur, qu'elle n'a donc qu'*une seule* cause ; en conséquence, cette cause se présente comme objet, et comme objet unique. Car tout ce que nous percevons, nous le percevons comme *cause*, comme cause d'un effet senti, par suite *dans l'entendement*. Toutefois, comme ce n'est pas un point unique, mais une surface considérable de l'objet que nous embrassons des deux yeux, et que malgré cela nous la voyons simple, il nous faut pousser encore un peu plus loin l'explication que nous venons de donner. Tout ce qui, dans l'objet, est situé à côté du sommet de l'angle optique, envoie ses rayons aussi à côté de chaque rétine et non plus exactement au milieu ; néanmoins ces rayons aboutissent dans les deux yeux sur le même côté de chaque rétine, par exemple à sa gauche : les endroits rencontrés sont donc, tout comme les points centraux, des places *symétriquement correspondantes*, autrement dit des *places de même nom*. L'entendement apprend bientôt à connaître celles-ci et étend jusqu'à elles aussi la règle de perception causale exposée ci-dessus ; il rapporte donc non seulement les rayons tombés sur le centre de chaque rétine, mais encore ceux qui frappent les autres places *symétriquement correspondantes* des deux rétines, à un même point radiant de l'objet, et par conséquent il perçoit tous ces points, c'est-à-dire l'objet tout entier, comme un objet *unique*. Il faut bien faire attention ici que ce n'est pas le côté extérieur d'une rétine qui correspond au côté extérieur de l'autre, et l'intérieur à l'intérieur ; mais c'est, par exemple, le côté droit de la rétine droite qui correspond au côté droit de la rétine gauche, et ainsi de suite ; cette correspondance symétrique doit donc être entendue dans le sens géométrique et non dans le sens physiologique. On trouvera dans l'*Optique* de Robert Smith, et en partie aussi dans la traduction allemande de Kæstner de 1755, des figures nombreuses et très claires qui démontrent parfaitement cette opération et les phénomènes qui s'y rattachent. Je n'en ai donné ici qu'une seule (voy. fig. 2), qui représente, à vrai dire, un cas tout spécial dont il sera fait mention plus loin, mais qui peut servir également à expliquer l'ensemble de l'opération si l'on fait abstraction complète du point R. On voit donc que nous dirigeons toujours uniformément les deux yeux sur un objet, afin de recevoir les rayons émanés des mêmes points sur les endroits des deux rétines qui se correspondent symétriquement. A chaque mouvement des yeux, soit de côté, soit en haut, soit en bas, dans toutes les directions, le point de l'objet qui tombait auparavant sur le milieu de chaque rétine rencontre maintenant chaque fois une autre place, mais constamment, pour chaque œil, une place de même nom, ayant sa correspondante dans l'autre. Quand nous inspectons quelque chose

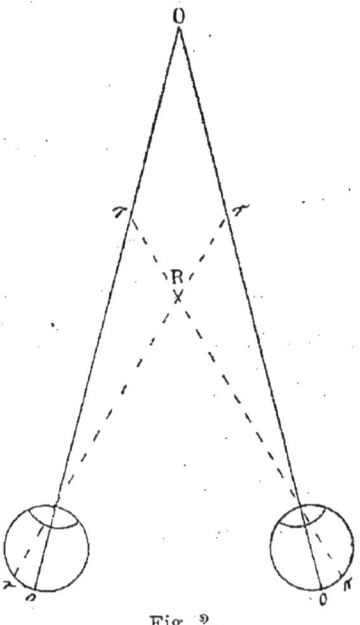

Fig. 2.

du regard (*perlustrare*), nous promenons les yeux çà et là sur l'objet pour amener successivement chacun de ses points en contact avec le centre de la rétine, qui est l'endroit où la vision est la plus distincte; nous le tâtons des yeux. Il ressort de là clairement que dans la vision simple avec les deux yeux les choses se comportent au fond comme dans l'acte de tâter un corps avec les dix doigts; chaque doigt reçoit une autre impression venant d'une autre direction, tandis que l'entendement reconnaît l'ensemble comme provenant d'un seul et même objet, dont il perçoit et construit dans l'espace la forme et la grandeur, conformément à ces impressions. C'est là ce qui permet à un aveugle de devenir sculpteur, comme le célèbre *Joseph Kleinhaus* [1], mort en Tyrol en 1853, qui sculptait depuis l'âge de cinq ans. Car la perception se fait toujours par l'entendement, quel que soit d'ailleurs le sens qui lui a fourni les données.

Mais de même que, lorsque je touche une boule avec deux doigts croisés, je crois immédiatement en sentir deux par la raison que mon entendement, qui remonte à la cause et la construit conformément aux lois de l'espace, présupposant aux doigts la position naturelle, doit nécessairement admettre l'existence de deux boules différentes pour que deux portions de surface sphérique puissent se trouver en contact simultané avec les faces externes de l'index et du médius ; de même, un objet que je vois m'apparaîtra double, quand mes yeux, au lieu de fermer l'an-

---

[1]. Le *Journal de la conversation*, de Francfort, du 22 juillet 1853, raconte ce qui suit, de la vie de ce sculpteur :

« A Nauders (en Tyrol) est mort le 10 juillet le sculpteur aveugle *Joseph Kleinhaus*. Ayant perdu la vue dès l'âge de cinq ans, à la suite de la petite vérole, l'enfant, pour chasser l'ennui, s'amusait à sculpter. Prugg lui donna des conseils et quelques modèles à copier, et à douze ans le jeune garçon exécuta un christ de grandeur naturelle. Il fit des progrès rapides dans le court espace de temps qu'il passa dans l'atelier du sculpteur Nissl à Fügen, et ses bonnes dispositions, ainsi que son talent, répandirent au loin la réputation du sculpteur aveugle. Ses travaux sont variés et nombreux. Ses christs, qui à eux seuls sont au nombre de quatre cents, font surtout ressortir sa supériorité, quand on se rappelle qu'il était privé de la vue. Il a sculpté encore bien d'autres morceaux dignes d'éloges, et exécuta, il n'y a pas plus de deux mois, le buste de l'empereur François-Joseph, qui a été envoyé à Vienne. » (*Note de Schopenhauer.*)

gle optique sur un seul point de cet objet en convergeant symétriquement, se dirigeront vers lui chacun sous un angle différent ; en d'autres mots, quand je loucherai. Car alors ce ne sont plus les rayons émanés d'un même point de l'objet qui rencontreront dans les deux rétines ces places symétriquement correspondantes, que mon entendement a appris à connaître par une expérience suivie ; mais ils frapperont des endroits tout différents, qui, pour une position symétrique des yeux, ne peuvent être affectés que par des corps distincts l'un de l'autre : aussi, dans le cas donné, verrai-je *deux* objets, précisément par la raison que la perception se fait par l'entendement et dans l'entendement. — Le même phénomène peut se présenter sans même qu'il soit besoin de loucher ; cela arrivera quand, deux objets étant placés devant moi à des distances inégales, je fixe le plus éloigné, c'est-à-dire quand c'est sur celui-ci que je fais tomber le sommet de l'angle optique : car dans ce cas les rayons émanés de l'objet plus rapproché tomberont sur des places qui ne correspondent pas symétriquement dans les deux rétines ; mon entendement les attribuera donc à deux objets différents, et, en conséquence, je verrai double l'objet le plus rapproché (voir fig. 2). Si c'est au contraire sur ce dernier, en fixant mes yeux sur lui, que je ferme l'angle optique, c'est l'objet le plus éloigné qui, pour la même raison, m'apparaîtra double. On n'a, pour s'en assurer, qu'à placer un crayon à deux pieds devant ses yeux et à regarder alternativement tantôt le crayon, tantôt quelque autre objet situé au delà.

Mais il y a mieux encore : on peut faire l'expérience inverse, de façon à ne voir qu'un seul objet, tout en ayant tout près, devant les deux yeux bien ouverts, deux objets bien réels ; c'est là la preuve la plus frappante que la perception ne réside nullement dans la sensation, mais qu'elle se fait par un acte de l'entendement. On n'a qu'à prendre deux tubes en carton, longs de huit pouces et d'un pouce et demi de diamètre, que l'on joint ensemble, à la manière du télescope binoculaire, de façon qu'ils soient parfaitement parallèles, et l'on fixe devant l'ouverture de chaque tube une pièce de monnaie. En regardant par le bout opposé, que l'on rapproche des yeux, l'on ne verra qu'une seule pièce, entourée d'un seul tube. Car les deux yeux, forcés par les tubes à prendre des positions parfaitement parallèles, seront frappés uniformément par les deux monnaies juste au centre de la rétine et aux points qui l'entourent, par conséquent à des endroits symétriquement correspondants ; il en résultera que l'entendement, présupposant la position convergente des axes optiques que nécessite la vision d'objets peu éloignés des yeux, n'admettra qu'un seul objet comme cause de la lumière ainsi réfléchie : ce qui veut dire que nous le verrons simple, tellement l'appréhension causale est un acte immédiat pour l'entendement.

Je n'ai pas la place ici pour réfuter isolément les explications physiologiques que l'on a essayé de donner de la vision simple. Leur fausseté ressort déjà des considérations suivantes : 1° Si elle dépendait d'une propriété de l'organe, les places correspondantes des deux rétines, dont il est prouvé que dépend la vision simple, devraient être celles de même nom, dans l'acception *organique* du mot, tandis que ce sont celles dans le sens *géométrique*, comme nous l'avons déjà dit. Car, organiquement, ce sont les deux angles internes et les deux externes des yeux qui correspondent entre eux, et tout le reste à l'avenant ; la vision simple exige, au contraire, la correspondance du côté droit de la rétine droite avec le côté droit de la rétine gauche et ainsi de suite, ainsi que cela ressort incontestablement des phénomènes que nous avons décrits. C'est précisément aussi parce que c'est là un acte intellectuel, que les animaux les plus intelligents seuls, à savoir les mammifères supérieurs, puis les oiseaux de proie, principalement les hiboux, etc., ont les yeux placés de façon à pouvoir diriger les deux axes visuels sur un même point. — 2° L'hypothèse de la confluence ou du croisement partiel des nerfs optiques avant leur entrée dans le cerveau, hypothèse établie par Newton en premier (*Optics*, querry 15th), est déjà fausse par ce seul motif que dans ce cas la vision double, dans le strabisme, serait impossible ; mais, en outre, Vesale et Cœsalpinus rapportent des cas anatomiques où il n'y avait aucune fusion, aucun contact même des nerfs optiques en ce point, et où les sujets n'en voyaient pas moins simple. Enfin une dernière objection qui s'élève contre ce mélange des impressions, c'est ce fait que, lorsque fermant l'œil droit, par exemple, on regarde le soleil de l'œil gauche, l'image persistante, résultant ensuite de l'éblouissement, se peindra seulement dans l'œil gauche et jamais dans le droit, et *vice versa*.

La troisième opération par laquelle l'entendement change

la sensation en perception consiste à construire des corps avec les simples surfaces obtenues jusqu'ici, donc à ajouter la troisième dimension : pour cela, partant de la loi de causalité comme prémisse, il conclut à l'étendue des corps dans cette troisième dimension, dans cet espace qu'il connaît *à priori*, et en proportion de leur impression sur l'œil et des gradations de lumière et d'ombre. En effet, bien que les objets occupent leurs trois dimensions dans l'espace, ils ne peuvent agir sur l'œil qu'avec deux d'entre elles : la nature de cet organe est telle que, dans la vision, l'impression n'est pas stéréométrique, mais simplement planimétrique. Tout ce qu'il y a de stéréométrique dans la perception, c'est l'entendement qui l'y ajoute : les seules données qu'il a pour cela sont la direction dans laquelle l'œil reçoit l'impression, les limites de cette impression, et les diverses dégradations du clair et de l'obscur; ces données indiquent immédiatement leurs causes, et ce sont elles qui nous font reconnaître si c'est par exemple un disque ou une sphère que nous avons devant les yeux. Tout comme les précédentes, cette opération de l'entendement s'effectue si immédiatement et avec une telle rapidité qu'il n'en reste rien autre dans la conscience que le résultat. C'est pourquoi un dessin en projection est un problème tellement difficile, qui ne peut être résolu que d'après les principes mathématiques et qu'on doit apprendre avant de pouvoir l'exécuter, et cependant son objet n'est pas autre chose que la représentation de la sensation visuelle, telle qu'elle s'offre comme donnée pour cette troisième opération de l'entendement :

à savoir, la vision dans son étendue simplement planimétrique, avec deux dimensions seulement, auxquelles l'entendement, moyennant les autres données supplémentaires que nous avons indiquées, ajoute alors la troisième, aussi bien en présence du dessin qu'en face de la réalité. En effet, ce dessin est une écriture, dont la lecture, ainsi que celle des caractères imprimés, est facile pour chacun, mais que peu de gens savent écrire; dans la perception, notre entendement n'appréhende l'effet que pour s'en servir à construire la cause, et, celle-ci obtenue, il ne s'occupe plus de l'autre. Nous reconnaissons instantanément une chaise, par exemple, dans toutes les positions possibles; mais la dessiner dans n'importe quelle position est l'affaire propre de cet art qui fait abstraction de cette troisième opération de l'entendement, pour n'en présenter que les données, afin que la personne qui les regarde effectue elle-même cette opération. Cet art, nous l'avons dit, c'est tout d'abord l'art du dessin en projection, puis, dans le sens le plus général, l'art de la peinture. Un tableau présente des lignes menées selon les règles de la perspective, des places claires et d'autres obscures, en rapport avec l'impression de la lumière et de l'ombre, enfin des plaques colorées conformes, en ce qui regarde leur qualité et leur intensité, à ce que nous enseigne l'expérience. Le spectateur lit cette écriture en donnant à des effets semblables les causes qui lui sont familières. L'art du peintre consiste en ce qu'il garde judicieusement dans sa mémoire les données de la sensation visuelle, telles qu'elles existent *avant* cette troisième opération de l'entendement; tandis que nous autres, après en avoir fait l'usage décrit plus haut, nous les rejetons sans plus nous les rappeler. Nous apprendrons à mieux connaître encore cette opération, en passant maintenant à l'étude d'une quatrième, intimement liée à la précédente et qui l'explique en même temps.

Cette quatrième opération consiste en effet à reconnaître la distance des objets ; or c'est là la troisième dimension, dont il a été question ci-dessus. Dans la vision la sensation nous donne bien, ainsi que nous l'avons dit, la *direction* dans laquelle sont situés les objets, mais non leur *distance;* elle ne donne donc pas leur *place*. En conséquence, la distance doit être trouvée par un travail de l'*entendement*, c'est-à-dire qu'elle doit résulter de déterminations *causales*. La plus importante de ces déterminations, c'est l'*angle visuel* sous lequel l'objet se présente : toutefois c'est là un élément éminemment équivoque et qui ne peut rien décider à lui tout seul. Il est comme un mot à double sens : c'est de l'ensemble seulement que peut ressortir la signification que l'on a entendu lui donner. Car, à angle visuel égal, un objet peut être petit et rapproché, ou grand et éloigné. L'angle visuel ne peut nous servir à reconnaître son éloignement que si sa grandeur nous est déjà connue par d'autres moyens, comme aussi, à l'inverse, il nous donnera la grandeur si la distance nous est connue d'autre part. C'est sur la décroissance de l'angle visuel en rapport avec l'éloignement qu'est basée la perspective linéaire dont nous pouvons facilement déduire ici les principes. La portée de la vue étant égale dans toutes les directions, nous voyons en réalité chaque objet comme s'il était une sphère creuse dont notre œil occuperait le centre. Or cette sphère a d'abord une infinité de grands cercles dans toutes les directions, et les angles dont la mesure est donnée par les divisions de ces cercles sont les angles visuels possibles. Puis cette sphère augmente ou diminue, suivant que nous lui donnons un rayon plus grand ou plus petit ; nous pouvons donc nous la représenter comme composée d'une infinité de surfaces sphériques concentriques et transparentes. Puisque tous les rayons vont en divergeant, ces sphères concentriques seront d'autant plus grandes qu'elles seront plus éloignées de nous, et avec elles grandiront en même temps les degrés de leurs grands cercles et par suite aussi la vraie dimension des objets compris sous ces degrés. Ils seront donc plus grands ou plus petits, selon qu'ils occuperont une même mesure, par exemple 10°, d'une sphère creuse plus grande ou plus petite ; mais, dans les deux cas, leur angle visuel restera le même et ne nous indiquera pas si l'objet qu'il embrasse occupe les 10° d'une sphère de 2 lieues ou de 10 pieds de diamètre. Et, à l'inverse, si c'est la grandeur de l'objet qui est fixée, c'est le nombre des degrés qu'il occupe qui décroîtra en proportion de l'éloignement et, par suite, en proportion de la grandeur croissante de la sphère à laquelle nous le rapportons ; conséquemment, tous ses contours se resserreront dans la même mesure. D'ici dérive la règle fondamentale de toute perspective : car puisque les objets, ainsi que leurs distances mutuelles, doivent diminuer en proportion constante de l'éloignement, ce qui réduit tous les contours, il en résultera que, à mesure que la distance grandira, tout ce qui est situé plus haut que nous s'abaissera, tout ce qui est placé plus bas remontera, et tout ce qui se trouve sur les côtés se resserrera. Aussi loin qu'il existera devant nous une suite non interrompue d'objets en succession visible, nous pourrons toujours avec certitude reconnaître la distance au moyen de cette convergence progressive de toutes les lignes, c'est-à-dire au moyen de la perspective linéaire. Nous n'y arrivons pas au moyen de l'angle visuel seul; il faut dans ce cas que l'entendement appelle à son aide quelque autre élément, servant, pour ainsi dire, de commentaire à l'angle visuel, en précisant mieux la part qu'il faut attribuer à la distance dans l'appréciation de cet angle. Les éléments principaux donnés pour cela sont au nombre de quatre, que je vais examiner maintenant de plus près. Quand la perspective linéaire fait défaut, c'est par leur secours qu'il m'est permis, bien qu'un homme placé à 100 pieds m'apparaisse sous un angle visuel vingt-quatre fois plus petit que lorsqu'il n'est qu'à 2 pieds de moi, de reconnaître exactement sa grandeur dans la plupart des cas : ce qui prouve encore une fois que toute perception est un acte de l'entendement et non pas des sens seuls. — Voici un fait tout spécial et des plus intéressants, qui vient corroborer ce que nous avons dit du fondement de la perspective linéaire, comme aussi de l'intellectualité de la perception. Lorsque, après avoir assez longuement fixé un objet coloré et à contours précis, par exemple une croix rouge, il s'est formé dans mon œil son spectre coloré physiologique, c'est-à-dire une croix verte, son image m'apparaîtra d'autant plus grande que le plan auquel je la rapporterai sera plus éloigné, et d'autant plus petite qu'il sera plus rapproché. Car le spectre même occupe une portion déterminée et invariable de ma rétine : c'est la portion ébranlée auparavant par la croix rouge; projeté au dehors, c'est-à-dire reconnu comme effet d'un objet extérieur, il donne naissance à un angle visuel donné une fois pour toutes; supposons qu'il soit de 2° : si (ici où tout commentaire manque pour l'angle visuel) je le rapporte à une surface éloignée avec laquelle je l'identifie inévitablement comme appartenant à l'action de cette surface, alors la croix occupera 2° d'une sphère éloignée, par conséquent d'un grand diamètre, et par suite la croix sera grande; si, au contraire, je projette la croix sur un plan rapproché, elle occupera 2° d'une petite sphère : elle m'apparaîtra donc petite. Dans les deux cas, la perception a une apparence parfaitement objective, en tout pareille à celle d'un objet extérieur; mais, comme elle provient d'une cause entièrement subjective (c'est-à-dire du spectre provenant lui-même d'une cause tout autre) elle prouve ainsi l'intellectualité de toute perception objective. — Ce phénomène (que je me rappelle minutieusement et bien exactement avoir observé le premier en 1815) a été décrit dans les *Comptes rendus* du 2 août 1858, par Séguin, qui présente la chose comme une invention récemment faite et en donne toute sorte d'explications fausses et niaises. Messieurs les « *illustres confrères* » (sic) accumulent à chaque occasion expériences sur expériences; et plus elles sont compliquées, mieux cela vaut. Rien qu'« *expérience* »! (sic), voilà leur mot d'ordre ; mais il est fort rare de rencontrer un peu de réflexion juste et sincère sur les phénomènes observés : « expérience, expérience » (sic), et là-dessus ensuite rien que des niaiseries.

Pour en revenir à ces données subsidiaires formant le commentaire d'un angle visuel donné, nous trouvons, en premier lieu, les « *mutationes oculi interni* » au moyen desquelles l'œil accommode son appareil optique réfringent, en augmentant ou en diminuant la réfraction, selon les différentes distances. En quoi consistent physiologiquement ces modifications, voilà sur quoi l'on n'est pas encore fixé. On a voulu trouver l'explication dans une augmentation de convexité, tantôt de la cornée, tantôt du cristallin ; mais la théorie la plus récente, émise déjà du reste par *Képler* dans ses points principaux, est celle qui me paraît la plus vraisemblable ; d'après cette théorie, le cristallin est poussé en arrière pour la vision de loin, et en avant pour la vision de près, en même temps que le bombement en est augmenté par la pression latérale : de cette façon, le procédé serait tout à fait analogue au mécanisme du binocle de théâtre. On trouve cette théorie exposée en détail dans le mémoire de A. Hueck sur « *les mouvements du cristallin* », publié en 1841. Quoi qu'il en soit, si nous n'avons pas une conscience bien distincte de ces modifications internes de l'œil, nous en avons cependant un certain sentiment, et c'est celui-ci dont nous nous servons immédiatement pour apprécier la distance. Mais, comme ces modifications ne servent à rendre la vision parfaitement distincte que pour une distance comprise entre 7 pouces et 16 pieds, il s'ensuit que la donnée en question ne peut être utilisée par l'entendement qu'en dedans des mêmes limites.

Au delà, c'est alors la seconde donnée qui trouve son application : à savoir l'*angle optique*, formé par les deux axes visuels et que nous avons expliqué en parlant de la vision simple. Evidemment, cet angle diminue à mesure que l'éloignement augmente, et va croissant à mesure que l'objet se rapproche. Ces différentes directions mutuelles des yeux ne s'effectuent pas sans produire une légère sensation ; mais celle-ci n'arrive à la conscience qu'en tant que l'entendement l'utilise comme donnée qui lui sert à l'appréciation intuitive de l'éloignement. Cette donnée permet de reconnaître non seulement la distance, mais en outre la place précise qu'occupe l'objet, et cela au moyen de la parallaxe des yeux, qui consiste en ce que chacun des deux yeux voit l'objet dans une direction légèrement différente, ce qui fait que celui-ci semble se déplacer quand on ferme un œil. C'est parce que cette donnée manque qu'il est difficile d'arriver à moucher une chandelle quand on ferme un œil. Mais comme, aussitôt que l'objet est situé à 200 pieds ou au delà, les yeux prennent des directions parallèles, comme par conséquent l'angle optique disparaît totalement, cette donnée ne peut avoir d'effet que jusqu'à cette distance.

Au delà, c'est la perspective aérienne qui vient au secours de l'entendement ; les signes par lesquels elle lui indique que l'éloignement augmente sont que toutes les couleurs deviennent de plus en plus ternes, que tous les objets sombres paraissent voilés du bleu physique (selon la très exacte théorie des couleurs par Gœthe), et que tous les contours s'effacent. Cette donnée est très faible en Italie, à cause de la grande transparence de l'air; aussi y trompe-t-elle facilement : par exemple, vu de Frascati, Tivoli nous paraît être très près. Par contre, le brouillard, qui produit l'exagération anomale de cette donnée, nous fait voir les objets plus grands, parce que l'entendement les juge plus éloignés.

Enfin il nous reste encore, pour apprécier la distance, la connaissance intuitive que nous avons de la grandeur des objets interposés, tels que champs, fleuves, forêts, etc. Cette donnée n'est praticable qu'à la condition d'une succession non interrompue ; par conséquent, elle ne s'applique qu'aux objets terrestres et non aux objets célestes. En général, nous sommes plus exercés à nous en servir dans la direction horizontale que dans la verticale; ainsi une boule, au sommet d'une tour de 200 pieds de hauteur, nous paraîtra beaucoup plus petite que placée sur le sol à 200 pieds devant nous, parce que dans le second cas nous tenons plus exactement compte de la distance. Toutes les fois que nous voyons des hommes dans des conditions telles que tout ce qui est situé entre eux et nous soit en grande partie caché, ils nous paraissent étonnamment petits.

C'est en partie à ce dernier mode d'évaluation, en tant qu'utilement applicable aux seuls objets terrestres et dans la direction horizontale seulement, et en partie à celui fondé sur la perspective aérienne et qui se trouve dans le même cas, qu'il faut attribuer ce fait que notre entendement, quand il perçoit dans la direction horizontale, juge les objets plus éloignés, conséquemment plus grands, que dans la verticale. De là vient que la lune à l'horizon nous paraît beaucoup plus grosse qu'à son point culminant, bien que son angle visuel, bien exactement mesuré, c'est-à-dire son image dans l'œil, reste le même dans les deux positions; c'est pour cela aussi que la voûte céleste nous semble surbaissée, c'est-à-dire plus étendue, dans le sens horizontal que dans le sens vertical. Dans les deux cas, le phénomène est donc purement intellectuel ou cérébral, et non optique ou sensoriel. On a objecté que la lune, même à sa hauteur culminante, est souvent troublée sans paraître plus grosse pour cela; on réfute l'objection en faisant observer d'abord qu'elle ne paraît pas rouge non plus à cette hauteur, parce que le trouble résulte de vapeurs plus grossières et est d'une autre nature que celui que produit la perspective aérienne; puis que, l'estimation de la distance ne se faisant que dans le sens horizontal et non dans le sens perpendiculaire, nous trouvons également d'autres correctifs pour cette position. On raconte que Saussure, étant au sommet du mont Blanc, vit la lune, à son lever, lui apparaître si grosse, qu'il ne la reconnut pas et s'évanouit de frayeur.

En revanche, c'est sur l'évaluation faite isolément, au moyen de l'angle visuel seul, c'est-à-dire sur l'estimation de la grandeur par la distance et de la distance par la grandeur, que repose l'action du télescope et de la loupe;

car, ici, les quatre autres éléments supplémentaires d'évaluation sont exclus. En réalité, le télescope grossit les objets, mais il nous semble les rapprocher seulement, parce que, leur grandeur nous étant connue empiriquement, nous expliquons leur grossissement apparent par une distance moindre : ainsi, par exemple, une maison, vue à travers un télescope, ne nous paraît pas dix fois plus grande, mais dix fois plus proche. La loupe, au contraire, ne grossit pas en réalité ; elle nous permet seulement de rapprocher l'objet de notre œil plus que nous ne le pourrions sans cela, et il ne nous apparaît alors que de la grandeur dont nous le verrions à cette distance, même sans le secours de la loupe. En effet, la trop faible convexité du cristallin et de la cornée ne nous permet pas de vision distincte à une distance de l'œil inférieure à 8-10 pouces ; mais la convexité de la loupe, substituée à celle de l'œil, venant augmenter la réfraction, nous permet d'obtenir, même à la distance d'un demi-pouce, une image encore distincte. Notre entendement rapporte alors l'objet, vu à cette proximité et avec la grandeur qui y correspond, à la distance naturelle de la vision distincte, c'est-à-dire à 8-10 pouces de l'œil, et juge de sa dimension par l'angle visuel qui résulte alors de cette distance.

J'ai exposé avec tant de détails toutes ces opérations concernant la vision, pour montrer clairement et irréfutablement que ce qui prédomine c'est l'activité de l'*entendement;* celui-ci, saisissant tout changement comme un *effet* qu'il rapporte à sa cause, réalise, sur la base des notions intuitives d'espace et de temps, ce phénomène cérébral du monde matériel pour lequel les sensations lui fournissent simplement quelques données. De plus, il exécute cette opération à lui tout seul, en vertu de sa forme propre, qui est la loi de la causalité, et par conséquent tout à fait immédiatement et intuitivement, sans le secours de la réflexion, c'est-à-dire de la connaissance abstraite, acquise au moyen des notions et des mots qui sont les matériaux de la connaissance *secondaire*, c'est-à-dire de la *pensée* et par conséquent de la *raison*.

Il est encore un fait qui vient corroborer notre assertion que la connaissance par l'entendemement est indépendante de la raison et de son concours : c'est que quand il arrive parfois que l'entendement attribue à des effets donnés une cause inexacte, qu'il perçoit nettement, d'où résulte la *fausse apparence*, la raison aura beau reconnaître exactement, *in abstracto*, le véritable état de choses, elle ne pourra lui être d'aucun secours; la fausse apparence persistera, malgré la connaissance plus vraie acquise par la raison. De telles apparences sont, par exemple, la vision et l'impression tactile doubles, dont nous avons déjà parlé, par suite d'un déplacement des organes du sens de leur position normale; c'est également l'aspect de la lune, dont nous avons aussi parlé, paraissant plus grosse à l'horizon; en outre, l'image formée au foyer d'un miroir concave et qui se présente exactement comme un corps solide suspendu dans l'espace; le relief imité par la peinture et que nous prenons pour véritable; le rivage ou le pont sur lequel nous sommes placés et qui semble marcher pendant qu'un navire passe; les hautes montagnes qui nous paraissent beaucoup plus rapprochées qu'elles ne le sont, à cause du manque de perspective aérienne, suite de la pureté de l'atmosphère qui entoure leurs sommets; on pourrait rapporter encore des centaines de faits semblables, où l'entendement admet la cause habituelle, celle qui lui est familière, par conséquent la perçoit immédiatement, bien que la raison ait reconnu la vérité par d'autres voies; elle ne peut rien faire cependant pour venir au secours de l'entendement, inaccessible à ses enseignements, vu qu'il la précède dans sa connaissance : ce qui fait que la fausse *apparence*, c'est-à-dire la déception de l'entendement, reste inébranlable, tandis que l'*erreur*, c'est-à-dire la déception de la raison, peut être évitée. — Quand l'*entendement* reconnaît juste, nous avons la *réalité ;* quand c'est la *raison* qui reconnaît juste, nous avons la *vérité*, c'est-à-dire un jugement fondé sur un principe : l'opposé de la première, c'est l'*illusion* (perception fausse); l'opposé de la seconde, c'est l'*erreur* (pensée fausse).

Bien que la partie purement formelle de la perception empirique, comprenant la loi de la causalité, le temps et l'espace, soit contenue *à priori* dans l'intellect, l'application aux données empiriques ne lui en est pas donnée en même temps; il ne l'obtient que par l'exercice et l'expérience. Les enfants nouveau-nés, bien qu'ils reçoivent déjà l'impression de la lumière et des couleurs, ne peuvent pas encore percevoir les objets et ne les voient pas réellement; pendant les premières semaines, ils sont dans un état de torpeur, qui ne se dissipe que lorsque leur entendement commence à exercer ses fonctions sur les données des sens, principalement sur celles du tact et de la vue, et lorsqu'ils acquièrent ainsi progressivement la conscience du monde extérieur. On reconnaît facilement ce moment, car leurs regards deviennent plus intelligents, et leurs mouvements prennent un certain degré d'intention ; cela se voit surtout au sourire qui paraît sur leurs lèvres et par lequel ils montrent qu'ils reconnaissent les personnes qui les soignent. On peut observer aussi qu'ils font longtemps encore des expériences avec leur vue et leur toucher, pour perfectionner leur perception des objets sous des éclairages différents, dans des directions et à des distances variées ; ils étudient ainsi tranquillement, mais sérieusement, jusqu'à ce qu'ils aient bien appris les différentes opérations de l'entendement que nous avons décrites plus haut. C'est sur des aveugles-nés, opérés plus tard, que l'on peut constater bien plus distinctement ces études, car ils peuvent rendre compte de leurs perceptions. Depuis le célèbre aveugle de *Chesselden* (le premier rapport fait sur le cas de cet aveugle se trouve dans le volume 35 des *Philosophical transactions*), le fait s'est répété souvent, et l'on a constaté chaque fois que les individus qui acquièrent tard l'usage de la vue voient, il est vrai, la lumière, les couleurs et les contours immédiatement après l'opération, mais qu'ils n'ont pas encore de perception objective des choses, parce que leur entendement a besoin avant cela d'avoir appris à appliquer la loi de la causalité à ces données qui sont nouvelles pour lui et à leurs changements. Quand l'aveugle de Chesselden aperçut pour la première fois sa chambre avec les objets divers qu'elle contenait, il ne put rien distinguer ; il n'avait qu'une impression d'ensemble, comme d'un tout uniforme ; il lui semblait voir une surface lisse et bariolée. Son intellect ne songeait nullement à reconnaître des objets séparés, placés les uns derrière les autres, à des distances inégales. Chez les aveugles ainsi opérés, c'est au toucher, auquel ces objets sont déjà familiers, à les faire connaître à la vue et, pour ainsi dire, à les présenter et à les introduire. Dans les commencements, ils ne savent pas juger des distances ; ils étendent le bras pour tout saisir. L'un d'eux, voyant sa maison de la rue, ne pouvait croire que toutes ces grandes chambres fussent contenues dans ce petit objet. Un autre était ravi d'avoir découvert, quelques semaines après l'opération, que les gravures pendues au mur représentaient une foule de choses différentes. Dans le *Morgenblatt* du 23 octobre 1817, on trouve l'histoire d'un aveugle-né qui recouvra la vue à l'âge de dix-sept ans. Il dut commencer par apprendre à percevoir par l'entendement, et ne reconnaissait par la vue aucun des objets qu'il connaissait déjà auparavant par le toucher. Le tact devait d'abord lui faire connaître séparément chaque chose par la vue. Il ne savait pas non plus juger des distances et voulait tout saisir indifféremment. — *Franz*, dans son ouvrage *The eye : a treatise on the art of dreserving this organ in healthy condition, and of improving the sight* (London, Churchill, 1838), dit p. 34-36 : « *A definite idea of distance, as well as of form and size, is only obtained by sight and touch, and by reflecting on the impressions made on both senses ; but for this purpose we must take into account the muscular motion and voluntary locomotion of the individual. — Caspar Hauser*[1], *in a detailed account of his own experience in this respect states, that upon his first liberation from confinement, whenever he looked through the window upon external objects, such as the street, garden, etc., it appeared to him as if there were a shutter quite close to his eye, and covered with confused colours of all kinds, in which he could recognise or distinguish nothing singly. He says farther, that he did not convince himself till after some time during his walks out of doors, that that what had at first appeared to him as a shutter of various colours, as well as many other objects, were in reality very different things; and that at length the shutter disappeared, and he saw and recognised all things in their just proportions. Persons born blind who obtain their sight by an operation in later years only, sometimes imagine that all objects touch their eyes, and lie so near to them that they are afraid of stumbling against them; sometimes they leap towards the moon, supposing that they can lay hold of it; at other times they run after the clouds moving along the sky, in order to catch them, or commit other such extravagancies. — Since ideas are gained by reflection upon sensation, it is further necessary in all cases, in order that an accurate idea of objects may be*

---

[1]. *Feuerbach's Caspar Hauser, Beispiel eines Verbrechens am Seelenleben eines Menschen*, Anspach, 1832, p. 79, etc.

(Note de Schop.)

formed from the sense of sight, that the powers of the mind should be unimpaired, and undisturbed in their exercise. A proof of this is afforded in the instance related by Haslam[1], *of a boy who had no defect of sight, but was weak in understanding, and who in his seventh year was unable to estimate the distances of objects, especially as to the height; he would extend his hand frequently towards a nail on the ceiling*, or *toward the moon, to catch it. It is therefore the judgement which corrects and makes clear this idea, or perception of visible objects.* »

Flourens nous fournit des considérations à l'appui de cette intellectualité de la perception dans son livre : *De la vie et de l'intelligence* (2ᵉ éd., Paris, Garnier frères, 1858); à la page 49, sous ce titre : « *Opposition entre les tubercules et les lobes cérébraux,* » il dit : « *Il faut faire une grande distinction entre les sens et l'intelligence. L'ablation d'un tubercule détermine la perte de la* sensation, *du* sens *de la vue ; la rétine devient insensible, l'iris devient immobile. L'ablation d'un lobe cérébral laisse la* sensation, *le* sens, *la* sensibilité *de la rétine, la mobilité de l'iris ; elle ne détruit que la* perception *seule. Dans un cas, c'est un fait* sensorial, *et, dans l'autre, un fait* cérébral *; dans un cas, c'est la perte du* sens *; dans l'autre, c'est la perte de la* perception. *La distinction des perceptions et des sensations est encore un grand résultat ; et il est démontré aux yeux. Il y a*

---

[1]. Haslam, *Observations on Madness and Melancholy*, 2ᵉ éd., p. 192.
(*Note de Schop.*)

*deux moyens de faire perdre la vision par l'encéphale :
1° par les tubercules : c'est la perte du sens, de la sensation; 2° par les lobes : c'est la perte de la perception, de l'intelligence. La sensibilité n'est donc pas l'intelligence; penser n'est donc pas sentir; et voilà toute une philosophie renversée. L'idée n'est donc pas la sensation; et voilà encore une autre preuve du vice radical de cette philosophie.* » Plus loin, à la page 77, sous ce titre : *Séparation de la sensibilité et de la perception,* Flourens ajoute : « *Il y a une de mes expériences qui sépare nettement la sensibilité de la perception. Quand on enlève le cerveau proprement dit (lobes ou hémisphères cérébraux) à un animal, l'animal perd la vue. Mais, par rapport à l'œil, rien n'est changé : les objets continuent à se peindre sur la rétine; l'iris reste contractile; le nerf optique sensible, parfaitement sensible. Et cependant l'animal ne voit plus; il n'y a plus vision, quoique tout ce qui est sensation subsiste; il n'y a plus vision, parce qu'il n'y a plus perception.* Le *percevoir, et non le* sentir, *est donc le premier élément de l'intelligence. La perception est partie de l'intelligence, car elle se perd avec l'intelligence et par l'ablation du même organe, les lobes ou hémisphères cérébraux; et la sensibilité n'en est point partie, puisqu'elle subsiste après la perte de l'intelligence et l'ablation des lobes ou hémisphères.* »

L'intellectualité de la perception en général était déjà comprise par les anciens; c'est ce que prouve ce vers célèbre de l'ancien philosophe *Epicharme :*

« Νοῦς ὁρῇ καὶ νοῦς ἀκούει· τ' ἄλλα κωφὰ καὶ τυφλά. »
(Mens videt, mens audit ; cætera surda et cœca.)

Plutarque, qui le cite (*De solert. animal.*, c. 3), ajoute :
« ὡς τοῦ περὶ τὰ ὄμματα καὶ ὦτα πάθους, ἄν μὴ παρῇ τὸ φρονοῦν, αἴσθησιν ὀυ ωοιοῦντος » (quia affectio oculorum et aurium nullum affert sensum, intelligentia absente) ; quelques lignes plus haut, il avait dit : « Στρατώνος τοῦ φυσικοῦ λόγος ἐστίν, ἀποδεικνύων ὡς οὐδ ἀισθάνεσθαι τοπαράπαν ἄνευ τοῦ νοεῖν ὑπάρχει. (Stratonis physici exstat ratiocinatio, qua « sine intelligentia sentiri omnino nihil posse » demonstrat.) Mais, bientôt après, il dit : Ὅθεν ἀνάγκη, πᾶσιν, οἷς τὸ ἀισθάνεσθαι, καὶ τὸ νοεῖν ὑπάρχειν, ἔτι τῷ νοεῖν ἀισθάνεσθαι πεφύκαμεν (quare necesse est, omnia, quæ sentiunt, etiam intelligere, siquidem intelligendo demum sentiamus). On peut encore rapprocher de ceci un vers du même Epicharme, rapporté par Diogène Laërce (III, 16) :

Εὔμαιε, τὸ σοφόν ἐστίν οὐ καθ' ἓν μόνον,
ἀλλ' ὅσα περ ζῇ, πάντα καὶ γνώμαν ἔχει.

(Eumaee, sapientia non uni tamen competit, sed quæcunque vivunt etiam intellectum habent.)

Porphyrius également (*De abstinentia*, III, 21) s'applique à démontrer longuement que tous les animaux possèdent l'entendement.

La vérité de tout ceci découle nécessairement de l'intellectualité de l'entendement. Tous les animaux, jusqu'aux plus bas placés, doivent posséder l'entendement, c'est-à-dire la connaissance de la loi de causalité, bien qu'à des degrés très divers de finesse et de netteté, mais toujours au moins autant qu'il en faut pour percevoir avec leurs sens : car la sensation sans l'entendement ne serait pas seulement un don inutile, mais encore un présent cruel de la nature. Ceux-là seuls qui en seraient eux-mêmes privés pourraient mettre en doute l'entendement des animaux supérieurs. Mais on peut même constater parfois, d'une manière irréfragable, que leur connaissance de la causalité est réellement une connaissance *à priori* et qu'elle ne dérive pas purement de l'habitude de voir une chose succéder à une autre. Un tout jeune chien ne sautera pas à bas d'une table, parce qu'il anticipe le résultat. J'avais fait installer, il y a quelque temps, aux fenêtres de ma chambre à coucher, de longs rideaux tombant jusqu'à terre et qui se séparaient en deux par le milieu au moyen d'un cordon : quand le matin, à mon lever, j'exécutai pour la première fois cette opération, je remarquai, à ma surprise, que mon barbet, animal très intelligent, était resté tout saisi, et que, tantôt se levant sur ses pattes, tantôt furetant sur les côtés, il s'efforçait de trouver la cause du phénomène ; il cherchait donc le changement qu'il savait *à priori* avoir dû précéder ; le lendemain, il recommença la même manœuvre. — Mais les animaux inférieurs également ont de l'entendement : le polype lui-même, qui n'a pas d'organes distincts pour les sens, quand à l'aide de ses bras il se transporte de feuille en feuille jusqu'au sommet de sa plante aquatique pour trouver plus de lumière, témoigne qu'il perçoit ; par conséquent, qu'il a de l'entendement.

L'entendement humain, que nous séparons nettement

de la raison, ne diffère de cet entendement du plus bas étage que par le degré, et tous les échelons intermédiaires sont occupés par la série des animaux dont les espèces supérieures, comme le singe, l'éléphant, le chien, etc., nous surprennent par leur entendement. Mais invariablement l'office de l'entendement consistera toujours dans la connaissance immédiate des relations causales : d'abord de celles entre notre propre corps et les corps étrangers, d'où résulte la perception objective ; puis des relations mutuelles entre ces corps objectivement perçus ; dans ce dernier cas, ainsi que nous l'avons vu dans le paragraphe précédent, le rapport de causalité se présente sous trois formes différentes, savoir, comme cause, comme excitation et comme motif ; c'est par ces trois formes que tout mouvement se produit dans le monde, et c'est par elles seules que l'entendement le conçoit. Si, de ces trois, ce sont les causes, dans l'acception la plus restreinte, dont la recherche l'occupe, alors il crée la mécanique, l'astronomie, la physique, la chimie ; il invente des machines propres au salut ou à la destruction ; mais c'est toujours, en dernière analyse, la connaissance immédiate et intuitive du rapport causal qui sert de base à toutes ses découvertes. C'est elle qui est la seule forme et la seule fonction de l'entendement ; ce n'est nullement ce mécanisme compliqué des douze catégories kantiennes, dont j'ai démontré le néant. — (Comprendre, c'est connaître immédiatement, et par conséquent intuitivement, l'enchaînement causal, bien que cette connaissance demande à être de suite déposée dans des notions abstraites afin d'être fixée. Aussi calculer n'est pas comprendre et ne fournit par soi aucune compréhension des choses. Le calcul ne s'occupe purement que de notions abstraites de grandeurs, dont il détermine les rapports mutuels. Mais on n'acquiert pas par là la moindre compréhension d'un phénomène physique quelconque. Car pour cela il faut connaître par la perception *intuitive* les conditions de l'espace en vertu desquelles les causes agissent. Les calculs n'ont de valeur que pour la pratique, non pour la théorie. On pourrait même dire : *Où commence le calcul, la compréhension cesse*. Car le cerveau occupé de chiffres, pendant qu'il calcule, reste complètement étranger à l'enchaînement causal dans la marche physique des phénomènes ; il n'est rempli que de notions abstraites de chiffres. Et le résultat ne donne jamais rien au delà du *combien*, jamais le *quoi*. « *L'expérience et le calcul* » (sic), cette formule favorite des physiciens français, ne suffisent donc nullement [1]). — Si ce sont les *excitations* que l'entendement poursuit, il créera la physiologie végétale et animale, la thérapeutique et la toxicologie. — Enfin, si ce sont les *motifs* qu'il a choisis, alors ou bien il s'en servira en théorie pure, comme d'un fil conducteur pour produire des ouvrages de morale, de jurisprudence, d'histoire, de politique, de poésie épique et dramatique ; ou bien il les utilisera pratiquement, soit pour dresser simplement des animaux, soit pour mener les hommes à sa baguette, car il aura très habilement

---

[1]. L'éditeur, dans sa préface de la 2ᵉ édition des *Œuvres complètes* de Schopenhauer, fait observer spécialement que toute cette longue parenthèse se trouve ajoutée par Schopenhauer lui-même dans le manuscrit qui a servi à la 3ᵉ édition de la *Quadruple racine*. (*Le trad.*)

démêlé, pour chaque marionnette, le fil particulier à tirer afin de la faire se mouvoir à sa volonté. Que, moyennant les ressources de la mécanique, il utilise dans des machines la gravité des corps, de façon que l'action de la pesanteur, se produisant exactement au moment voulu, vienne servir son but; ou bien qu'il mette en jeu, au service de ses desseins, les penchants communs ou individuels des hommes, la chose reste exactement la même quant à la fonction qui est active dans ce travail. Dans cette application pratique, l'entendement est nommé habileté (Klugheit); quand on a recours à la duperie, adresse; quand les desseins sont frivoles, subtilité; et, s'ils sont liés au dommage d'autrui, astuce. Par contre, ce n'est que dans son emploi purement théorique qu'on l'appelle *entendement* tout court; mais, porté à des degrés supérieurs, on le désigne par perspicacité, discernement, sagacité, pénétration; le manque d'entendement, en revanche, est nommé hébètement, bêtise, niaiserie, etc. Ces degrés si divers dans la qualité sont innés et ne peuvent s'acquérir par l'étude, bien que l'exercice et la connaissance de la matière soient partout nécessaires pour pouvoir user correctement de l'entendement, ainsi que nous l'avons vu pour sa première application, c'est-à-dire pour la perception empirique. De la raison, tout imbécile en a; donnez-lui les prémisses, il tirera la conséquence. Mais c'est l'entendement qui fournit la connaissance *primaire*, par conséquent intuitive; et c'est de là que viennent les différences. Aussi la moelle de toute grande découverte, comme aussi de tout plan d'histoire universelle, est-elle le produit d'un instant heureux où, à la faveur de circonstances extérieures, ou intérieures, des séries compliquées de causes, ou bien les causes secrètes de phénomènes mille fois observés, ou bien des voies obscures et non encore explorées, s'éclairent soudain pour l'entendement.

Les explications précédentes sur ce qui se passe dans la vision et dans le toucher ont démontré victorieusement que la perception empirique est en substance l'œuvre de l'*entendement*, auquel les sens ne font que fournir par leurs impressions l'étoffe, et, en somme, une étoffe fort pauvre ; si bien qu'on peut dire qu'il est l'artiste créateur et qu'eux ne sont que les manouvriers qui lui passent les matériaux. Son procédé invariable consiste à passer des effets donnés à leurs causes, qui par là seulement se présentent alors comme des corps dans l'espace. La condition *sine qua non* pour cela est la loi de causalité, que lui-même doit apporter dans ce but, car elle n'a pu lui être donnée d'aucune manière du dehors. Elle est la condition première de toute perception empirique ; celle-ci est la forme sous laquelle apparaît toute expérience extérieure ; comment donc alors le principe de causalité pourrait-il avoir été puisé dans l'expérience, dont il est lui-même la présupposition essentielle ? C'est à cause de cette impossibilité absolue, et parce que *Locke* dans sa philosophie avait supprimé toute *apriorité*, que *Hume* a nié totalement la réalité du concept de causalité. Celui-là avait déjà mentionné (dans le 7e de ses *Essays on human understanding*) deux fausses hypothèses que l'on a fait revivre de nos jours : l'une, que c'est l'action de la volonté sur les membres du corps; l'autre, que c'est la résistance opposée par les choses à notre pression, qui sont l'origine et le prototype du concept de causalité. Hume les réfuta toutes deux à sa guise et dans son ordre d'idées. Quant à moi, voici comment j'argumente : entre l'acte de la volonté et l'action du corps, il n'existe aucun rapport de causalité ; les deux sont directement une seule et même chose, perçue deux fois : une première fois dans la conscience ou sens intime, comme acte de la volonté, et en même temps dans la perception cérébrale, extérieure, de l'espace, comme action musculaire. (Comp. *Le monde comme volonté et représentation*, 3ᵉ éd., vol. II, page 41 [1].) La seconde hypothèse est fausse, d'abord parce que, comme je l'ai exposé en détail plus haut, une simple sensation du tact est loin encore de fournir une perception objective, et bien moins encore la notion de causalité; jamais ce concept ne pourra résulter simplement de l'empêchement d'un effort musculaire, empêchement qui, du reste, se produit souvent sans aucune cause externe; et secondement, parce que le fait de presser contre un objet extérieur, devant avoir un motif, présuppose déjà la perception de cet objet, et celle-ci la connaissance de la causalité. Mais on ne peut démontrer radicalement que la notion de causalité est indépendante de toute expérience qu'en prouvant que c'est celle-ci qui dépend du principe et que c'est par lui seul qu'elle est possible ; c'est ce que j'ai fait

---

1. Un renvoi de l'éditeur allemand fait observer ici que, dans la 3ᵉ édition du *Monde comme volonté et représentation* il se trouve à cet endroit une addition qui manque à la 2ᵉ (vol. II, p. 38). (*Le trad.*)

dans les pages qui précèdent. Je montrerai tout à l'heure, dans le § 23, que la preuve établie par *Kant*, dans le même but, est fausse.

C'est ici le lieu de faire observer que Kant n'a pas compris ou bien a sciemment écarté, comme ne s'accordant pas avec ses vues, cette intervention de la loi intuitivement connue de la causalité dans la perception empirique. Dans la *Critique de la raison pure*, aux pages 367 et suivantes de la première édition seulement, il est parlé du rapport entre la causalité et la perception, et cela non dans la partie élémentaire, mais à une place où l'on ne le chercherait pas, à savoir dans le chapitre sur les paralogismes de la raison pure, là où il critique le quatrième paralogisme de psychologie transcendantale. Cette place qu'il lui assigne indique déjà, que dans l'examen de ce rapport il n'a toujours en vue que la transition du phénomène à la chose en soi, mais non pas la naissance de la perception elle-même. Aussi dit-il, dans ce passage, que l'existence d'un objet réel en dehors de nous n'est pas donnée directement dans la perception ; qu'elle peut être conçue conjointement et par conséquent conclue comme en étant la cause extérieure. Mais, en opérant ainsi, on est à ses yeux un *réaliste transcendantal*, et conséquemment on est dans l'erreur. Car par *objet extérieur* Kant entend déjà ici l'*objet en soi*. L'idéaliste transcendantal, au contraire, s'en tient à la perception d'un réel empirique, c'est-à-dire existant dans l'espace en dehors de nous, sans avoir besoin de conclure avant tout à une cause de l'aperception pour lui donner de la réalité. En effet, la *perception*, pour

Kant, est un acte entièrement immédiat, qui s'accomplit sans le concours du rapport causal, ni de l'entendement par conséquent : il l'identifie directement avec la sensation. C'est ce qu'établit le passage suivant, *loc. cit.*, p. 371 : « *J'ai tout aussi peu besoin, en vue de la réalité des objets extérieurs, etc.* [1], » comme encore celui-ci, p. 372 : « *On peut concéder, il est vrai, que, etc.* [2]. » Il résulte bien évidemment de ces passages que, selon lui, la *perception* des objets extérieurs dans l'espace précède toute application de la loi de causalité; que celle-ci n'est donc pas contenue dans l'autre comme son élément et sa condition; la simple sensation est déjà la perception pour lui. En parlant de la perception, il ne mentionne la causalité que lorsqu'il s'agit de rechercher ce qui, entendu dans l'acception *transcendantale*, peut exister *hors de nous*, c'est-à-dire lorsqu'il est question de la chose en soi. En outre, Kant considère la loi de causalité comme contenue et comme possible uniquement dans la réflexion, ainsi donc

---

1. Voici le passage entier : « Il n'est pas plus nécessaire de raisonner par rapport à la réalité des objets extérieurs, qu'à l'égard de la réalité de l'objet de mon sens intime (de mes pensées), car ce ne sont des deux côtés que des représentations dont la perception immédiate (la conscience) est en même temps une preuve suffisante de leur réalité. » (Trad. Tissot, tome II, p. 79.) (*Le Trad.*)

2. « On peut bien accorder que quelque chose, qui peut être hors de nous dans le sens transcendental *, est cause de nos intuitions extérieures, mais ce n'est pas l'objet que nous entendons sous les représentations de la matière et des choses corporelles, car cette matière, ces choses ne sont que des phénomènes, c'est-à-dire de simples représentations qui ne se trouvent jamais qu'en nous et dont la réalité ne repose pas moins sur la conscience immédiate que la conscience propre de nos pensées. » (*Loc. cit.*, p. 80.)

(*Le Trad.*)

* J'ai maintenu ici pour ce mot l'orthographe constante de M. Tissot. (*Le Trad.*)

dans la connaissance abstraite et claire des notions, sans se douter nullement que son application précède toute réflexion, ce qui est évidemment le cas, et spécialement pour la perception des sensations extérieures ; sans cela, jamais la perception ne pourrait s'effectuer : je l'ai prouvé plus haut, par l'analyse que j'en ai faite et d'une manière qui n'admet plus de contestation. Aussi Kant est-il forcé de laisser la perception empirique sans aucune explication ; chez lui, comme si elle était donnée par miracle, elle est une pure affaire des sens et se confond, par conséquent, avec la sensation. Je désire vivement que les lecteurs qui veulent méditer la question relisent le passage que j'ai rapporté de Kant, pour voir bien clairement combien ma manière de comprendre toute la marche et tous les détails de la chose est plus exacte. Cette opinion tout à fait erronée de Kant s'est maintenue depuis dans les ouvrages de philosophie, parce que personne n'osait y toucher ; c'est moi qui le premier suis venu déblayer le terrain, et cela était indispensable pour jeter de la lumière sur le mécanisme de notre connaissance.

Au reste, la rectification que j'y ai faite ne nuit absolument en rien à la doctrine idéaliste établie par Kant ; celle-ci y a plutôt gagné, en ce que chez moi la nécessité d'une loi de causalité est absorbée et éteinte dans la perception empirique comme dans son résultat, et par conséquent ne peut plus être invoquée au delà, pour la question toute transcendantale de la chose en soi. En effet, si nous nous reportons à ma théorie, exposée plus haut, sur la perception empirique, nous trouverons que sa donnée première, la sensation, est quelque chose d'entièrement subjectif ; c'est une opération qui s'effectue dans l'intérieur de l'organisme, puisqu'elle se passe sous la peau. Mais ces impressions des organes des sens, même en admettant qu'elles sont produites par des causes extérieures, ne peuvent avoir aucune ressemblance avec la nature de ces causes ; — le sucre n'a aucune ressemblance avec la douceur, ni la rose avec le rouge ; Locke a déjà démontré cette vérité tout au long et fondamentalement. Mais même cette circonstance qu'elles doivent toujours avoir une cause extérieure s'appuie sur une loi que l'on démontre exister en nous, dans notre cerveau ; c'est là donc encore quelque chose de tout aussi subjectif que la sensation même. Oui, le *temps*, cette condition première pour la possibilité de tout changement, donc de ce changement aussi au sujet duquel seulement l'application du principe de causalité peut commencer à fonctionner, — non moins que l'*espace*, qui seul permet de transporter à l'extérieur les causes qui alors s'y représentent comme objets, sont des formes subjectives de l'intellect, ainsi que Kant l'a prouvé sûrement. En conséquence nous voyons que tous les éléments de la perception empirique se trouvent en nous, et qu'ils ne contiennent rien qui puisse fournir une indication certaine sur l'existence de quelque objet en dehors de nous, sur une chose en soi. — Mais il y a plus : par la notion de *matière*, nous concevons ce qui reste des corps quand on les dépouille de leur forme et de leurs qualités spécifiques, par conséquent ce qui dans tous les corps doit être égal, identique. Or ces formes et ces qualités dont nous les dépouillons, ne sont rien autre que le *mode d'action* particulier et spécialement déterminé des corps, par lequel précisément ils diffèrent les uns des autres. Donc après ce dépouillement, ce qui reste c'est la *simple activité générale*, c'est l'action pure en tant qu'action, c'est la causalité elle-même, conçue objectivement; elle est donc le reflet de notre propre entendement; elle est l'image, projetée au dehors, de son unique fonction; la matière n'est de part en part que causalité, et son essence, c'est l'*agir* en général. (Comp. *Le monde comme volonté et représentation*, vol. I, § 4.) Voilà pourquoi on ne peut pas percevoir la matière, on ne peut que la penser; elle est quelque chose que l'on ajoute par la pensée, comme fondement à toute réalité. Car la causalité pure, le simple agir sans mode déterminé d'action, ne peut être rendu perceptible, et par conséquent ne peut faire l'objet de l'expérience. La matière n'est donc que le corrélatif objectif de l'entendement pur, car elle est la causalité absolument parlant, et rien autre; de même que l'entendement n'est que la connaissance immédiate de la cause et de l'effet en général, et rien de plus. C'est aussi pourquoi la loi de causalité ne peut être appliquée à la matière : cela veut dire que celle-ci ne peut être ni créée ni détruite; elle est et elle persiste. Car, comme tout changement des accidents (formes et qualités), c'est-à-dire toute création et toute destruction, ne peut survenir que moyennant la causalité, et comme la matière n'est elle-même que la causalité pure comme telle, considérée au point de vue objectif, il s'ensuit qu'elle ne peut exercer son pouvoir sur elle-même, comme l'œil qui peut tout voir, sauf soi-même. Comme en outre *substance* est identique avec matière, on peut dire : La *substance*, c'est l'*action in abstracto ;* l'*accident*, c'est la manière spéciale d'agir, c'est l'action *in concreto*. Voilà les résultats auxquels conduit le véritable idéalisme, c'est-à-dire l'idéalisme transcendantal. J'ai exposé dans mon ouvrage principal que nous ne pouvons pas arriver par la voie de la représentation à la chose en soi, c'est-à-dire à ce qui en général existe même en dehors de la représentation, mais que nous devons prendre pour cela une toute autre route, passant par l'intérieur des choses, et qui nous ouvre la forteresse pour ainsi dire par trahison.

Mais, si l'on voulait comparer l'analyse que je viens de faire, travail de bonne foi et profondément médité sur l'analyse de la perception empirique dans ses éléments qui tous se trouvent être subjectifs, si, dis-je, on voulait la comparer, ou peut-être aller jusqu'à l'identifier avec les équations algébriques de Fichte sur le moi et le non-moi, avec ses démonstrations spécieuses et sophistiques, qui ne pouvaient abuser le lecteur que grâce au voile d'obscurité et d'absurdité qui les enveloppe, avec ses explications comment le moi résulte du non-moi, bref avec toutes ces bouffonneries de la « théorie de la science » ou plutôt de l'ignorance [1], ce serait montrer manifestement qu'on ne veut que me chercher chicane. Je proteste contre toute communauté avec ce Fichte, comme

---

1. Il y a ici dans le texte allemand un jeu de mots intraduisible : au lieu de *Wissenschaftslehre* (doctrine de la science) Schopenhauer écrit : Wissenschafts*leere* (vide ou absence de science).

(*Le Trad.*)

Kant également a protesté publiquement, et nommément dans une annonce *ad hoc*, insérée dans le *Journal littéraire de Jéna* (Kant, Déclaration concernant la doctrine de Fichte, dans la feuille d'annonces de la *Jena'sche Litteratur Zeitung* 1799, n° 109). Les hégéliens et autres ignorants du même calibre peuvent parler tant qu'il leur plaira d'une philosophie kant-fichtienne : il existe une philosophie kantienne et une hâblerie fichtienne ; voilà le véritable état des choses, et il restera tel, malgré tous les efforts de ceux qui ne savent que préconiser le mauvais et déprécier le bon ; et la patrie allemande, plus que tout autre pays, est riche en individus de cette sorte.

§ 22. — DE L'OBJET IMMÉDIAT.

Ce sont donc les sensations corporelles qui fournissent les données pour la première application de la loi de causalité d'où résulte, par le fait même, la perception de la présente classe d'objets, et ceux-ci ont par conséquent leur essence et leur existence uniquement par et dans l'exercice de cette fonction de l'entendement se manifestant sous cette forme.

Dans la première édition de cette dissertation, j'avais appelé le corps organisé *l'objet immédiat*, en tant qu'il est le point de départ pour la perception de tous les autres objets, c'est-à-dire que c'est par son intermédiaire qu'elle s'effectue ; mais la signification de cette expression n'a qu'une valeur très impropre. Car, bien que la connaissance de ses sensations soit tout à fait immédiate, cela ne fait pas que par là le corps lui-même se présente comme objet ; tout reste encore subjectif, c'est-à-dire sensation, jusque-là. C'est de celle-ci, il est vrai, que dérive la perception des autres objets, comme étant la cause de ces sensations ; après quoi ces causes apparaissent comme objets ; mais le corps lui-même n'apparaît pas comme tel, parce qu'il ne fournit à la conscience que des sensations. La connaissance objective du corps, c'est-à-dire sa connaissance comme objet, est également une connaissance *médiate*, car, pareil à tous les autres objets, il se représente à l'entendement ou au cerveau (ce qui est la même chose) *objectivement*, c'est-à-dire reconnu comme cause d'un effet subjectivement donné ; or ceci ne peut se faire que si ses parties agissent sur ses propres sens, donc si l'œil voit le corps, si la main le touche, etc., et c'est alors sur ces données que le cerveau ou l'entendement le construit dans l'espace, comme il le fait pour tous les autres objets, selon sa forme et sa qualité. — La présence immédiate des représentations de cette classe dans la conscience dépend donc de la position qui leur est assignée, pour chaque cas particulier, dans la succession de causes et d'effets qui enchaîne tout, et par rapport au corps du sujet qui connaît tout.

§ 23. — Contestation de la démonstration donnée par Kant concernant l'apriorité du concept de causalité.

Un des objets principaux de la *Critique de la raison pure* est d'exposer la validité absolue de la loi de causalité pour toute expérience, son apriorité et, comme conséquence, son application limitée à rendre l'expérience possible. Mais je ne saurais adhérer à la preuve qu'il y donne de l'apriorité du principe. Voici cette démonstration en substance : « La synthèse du variable, opérée par l'imagination et nécessaire à toute connaissance empirique, donne bien la succession, mais une succession encore indéterminée, c'est-à-dire elle n'indique pas de deux états perçus lequel a précédé l'autre, non pas seulement dans mon imagination, mais dans l'objet même. Or le véritable ordre de cette succession, par lequel seul ce qui est perçu devient expérience, c'est-à-dire autorise des jugements ayant valeur objective, cet ordre n'y pénètre que par une pure notion de l'entendement, à savoir par la notion de cause et effet. Dans le principe du rapport causal est la condition qui rend l'expérience possible, et comme tel il nous est donné *à priori.* » (Voy. *Critique de la raison pure*, 1re édit., p. 201 [1].)

D'après cela, l'ordre dans lequel se succèdent les changements des objets réels serait reconnu comme objectif tout d'abord au moyen de leur causalité. Kant répète et commente cette assertion dans la *Critique de la raison pure*, principalement dans sa seconde Analogie de l'expérience, puis encore à la fin de sa troisième Analogie ; et je prie tous ceux qui veulent comprendre ce qui va suivre de relire ces passages. Il y affirme partout que *l'objectivité de la succession des représentations,* qu'il

---

[1]. Voir dans la traduction de M. Tissot, tome I, seconde analogie, particulièrement à partir de la page 223. (*Le Trad.*)

explique comme étant leur concordance avec la succession d'objets réels, ne se reconnaît uniquement que par la règle selon laquelle ces objets se succèdent, c'est-à-dire par la loi de la causalité ; donc il soutient que, par la simple perception, la relation objective entre phénomènes qui se succèdent reste entièrement indéterminée, parce qu'alors je ne perçois que la suite de mes représentations et que la suite dans mon appréhension n'autorise aucun jugement sur la suite dans l'objet, tant que mon jugement ne s'appuie pas sur la loi de la causalité ; et parce qu'en outre, dans mon appréhension, je pourrais également conduire la succession des perceptions dans un ordre tout inverse, du moment où il n'y a rien qui le détermine comme étant l'ordre objectif. Pour expliquer sa thèse, il cite l'exemple d'une maison, dont je puis considérer les parties dans l'ordre qu'il me plaira, par exemple du haut vers le bas, ou du bas vers le haut ; ici, la détermination de la succession serait uniquement subjective et ne s'appuierait sur aucun objet, car elle ne dépend que de son vouloir. Et, comme contraste, il pose la perception d'un navire descendant un fleuve, et qu'il perçoit successivement de plus en plus en aval du courant ; dans ce cas, il ne peut plus changer la perception de la succession des positions du navire ; c'est pourquoi il déduit ici l'ordre subjectif dans son appréhension de l'ordre objectif dans le phénomène, qu'il appelle dès lors un événement (eine Begebenheit). Moi je prétends, au contraire, *que les deux cas ne diffèrent nullement l'un de l'autre, que tous deux sont des événements* dont la connaissance est objective, c'est-à-dire une connaissance de changements d'objets réels, reconnus comme tels par le sujet. *Tous deux sont des changements de position de deux corps, l'un par rapport à l'autre.* Dans le premier exemple, l'un des objets, c'est le propre corps de l'observateur, et même une partie seulement de ce corps, savoir l'œil ; l'autre est la maison, et c'est la position de l'œil par rapport aux parties de la maison que l'on change successivement. Dans le second exemple, le navire change sa position par rapport au fleuve ; il y a encore changement entre deux corps. Dans les deux cas, ce sont des événements : la seule différence est que, dans le premier, le changement provient du corps même de l'observateur, dont les sensations sont bien le point de départ de ses propres perceptions, mais qui n'en est pas moins lui aussi un objet parmi les objets, soumis dès lors aux lois du monde objectif. Le mouvement volontaire de son corps est pour l'observateur, en tant qu'être connaissant, un simple fait perçu empiriquement. L'ordre de la succession des changements pourrait aussi bien être interverti dans le second cas qu'il l'a été dans le premier, dès que l'observateur aurait la force de tirer le navire en amont, comme il a eu celle de mouvoir son œil dans une direction opposée à la première. Car c'est de ce que la succession dans les perceptions des parties de la maison dépend de son vouloir que Kant veut déduire qu'elle n'est pas objective et qu'elle n'est pas un événement. Mais le mouvement de son œil dans la direction du grenier à la cave est un événement ; et le mouvement contraire de la cave au grenier en est encore un, aussi bien que la marche du navire. Il n'y a ici aucune différence, de même que, lorsqu'il s'agit de savoir si c'est ou non un événement, il n'y a pas de différence si je fais défiler devant moi une file de soldats ou si je longe moi-même la file ; les deux sont des événements. Si, du rivage, je fixe mon regard sur un navire qui le côtoie, il me semblera bientôt que le rivage marche avec moi et que le navire est stationnaire : ici je suis, il est vrai, dans l'erreur sur la cause du déplament relatif, puisque j'attribue le mouvement à un faux objet ; mais cela ne m'empêche pas de reconnaître objectivement et exactement la succession réelle des positions relatives de mon corps par rapport au navire. Kant non plus, dans le cas posé par lui, n'aurait pas cru trouver une différence, s'il avait réfléchi que son corps est un objet entre des objets, et que la succession de ses perceptions empiriques dépend de la succession des impressions produites par les autres objets sur son corps, par conséquent que cette succession est objective, c'est-à-dire qu'elle s'opère entre objets et qu'elle est immédiatement (mais non pas médiatement) indépendante de la volonté du sujet ; elle peut donc parfaitement être perçue, sans que les objets qui agissent successivement sur son corps aient entre eux quelque connexion causale.

Kant dit : On ne peut percevoir le temps ; donc empiriquement on ne peut percevoir comme objective aucune succession de représentations, c'est-à-dire qu'on ne peut les distinguer comme changements de phénomènes des changements de représentations simplement subjectives. Ce n'est que par la loi de la causalité, qui est une règle d'après laquelle des états succèdent les uns aux autres, que l'on peut reconnaître l'objectivité d'un changement. Et le résultat de son assertion serait que nous ne percevons aucune succession dans le temps comme objective, excepté celle de cause et effet, et que toute autre série de phénomènes perçue par nous n'est déterminée de telle façon et non d'une autre que par notre seule volonté. Je prétends, contrairement à tout cela, que des phénomènes peuvent très bien *se suivre*, sans *s'ensuivre* [1]. Et cela n'apporte aucun préjudice à la loi de la causalité. Car il reste certain que tout changement est l'effet d'un autre changement, puisque cela est établi *à priori;* seulement il ne succède pas simplement à ce changement unique qui est sa cause, mais à tous les autres qui existent simultanément avec cette cause et avec lesquels il n'a aucun lien causal. Je ne le perçois pas exactement dans l'ordre de la succession des causes, mais dans un ordre tout autre, qui n'en est pas moins objectif et qui est très différent d'un ordre subjectif, dépendant de ma seule volonté, comme serait par exemple la succession des pures images de ma fantaisie. La succession, dans le temps, d'événements qui n'ont pas entre eux de lien causal, est précisément ce qu'on appelle le *hasard*, en allemand *Zufall*, qui dérive de *zusammenfallen*, en français : coïncider, coïncidence de ce qui n'est pas conjoint; comme en grec : τὸ συμβεβηκός dérive de συμβαίνειν. (Comp. Arist., *Anal. post.*, I, 4.) Je sors

---

[1]. Schopenhauer dit : « *auf einander folgen, ohne auseinander zu erfolgen.* » Il y a là une double paronymie que j'ai essayé de rendre ; on pourrait traduire moins cacophoniquement : *se suivre, sans découler les uns des autres*.   (*Le Trad.*)

de ma maison, et une tuile tombe en ce moment du toit et me frappe ; il n'y a là, entre la chute de la tuile et ma sortie, aucun rapport de cause à effet ; mais il y a cette succession que ma sortie a précédé la chute de la tuile ; dans ma perception, cette succession est objectivement déterminée et non subjectivement par ma volonté, sans quoi celle-ci aurait certainement interverti l'ordre. De même, la succession des tons d'un morceau de musique est déterminée objectivement et non subjectivement par moi qui l'écoute ; mais qui donc s'avisera de prétendre que les tons se succèdent selon la loi de cause et effet ? La succession du jour et de la nuit est indubitablement reconnue comme objective par nous ; mais, bien sûr, nous ne les considérons pas comme cause et effet réciproques ; et même tout le monde jusqu'à Copernic était dans l'erreur sur leur véritable cause, sans que la juste connaissance de leur succession ait eu à en souffrir. Pour le dire en passant, ce dernier exemple réfute du même coup l'hypothèse de Hume, puisque la succession de jour et nuit, la plus ancienne et la moins soumise à exception, n'a jamais encore induit qui que ce soit à la prendre, par suite de l'habitude, pour une affaire de cause et effet.

Kant dit encore (*loc. cit.*) qu'une représentation ne montre de réalité objective (ce qui veut bien dire qu'elle ne se distingue des simples images de la fantaisie) que par là que nous reconnaissons sa connexion avec d'autres représentations, connexion nécessaire et soumise à une règle (la loi de causalité), et, en outre, que nous reconnaissons aussi sa place dans l'ordre de nos représentations, ordre déterminé quant au temps. Mais il est bien petit le nombre de ces représentations dont nous pouvons connaître la place que leur assigne la loi de la causalité dans la série des causes et effets; et cependant nous savons toujours distinguer les choses objectives des subjectives, les objets réels des produits de la fantaisie. Pendant le sommeil, nous ne pouvons pas faire cette distinction, parce que le cerveau est isolé du système nerveux périphérique et par là des impressions externes ; aussi, dans nos songes, prenons-nous des fantômes pour des objets réels : nous ne reconnaissons l'erreur qu'à notre réveil, c'est-à-dire quand la sensibilité nerveuse et par elle le monde extérieur rentrent dans la conscience ; et pourtant, même pendant le rêve, aussi longtemps qu'il continue, la loi de la causalité maintient son autorité; seulement on lui fournit souvent pour l'exercer une étoffe impossible. On serait presque tenté de croire que Kant, en écrivant le passage dont nous venons de parler, était sous l'influence de Leibnitz, auquel il est tellement contraire dans tout le reste de sa doctrine philosophique ; on le croirait, disons-nous, principalement quand on se rappelle que Leibnitz, dans ses *Nouveaux essais sur l'entendement* (liv. IV, ch. II, § 14), a énoncé des vues toutes pareilles; il dit, par exemple : « *La vérité des choses sensibles ne consiste que dans la liaison des phénomènes, qui doit avoir sa raison, et c'est ce qui les distingue des songes.* » — « *Le vrai Critérion, en matière des objets des sens, est la liaison des phénomènes, qui garantit les vérités de fait, à l'égard des choses sensibles hors de nous.* »

Lorsque Kant veut prouver l'apriorité et la nécessité de la loi de causalité, en démontrant que ce n'est que par son intervention que nous pourrions connaître la succession objective des changements, et que, sous ce rapport, elle serait la condition de toute expérience, il tombe évidemment dans une erreur si surprenante et si palpable, qu'on ne peut se l'expliquer que par cette considération qu'il était absorbé dans la partie intuitive de notre connaissance, au point de perdre de vue ce qu'autrement chacun eût pu voir. Je suis le seul qui ait donné (voir § 21) la démonstration exacte de l'apriorité de la loi de causalité. Cette apriorité est confirmée à tout instant par la certitude inébranlable avec laquelle chacun s'attend, dans toutes les circonstances, à voir l'expérience s'accomplir conformément à cette loi, en d'autres termes, par la force apodictique que nous lui accordons; il y a entre cette évidence et toute autre certitude basée sur l'induction, par exemple celle des lois naturelles connues expérimentalement, cette différence qu'il nous est impossible même de penser que la loi de causalité puisse souffrir une exception quelque part dans le monde expérimental. Nous pourrions par exemple *penser* que la loi de la gravitation cesse un jour d'agir, mais non que cela puisse arriver sans une cause.

Dans sa démonstration, Kant est tombé dans la faute opposée à celle de Hume. Pour celui-ci, tout rapport d'effet à cause est une simple succession : Kant au contraire entend qu'il n'y ait pas d'autre succession que celle de cause et effet. Il est certain que l'entendement pur ne comprend que le *s'ensuivre*; le *se suivre*, il le comprend tout aussi peu que la différence entre la droite et la gauche, différence que l'on ne peut saisir que par la sensibilité seule, comme c'est par elle seule aussi que l'on peut comprendre la succession. Une suite d'événements dans le temps peut parfaitement être reconnue empiriquement (ce que Kant nie dans le passage rapporté), aussi bien que la juxtaposition des objets dans l'espace. Mais la manière dont en somme une chose *succède* dans le temps à une autre chose est aussi inexplicable que la manière dont une chose *résulte* d'une autre chose; dans le premier cas, la connaissance nous est donnée et conditionnée par la sensibilité pure, dans le second par l'entendement pur. Mais Kant, en affirmant que la causalité seule est le fil conducteur qui nous mène à la connaissance de la succession objective des phénomènes, commet exactement la faute qu'il reproche à Leibnitz (*Critique de la raison pure*, 1ʳᵉ éd., p. 275), savoir : « qu'il *intellectualise* les formes de la sensibilité. » Ma manière de voir sur la succession est la suivante. Nous puisons dans le temps, cette forme propre à la sensibilité pure, la connaissance de la simple *possibilité* de la succession. Quant à la succession des objets réels, dont la forme est précisément le temps, nous la reconnaissons empiriquement, donc comme *réelle*. Mais la *nécessité* d'une succession de deux états, c'est-à-dire d'un changement, nous la reconnaissons uniquement par l'entendement moyennant la causalité, et le fait même d'avoir le concept de nécessité d'une succession prouve déjà que la loi de causalité ne nous est pas connue expérimentalement, mais nous est donnée *à priori*. Le principe de la raison suffisante en général est l'expression, placée au plus profond de notre faculté de connaissance, de la forme fondamentale d'une liaison nécessaire entre tous nos objets, c'est-à-dire de la forme des représentations; il est la forme commune de toutes les représentations et l'origine unique de la notion de nécessité qui n'a d'autre contenu et d'autre valeur que la production de l'effet quand sa cause est donnée. Si, dans la classe de représentations qui nous occupe et dans laquelle il se présente comme loi de causalité, ce principe détermine l'ordre dans le temps, cela provient de ce que le temps est la forme de ces représentations et que, par conséquent, la liaison nécessaire apparaît ici comme règle de succession. Quand nous examinerons le principe de la raison suffisante sous ses autres aspects, la liaison nécessaire, réclamée partout, se présentera sous d'autres formes que le temps ; dès lors, elle n'apparaîtra plus comme succession, tout en conservant constamment le caractère de liaison nécessaire ; ce qui démontre bien l'identité du principe sous tous ses aspects divers, ou plutôt l'origine unique de toutes les lois dont le principe de la raison suffisante est l'expression.

Si l'assertion de Kant, contestée par moi, était exacte, nous ne pourrions reconnaître la *réalité* de la succession que par sa *nécessité* : ce qui supposerait un entendement embrassant simultanément toutes les séries de causes et effets, c'est-à-dire un entendement doué d'omniscience ;

Kant impose l'impossible à l'entendement, rien que pour se passer le plus possible de la sensibilité.

Comment concilier cette affirmation de Kant que l'objectivité de la succession ne peut être reconnue que par la nécessité de la succession de cause et effet, avec cette autre proposition (*Critique de la raison pure*, 1re éd., p. 203) que la succession est l'unique critérium expérimental pour distinguer, entre deux états, lequel est cause et lequel effet? Le cercle vicieux n'est-il pas manifeste?

Si l'objectivité de la succession ne pouvait être reconnue qu'au moyen de la causalité, on ne pourrait se la représenter par la pensée que comme causalité, et elle serait identique avec celle-ci. Car, si elle était autre chose, elle aurait aussi d'autres critériums qui pourraient la faire reconnaître, ce que Kant nie précisément. Donc, si Kant avait raison, on ne pourrait pas dire : « Cet état-ci est l'effet de celui-là, donc il le suit. » Car « suivre » et *être effet* ne seraient qu'une seule et même chose, et la proposition ci-dessus constituerait une tautologie. Quand on supprime ainsi toute différence entre suivre et s'ensuivre, on donne raison à Hume, qui soutenait que résulter n'est que suivre et qui, par conséquent, niait aussi qu'il existât quelque différence entre les deux.

La démonstration de Kant devrait donc se borner à montrer que nous ne reconnaissons expérimentalement que la *réalité* de la succession ; mais, attendu qu'en outre nous reconnaissons aussi la *nécessité* de la succession dans certains ordres d'événements, et que nous savons, même avant toute expérience, que tout événement possible doit avoir une place déterminée dans quelqu'une de ces séries, la réalité et l'apriorité de la loi de causalité en découlent par là même ; quant à l'apriorité, la seule démonstration exacte qu'il y en ait est celle que j'ai donnée au § 21.

A côté de cette théorie de Kant que la succession objective ne peut être connue que par la liaison causale, on en trouve encore une autre dans la *Critique de la raison pure*, sous le titre de « Troisième Analogie de l'expérience », qui marche parallèlement à la première et selon laquelle la simultanéité n'est possible et n'est reconnaissable que par l'action réciproque. Sur ce thème, Kant va jusqu'à dire « que la simultanéité d'expériences (d'objets d'expérience) qui n'agiraient pas réciproquement les unes sur les autres, mais qui se trouveraient être séparées par un espace vide, ne pourrait faire l'objet d'une perception » (ce qui serait une preuve *à priori* qu'il n'y aurait pas d'espace vide entre les étoiles fixes), et « que la lumière qui « *joue entre* » notre œil et les corps célestes (cette expression semble sous-entendre que ce n'est pas seulement la lumière des étoiles qui agirait sur notre œil, mais aussi réciproquement celle de l'œil sur les étoiles) établit une communauté entre ces corps et nous et prouve ainsi leur existence simultanée. » Cette dernière partie est fausse même empiriquement, car l'aspect d'une étoile fixe ne prouve pas du tout qu'elle existe à ce moment-là en même temps que l'observateur, mais tout au plus qu'elle existait il y a quelques années, souvent même quelques milliers d'années. Du reste cette théorie de Kant subsiste et s'écroule en même temps que l'autre ; seulement elle est plus facile à pénétrer ; de plus, j'ai parlé déjà ci-dessus au § 20 de l'invalidité de toute cette notion d'action réciproque.

On peut comparer ma contestation de cette démonstration de Kant avec deux attaques qu'elle a subies antérieurement, savoir de la part de *Féder* dans son livre *De l'espace et de la causalité*, § 29, et de la part de G.-E. *Schulze* dans sa *Critique de la philosophie théorique*, vol. II.

Ce n'est pas sans beaucoup d'appréhension que j'ai (1813) osé élever des objections contre une doctrine qui passe pour démontrée, qui se trouve reproduite dans les écrits les plus récents (par exemple dans Fries, *Critique de la raison*, vol. II), et qui est une des plus importantes de cet homme, dont j'admire et dont je vénère la profondeur d'esprit et à qui je dois tant et de si grands enseignements, que son génie peut m'adresser ces paroles d'Homère :

Ἀχλύν δ'αὖ τοι ἀπ' ὀφθαλμῶν ἕλον, ἣ πρίν ἐπῆεν.

§ 24. — DE L'ABUS DE LA LOI DE CAUSALITÉ.

Il résulte des explications données jusqu'ici que l'on abuse de la loi de causalité toutes les fois qu'on veut l'appliquer à autre chose qu'aux *changements* qui se produisent dans le monde matériel et expérimentalement donné; par exemple, quand on l'applique aux forces naturelles en vertu desquelles seules ces changements sont possibles, ou à la matière sur laquelle ils s'effectuent, ou encore à l'ensemble de l'univers, auquel il faut attribuer pour cela une existence absolument objective et non pas seulement cette existence dont notre intellect est la condition, enfin aussi dans divers autres cas. Je renvoie à ce que j'ai dit à ce sujet dans Le monde comme volonté et représentation, vol. II, chapitre IV. Cet abus résulte toujours en partie de ce que l'on prend la notion de cause, comme bien d'autres notions en métaphysique et en morale, dans un sens trop large, et en partie de ce que l'on oublie que bien que la loi de la causalité soit une condition innée et qui rend seule possible la perception du monde extérieur, nous n'avons pas pour cela le droit d'appliquer ce principe, issu de la disposition propre de notre faculté de connaissance, à ce qui est en dehors et indépendant de celle-ci, comme s'il était l'ordre absolu et éternel du monde et de tout ce qui existe.

§ 25. — Le temps du changement.

Comme le principe de la raison suffisante du devenir ne peut s'appliquer qu'à des *changements*, nous devons mentionner ici que, dès l'antiquité, les philosophes se sont posé la question : A quel moment se produit le changement? Ils se disaient qu'il ne pouvait se produire ni pendant que le premier état dure encore, ni après que le nouveau était déjà survenu; mais que, si nous lui assignons un moment propre entre les deux, il fallait que pendant ce temps les corps ne fussent ni dans le premier ni dans le second état; par exemple, il fallait qu'un mourant ne fût ni mort ni vivant, qu'un corps ne fût ni en repos ni en mouvement; ce qui est absurde. *Sextus Empiricus* a rassemblé les difficultés et les subtilités de la question dans son ouvrage *Adv. Mathem.*, lib. IX, 267-271, et *Hypot.*, III, c. 14; on en trouve aussi quelques-unes dans *Aulu-Gelle*, l. VI, c. 13. — *Platon* avait expédié assez *cavalièrement* (sic) ce point difficile, en déclarant tout bonnement, dans le *Parménide*, que le changement arrive *soudain* et ne prend *aucun temps;* qu'il est ἐξαίφνης (*in repentino*), et il appelle cela une « ἄτοπος φύσις, ἐν χρόνῳ οὐδέν οὖσα », c'est-à-dire un état bizarre et en dehors du temps (mais qui ne s'en produit pas moins dans le temps).

C'est donc à la perspicacité d'Aristote qu'il a été réservé de tirer au clair cette épineuse question, ce qu'il a fait d'une façon complète et détaillée dans le VIe livre de la *Physique*, chap. 1-8. La démonstration par laquelle il prouve qu'aucun changement ne s'effectue subitement (le « ἐξαίφνης » de Platon), mais toujours par degrés, remplissant par conséquent un certain temps, se fonde entièrement sur la pure perception *à priori* du temps et de l'espace; mais elle est aussi très subtilement tournée. Ce qu'il y a de plus essentiel dans sa très longue argumentation peut se résumer dans les points suivants. Dire de deux objets qu'ils sont contigus signifie qu'ils ont réciproquement une extrémité commune; par conséquent, il n'y a que deux objets étendus, deux lignes par exemple, qui puissent être contigus ; s'ils étaient indivisibles, de simples points, il ne pourrait y avoir de contiguïté (parce qu'alors ils ne seraient qu'une seule et même chose). Ce que nous venons de dire de l'espace, appliquons-le au temps. De même qu'entre deux points il y a toujours encore une ligne, de même entre deux moments actuels il y a toujours encore un instant. C'est celui-ci qui est le moment du changement, c'est-à-dire l'instant où l'un des états existe dans le premier moment actuel et où l'autre état existe dans le second moment actuel. Cet instant est divisible à l'infini, comme tout temps ; par conséquent, l'objet qui change parcourt dans cet intervalle un nombre infini de degrés, et c'est en passant par tous ces degrés que le second état résulte progressivement du premier. — Pour rendre la démonstration plus vulgairement compréhensible, voici comment on pourrait exposer l'affaire : entre deux états successifs, dont la différence est perceptible à nos sens, il en existe toujours plusieurs dont la différence est imperceptible pour nous, parce que l'état nouvellement survenant a besoin d'acquérir un certain degré d'intensité ou de grandeur pour pouvoir être perçu par les sens. Aussi ce nouvel état est-il précédé de degrés d'intensité ou de grandeur moindres, pendant le parcours desquels il s'accroît progressivement. Ces degrés, pris dans leur ensemble, sont ce que l'on entend sous le nom de changement, et le temps qu'ils remplissent est le temps du changement. Appliquons ceci à un corps que l'on choque ; l'effet prochain sera une certaine vibration de ses parties internes, laquelle, après avoir propagé l'impulsion, éclate au dehors sous forme de mouvement. — Aristote, de cette infinie divisibilité du temps, conclut très justement que tout ce qui le remplit, conséquemment aussi tout changement, c'est-à-dire tout passage d'un état à un autre, doit également être infiniment divisible ; que tout ce qui se produit doit donc se composer de parties en nombre infini, et par suite s'effectuer toujours successivement et jamais subitement. De ces principes, d'où découle la production graduelle de tout mouvement, Aristote tire encore, dans le dernier chapitre de ce VI⁰ livre, cette importante conclusion que rien d'indivisible, par conséquent aucun simple *point,* ne peut se mouvoir. Ceci s'accorde au mieux avec l'explication de la matière par Kant, quand il dit qu'elle est « *ce qui est mobile dans l'espace* ».

Cette loi de la continuité et de la production graduelle de tous les changements, qu'Aristote a formulée et démontrée le premier, a été exposée par Kant à trois reprises : à savoir dans sa *Dissertatio de mundi sensibilis et intelligibilis forma*, § 14 ; dans la *Critique de la raison pure*, 1ʳᵉ éd. (allem.), page 207 ; enfin dans ses *Éléments métaphysiques de la science de la nature*, à la fin de son « Observation générale sur la mécanique. » Dans les trois passages, son exposé de la question est court, mais aussi moins profond que celui d'Aristote, avec lequel du reste il s'accorde entièrement sur les points essentiels ; aussi ne peut-on guère douter que Kant ne tienne ces vues, directement ou indirectement, d'Aristote, bien qu'il ne le nomme nulle part. La proposition d'Aristote : « Ουκ ἔστι ἀλλήλων ἐχόμενα τὰ νῦν, » il la rend ainsi : Entre deux instants il y a toujours un temps (« Zwischen zwei Augenblicken ist immer eine Zeit »); on peut objecter à cette expression que, « même entre deux siècles, il n'y a pas de temps, car dans le temps, comme dans l'espace, il faut toujours qu'il y ait une limite pure. » — Ainsi, au lieu de mentionner Aristote, Kant, dans le premier et le plus ancien des exposés dont nous avons parlé, veut identifier la doctrine qu'il professe avec la « *lex continuitatis* » de Leibnitz. Si en effet la doctrine de Kant et celle de Leibnitz étaient identiques, ce dernier-là tiendrait d'Aristote. Or Leibnitz a d'abord posé cette « *loi de la continuité* » (de son propre aveu, p. 189 des *Opera philos.*, ed. Erdmann) dans une lettre adressée à Bayle (*ibid.*, p. 104), où il la nomme « *principe de l'ordre général* », et sous ce nom il présente un raisonnement très général, très vague, principalement géométrique, et qui ne se rapporte pas directement à la question du temps du changement, dont il ne fait même pas mention.

CHAPITRE V

DE LA SECONDE CLASSE D'OBJETS POUR LE SUJET, ET DE LA FORME QU'Y REVÊT LE PRINCIPE DE LA RAISON SUFFISANTE.

§ 26. — Explication de cette classe d'objets.

La seule différence entre l'homme et l'animal, différence que de tout temps l'on a attribuée à cette faculté de connaissance toute particulière et exclusivement propre à l'homme, que l'on nomme la *raison*, est fondée sur ce que celui-ci possède une classe de représentations auxquelles aucun animal ne participe : ce sont les *notions*, c'est-à-dire les représentations *abstraites*, par opposition aux représentations sensibles, desquelles néanmoins celles-là sont extraites. La première conséquence qui en résulte, c'est que l'animal ne parle ni ne rit; et, comme conséquence médiate, nous trouvons tous ces détails si nombreux et si importants qui distinguent la vie de l'homme de celle de l'animal. Car, par l'intervention de la représentation abstraite, la « motivation » également a changé de nature. Bien que la nécessité des actes ne soit pas moins impérieuse chez l'homme que chez l'animal, cependant la nature nouvelle de la motivation, qui se compose ici de *pensées* qui rendent possible le *choix de la détermination* (c'est-à-dire le conflit conscient des motifs), fait que, au lieu de s'exercer simplement par une impulsion reçue de choses présentes et sensibles, l'action s'accomplit en vertu d'intentions, avec réflexion, selon un plan, ou d'après des principes, ou des règles conventionnelles, etc.; mais c'est là ce qui amène aussi tout ce qui rend la vie humaine riche, artificielle et terrible à ce point que, dans cet Occident qui a blanchi son teint et où n'ont pu le suivre les antiques, vraies et profondes religions primitives de son ancienne patrie, l'homme ne connaît plus ses frères; il a la folie de croire que les animaux diffèrent foncièrement de lui, et, pour s'entretenir dans cet égarement, il les désigne du nom de « bêtes »; il applique, quand c'est d'eux qu'il s'agit, des noms injurieux à toutes les fonctions vitales qu'il a en commun avec eux; il les déclare hors la loi et s'élève énergiquement contre l'évidence qui lui montre qu'eux et lui sont d'essence identique.

Et cependant toute la différence consiste, comme nous le disions plus haut, en ce qu'outre les représentations sensibles que nous avons étudiées dans le chapitre précédent et que les animaux possèdent également, l'homme admet encore dans son cerveau, qu'à cet effet principalement il a d'un volume si supérieur, les représentations abstraites, c'est-à-dire déduites des précédentes. On a nommé ces représentations des notions abstraites ou *concepts*, parce que chacune comprend[1] en elle ou plutôt sous elle d'innombrables individus dont elle est la conception collective. On peut aussi les définir des *représentations extraites de représentations*. Pour les former, notre faculté d'abstraction décompose les représentations complètes, c'est-à-dire sensibles, dont nous avons traité au chapitre précédent, en leurs parties composantes, afin de considérer celles-ci isolément par la pensée, comme les différentes propriétés ou comme les différents rapports des choses. Mais par cette opération les représentations perdent forcément leur perceptibilité sensible, de même que l'eau, décomposée en ses éléments, perd sa fluidité et sa visibilité. Car toute propriété ainsi isolée (abstraite) peut bien être pensée séparément, mais non perçue séparément. Pour créer une notion abstraite en général, il faut abandonner un grand nombre des éléments qui composent une perception donnée, afin de pouvoir penser séparément les éléments restants ; la notion consiste donc à embrasser par la pensée moins que par la perception. Si, considérant plusieurs objets réels, on les dépouille de tout ce qu'ils ont de différent en ne gardant que ce qu'ils ont de commun, on obtiendra le genre de l'espèce donnée. Par suite, la notion d'un genre est la notion de chacune des espèces qui y sont comprises, déduction faite de tout ce qui ne convient pas à toutes ces espèces. Or toute notion ab-

---

[1] Begriff, begreifen; concipere. (*Le trad.*)

straite possible peut être conçue par la pensée comme un genre ; c'est pourquoi elle est toujours quelque chose de général et qui, à ce titre, ne peut être perçu par les sens. Aussi a-t-elle une *sphère*, qui est l'ensemble de tout ce que l'on peut y comprendre par la pensée. Plus on s'élève dans l'abstraction, plus on doit abandonner de parties, et par conséquent moins il en reste pour la pensée. Les notions suprêmes, c'est-à-dire les plus générales, sont les plus vides et les plus pauvres ; elles finissent par n'être plus qu'une enveloppe sans consistance, comme par exemple « être, essence, chose, devenir », etc. — Pour le dire en passant, quel fond peuvent avoir des systèmes philosophiques qui partent de semblables notions et dont la substance se compose uniquement de ces légères pellicules d'idées ? Ils ne peuvent qu'être infiniment vides et pauvres, et dès lors ennuyeux à suffoquer.

Puisque, ainsi que nous le savons, les représentations sublimées et décomposées jusqu'à fournir des notions abstraites ont perdu toute perceptibilité, elles se déroberaient à toute connaissance et ne sauraient être employées dans les opérations de l'esprit auxquelles on les destinait, si on ne les fixait et maintenait au moyen de signes matériels choisis à volonté : ces signes sont les mots. Ceux-ci, en tant qu'ils forment le contenu du dictionnaire, c'est-à-dire la langue, désignent toujours des notions abstraites, des idées *générales*, et jamais des objets perceptibles ; un dictionnaire qui énumère au contraire des individus ne contient pas des mots, mais seulement des noms propres, et c'est alors un dictionnaire géographique ou historique, c'est-à-dire énumérant tout ce que sépare l'espace ou tout ce que sépare le temps ; car, ainsi que mes lecteurs le savent, temps et espace sont le principe d'individuation. Ce n'est que parce que les animaux sont limités aux représentations sensibles, parce qu'ils sont incapables d'abstraction et par conséquent de notions, qu'ils n'ont pas le langage, même alors qu'ils peuvent proférer des mots; mais ils comprennent les noms propres. J'ai démontré par ma *théorie du ridicule*, dans *Le monde comme volonté et représentation*, vol. I, § 13, et vol. II, ch. VIII, que c'est l'absence des mêmes facultés qui exclut chez eux le rire.

Si l'on analyse un discours quelque peu étendu et suivi d'un homme entièrement inculte, on y trouvera une étonnante richesse de formes, de constructions, de tournures, de distinctions et de finesses logiques de toute sorte, tout cela correctement exprimé moyennant les formes de la grammaire avec toutes leurs flexions et leurs constructions, avec emploi fréquent du *sermo obliquus*, des différents modes du verbe, etc. ; le tout sera tellement conforme à toutes les règles qu'on ne pourra, à sa grande surprise, ne pas y reconnaître une connaissance étendue et bien enchaînée. Or l'acquisition de cette science s'est faite sur la base de la compréhension du monde sensible ; c'est l'œuvre fondamentale de la raison d'extraire la substance essentielle de ce monde pour la déposer dans les notions abstraites ; et cette œuvre, elle ne peut l'accomplir qu'à l'aide du langage. C'est donc par l'étude du langage que l'on acquiert la connaissance du mécanisme de la raison, c'est-à-dire la substance de la logique. Evidemment, ceci ne peut se faire sans un grand travail d'esprit et sans une attention très soutenue ; chez l'enfant, la force lui en est donnée par son désir d'apprendre, qui est très grand lorsqu'on lui présente ce qui lui est vraiment utile et nécessaire, et qui ne paraît faible que lorsqu'on veut lui imposer ce qui ne peut lui convenir. Par conséquent, en apprenant la langue, avec toutes ses tournures et ses finesses, en écoutant parler les grandes personnes, aussi bien qu'en parlant lui-même, l'enfant, même élevé sans instruction, développe sa raison et s'approprie cette logique réelle et concrète qui consiste, non dans les règles logiques, mais directement dans leur juste emploi ; tel un homme doué de dispositions musicales apprendra les règles de l'harmonie sans étudier les notes ni la basse fondamentale, mais simplement en jouant du piano d'après l'oreille. — Cette étude de la logique par l'étude de la langue, le sourd-muet seul est dans l'impossibilité de la faire ; aussi est-il presque aussi déraisonnable que l'animal, s'il n'a pas reçu, en apprenant à lire, cette éducation artificielle et toute spéciale qui remplace chez lui l'école naturelle de la raison.

§ 27. — DE L'UTILITÉ DES CONCEPTS.

La raison, ou faculté de penser, a pour base, comme nous l'avons montré plus haut, la faculté d'abstraction, autrement dit de former des *concepts ;* c'est donc leur existence dans la conscience qui amène de si prodigieux résultats. Voici, en substance, sur quoi se fonde cette faculté dans ses opérations :

Le contenu des concepts étant moindre que celui des représentations dont ils ont été extraits, ils sont par là même plus faciles à manier que ces dernières, envers lesquelles ils jouent à peu près le même rôle que les formules dans l'arithmétique supérieure en face des opérations de l'esprit dont elles sont issues et qu'elles remplacent, ou celui des logarithmes envers leurs nombres. Des nombreuses représentations dont ils ont été déduits ils n'ont gardé que la partie dont on a justement besoin ; tandis que, si l'on voulait évoquer par l'imagination ces représentations elles-mêmes, on devrait traîner après soi un lourd bagage d'accessoires qui ne servirait qu'à produire la confusion ; au contraire, par l'emploi des notions abstraites, nous ne pensons que les parties et les côtés de toutes ces représentations, réclamés par le but actuel qu'on se propose. Leur usage peut être comparé à l'abandon d'un bagage inutile ou à l'emploi de quintessences au lieu de leurs ingrédients, de la quinine au lieu du quinquina. C'est surtout cette occupation de l'intellect travaillant avec des concepts, c'est-à-dire la présence dans la conscience de cette classe de représentations dont nous nous occupons dans ce chapitre, que l'on appelle proprement *penser* dans l'acception restreinte du mot. On la désigne aussi par le terme de *réflexion*, lequel forme un trope tiré de l'optique et exprimant en même temps ce qu'il y a de dérivé et de secondaire dans cette espèce de connaissance. C'est ce penser, cette réflexion qui donne à l'homme le *recueillement* (Besonnenheit), dont l'animal est privé. En effet, par la faculté que la pensée lui procure de se représenter mille choses sous une seule notion, et dans chacune l'essentiel seulement, il peut à son gré rejeter des différences de toute nature, par conséquent même celles de l'espace et du temps ; il acquiert ainsi la possibilité d'embrasser d'un coup, par l'esprit, et les choses passées et les futures et les absentes ; l'animal, au contraire, est sous tous les rapports enchaîné au présent. Ce *recueillement*, cette faculté de réfléchir, de rassembler ses esprits, est à vrai dire la source de tout ce travail pratique et théorique qui rend l'homme tellement supérieur à l'animal ; de là le soin qu'il prend de l'avenir, tout en considérant le passé ; de là les plans médités, bien coordonnés et méthodiques, qu'il suit pour arriver à ses fins ; de là l'association en vue d'un but commun, de là l'ordre, les lois, l'Etat, etc. — Les notions abstraites fournissent encore principalement les matériaux réels des sciences dont l'objet, en définitive, est de reconnaître le particulier au moyen du général, ce qui n'est possible que par le « *dictum de omni et nullo* » et par conséquent, par l'existence des abstractions. Aussi Aristote dit : « ἄνευ μὲν γὰρ τῶν καθόλου οὐκ ἔστιν ἐπιστήμην λαβεῖν » (absque universalibus enim non datur scientia). (*Métaph.*, XII, ch. ix.) Les notions abstraites sont justement ces universaux dont l'essence a soulevé, au moyen âge, la longue querelle des réalistes et des nominaux.

28. — Les représentants des notions abstraites. Du jugement.

Il ne faut pas confondre, nous l'avons déjà dit, le concept avec le fantôme en général ; celui-ci est une représentation perceptible et complète, par conséquent la représentation d'un objet individuel, mais qui n'est pas occasionnée directement par une impression sur les sens et qui, à ce titre, n'appartient pas à la matière de l'expérience. Mais il faut encore bien distinguer un fantôme d'une notion, alors même qu'on emploie le premier comme *représentant d'une notion*. Ceci a lieu quand on veut avoir la représentation perceptible elle-même, qui a servi à créer la notion, et qu'on la veut correspondante à cette notion, ce qui n'est jamais possible ; car, par exemple, il n'y a pas de perception possible du chien en général, de la couleur, du triangle, du nombre en général ; il n'y a pas de fantôme correspondant à cette notion. Alors on évoque le fantôme de n'importe quel chien ; comme représentation, il doit être absolument déterminé ; il doit avoir une certaine grandeur, une certaine forme, une certaine couleur, etc. ; tandis que la notion, dont il est le représentant, n'a aucun de ces caractères. Mais, en faisant usage de semblables représentants des concepts, on a toujours la conscience qu'ils ne sont pas adéquats à la notion qu'ils représentent, mais qu'ils sont revêtus d'une foule de déterminations arbitraires. *Hume*, dans ses *Essays on human understanding*, ess. 12, à la fin de la 1re partie, émet exactement ces mêmes idées ; *Rousseau* également, dans son *Origine de l'inégalité*, vers le milieu de la 1re partie. En revanche, *Kant* professe sur cette matière une tout autre théorie, dans le chapitre du tableau systématique des concepts de l'entendement pur. L'observation intime et une réflexion bien nette peuvent seules décider la question. Que chacun examine donc si, à l'occasion de ses notions abstraites, il a la conscience d'un « *monogramme de l'imagination pure à priori* » ; si par exemple, quand il pense : chien, il imagine quelque chose « entre chien et loup » (*sic*) ; ou bien si, conformément aux explications que je viens de donner, il conçoit par la raison une notion abstraite ; ou bien s'il évoque par la fantaisie un représentant de la notion à l'état d'image achevée.

Tout penser, dans l'acception plus étendue du mot, c'est-à-dire, toute activité intellectuelle interne, a besoin de mots ou d'images de fantaisie ; sans l'un des deux, elle manque de point d'appui. Mais les deux ne sont pas nécessaires à la fois, bien qu'ils puissent se soutenir mutuellement par des empiètements réciproques. Le penser, dans l'acceptation restreinte, c'est-à-dire l'abstraction effectuée à l'aide des mots, est ou bien raisonnement purement logique, et alors reste dans son domaine propre, ou bien il s'avance jusqu'à la limite des représentations sensibles pour établir la balance réciproque et déterminer les rapports entre les données de l'expérience perçues par l'entendement et les notions abstraites clairement conçues par la pensée, de façon à posséder ainsi une connaissance complète. En pensant, nous cherchons donc tantôt, pour le cas d'une intuition donnée, quelle est la notion ou la règle sous laquelle le cas se range ; tantôt, pour une notion ou une règle donnée, le cas individuel qui peut l'appuyer. Cette activité ainsi entendue s'appelle la *faculté de jugement ;* dans le premier cas (d'après la distinction établie par Kant), elle est dite réfléchissante, et, dans le second, subsumante. Le jugement (comme faculté) est donc le médiateur entre la connaissance intuitive et la connaissance abstraite, c'est-à-dire entre l'entendement et la raison. La plupart des hommes ne la possèdent qu'à l'état rudimentaire, souvent même que de nom[1] : leur sort est d'être guidés par d'autres. Avec ceux-là, il ne faut parler que dans les limites du strict nécessaire.

La perception opérant à l'aide des représentations sensibles est la vraie moelle de toute connaissance, vu qu'elle remonte à la source première, à la base de toutes les abstractions. Elle est de la sorte la mère de toutes les pensées vraiment originales, de toutes les vues nouvelles et de toutes les découvertes, en tant que ces dernières n'ont pas été, pour la meilleure part, amenées par le hasard. Dans la perception, c'est l'*entendement* dont l'action domine ; dans l'abstraction pure, c'est la *raison.* C'est à l'entendement qu'appartiennent certaines pensées qui courent longtemps par la tête, qui passent, qui reviennent, qui se présentent tantôt sous un aspect, tantôt

[1]. Quiconque prendrait ceci pour une hyperbole n'a qu'à considérer le sort qu'a eu la théorie des couleurs de Gœthe ; et s'il s'étonne de me voir invoquer celle-ci comme une preuve, lui-même m'en fournira ainsi une seconde à l'appui. (*Note de Schop.*)

sous un autre, jusqu'au moment où, arrivées à être claires, elles se fixent dans des notions et trouvent leur expression. Il y en a même qui ne la rencontrent jamais, et, hélas! ce sont les meilleures : « *quæ voce meliora sunt,* » comme dit Apulée.

Cependant Aristote est allé trop loin quand il prétend que la pensée pour s'exercer ne saurait se passer des images de la fantaisie. Il dit à ce sujet : « Οὐδέποτε νοεῖ ἄνευ φαντάσματος ἡ ψυχή (*Anima sine phantasmate nunquam intelligit*) (*De anima*, III, c. 3, 7, 8); et encore : « Ὅταν θεωρῇ ἀνάγκη ἅμα φαντάσμα τι θεωρεῖν » (*Qui contemplatur, necesse est, una cum phantasmate contempletur*) (*ibid.*); ailleurs (*De Memoria,* c. 1) : « Νοεῖν οὐκ ἔστι ἄνευ φαντάσματος » (*Fieri non potest, ut sine phantasmate quidquam intelligatur*); — cette opinion avait cependant frappé vivement les penseurs du xve et du xvie siècle, dont plusieurs l'ont répétée à différentes reprises et en l'accentuant encore; ainsi, par exemple, *Pic de La Mirandole* dit (*De imaginatione*, c. 5) : « *Necesse est, eum, qui ratiocinatur et intelligit, phantasmata, speculari;* » *Melanchton* (*De anima*, p. 130) : « *Oportet intelligentem, phantasmata speculari;* » et *Jordan Bruno* (*De compositione imaginum,* p. 10) : « *Dicit Aristoteles : oportet scire volentem, phantasmata speculari.* » *Pomponatius* (*De immortalitate*, p. 54 et 70) se prononce également dans ce sens. — Tout ce qu'on peut affirmer, c'est que toute connaissance réelle et primordiale, tout philosophème vrai, doit avoir pour noyau intime ou pour racine une conception intuitive. Car celle-ci, bien qu'étant quelque chose de momentané et de simple, communique ensuite la vie et l'esprit à tout l'exposé, quelque long qu'en puisse être le développement, comme une goutte du réactif convenable donne à toute la solution la teinte du précipité qu'il produit. Quand l'exposé possède une pareille substance, il ressemble au billet d'une banque qui a des espèces sonnantes en caisse; toute autre, issue de simples combinaisons d'idées abstraites, est comme le papier d'une banque qui, pour couverture, n'a encore que du papier. Tout discours simplement raisonnable est une semblable manière d'exposer des conséquences qui résultent de notions données, exposé qui ne produit en réalité rien de nouveau et qu'on pourrait abandonner au jugement individuel de chacun, au lieu d'en remplir journellement de gros livres.

§ 29. — Principe de la raison suffisante de la connaissance.

Cependant le « penser », même dans son acception restreinte, ne consiste pas uniquement dans la conscience présente des notions abstraites, mais dans l'acte par lequel on en joint ou sépare deux ou plusieurs, sous différentes restrictions et modifications, qu'enseigne la logique dans la théorie des jugements. Un pareil rapport de notions, clairement pensé et exprimé, s'appelle un *jugement*. Or, à l'égard des jugements, le principe de la raison vient encore une fois faire valoir son autorité, mais sous un aspect tout différent de celui que nous avons exposé dans le précédent chapitre : savoir, comme principe de la raison suffisante de la connaissance, « *principium rationis sufficientis cognoscendi* ». En cette qualité, il établit que, lorsqu'un *jugement* doit exprimer une *connaissance*, il doit avoir une raison suffisante : lorsqu'il possède cette condition on lui accorde l'attribut de *vrai*. La *vérité* est donc le rapport entre un jugement et quelque chose qui en diffère et que l'on nomme son principe ou sa raison ; celle-ci, comme nous allons le voir, admet une nombreuse variété d'espèces. Mais, comme c'est toujours quelque chose sur quoi le jugement s'appuie ou se fonde, le mot allemand de *Grund* (fond) est très convenablement choisi. En latin et dans toutes les langues qui en dérivent, le nom de l'*Erkenntnissgrund* est le même que celui de la *Vernunft* (raison) ; les deux s'appellent « ratio, la ragione, la razon, la raison, the reason » : ce qui prouve que l'on a considéré la connaissance des principes des jugements comme la plus noble fonction de la raison, comme son occupation κατ' ἐξοχήν. — Ces raisons, sur lesquelles peut se fonder un jugement, sont de quatre espèces, selon chacune desquelles la vérité qu'il renferme est également différente. Nous allons les exposer dans les quatre paragraphes qui suivent.

§ 30. — Vérité logique.

Un jugement peut avoir un autre jugement pour raison. Dans ce cas, sa vérité est une *vérité logique* ou *formelle*.

La question si c'est aussi une vérité matérielle reste indécise et dépend de savoir si le jugement sur lequel il se fonde renferme une vérité matérielle ou si la série de jugements sur laquelle il s'appuie aboutit à une vérité de cette nature. Pour fonder ainsi un jugement sur un autre, il faut nécessairement les comparer entre eux ; ceci peut se faire soit directement par la conversion ou contreposition, ou encore par l'adjonction d'un troisième jugement, et alors la vérité de celui que l'on cherche à fonder ressortira du rapport des deux autres. Cette opération est le *syllogisme* complet. Il peut s'effectuer aussi bien par l'opposition que par la subsomption des notions. Le syllogisme, ayant pour objet de fonder un jugement sur un autre au moyen d'un troisième, n'opère donc jamais que sur des jugements ; ceux-ci n'étant que des enchaînements de notions abstraites qui, à leur tour, sont l'objet exclusif de la raison, on a dit très justement que le syllogisme était l'occupation propre de la raison. Toute la science syllogistique n'est autre chose que l'ensemble des règles pour l'application du principe de la raison aux jugements combinés ; c'est donc le code de la *vérité logique*.

C'est encore comme fondées sur un jugement qu'il faut considérer les propositions dont la vérité ressort des quatre lois connues de la pensée : car ces dernières ne sont elles-mêmes que des jugements d'où résulte la vérité des premiers. Par exemple, cette proposition : « Un triangle est un espace compris entre trois lignes, » a pour dernier principe celui de l'identité, c'est-à-dire la pensée même qu'il exprime. Cette autre proposition : « Aucun corps n'est sans étendue, » a pour dernier principe celui de la contradiction. Celle-ci : « Tout jugement est vrai, ou faux, » a pour dernier principe celui du tiers exclu. Enfin celle-ci : « Nul ne peut admettre quelque chose comme vrai sans savoir pourquoi, » a pour dernier principe celui de la raison suffisante de la connaissance. Dans l'emploi ordinaire de la raison, on admet comme vrais les jugements qui résultent de ces quatre principes de la pensée, sans les ramener d'abord à ceux-ci comme à leurs prémisses, d'autant plus que la plupart des hommes ne savent rien de ces lois abstraites ; mais il ne faut pas conclure de là que ces jugements ne dépendent pas de lois en question comme de leurs prémisses ; car ce serait comme si l'on prétendait que, lorsqu'un homme, qui n'a jamais eu connaissance du principe que « tous les corps tendent au centre de la terre », dit : « Si l'on retire à ce corps son appui, il tombera, » cela prouverait que cette dernière proposition ne dépend pas de la précédente comme de sa prémisse. Je ne saurais donc admettre, ainsi qu'on l'enseigne jusqu'aujourd'hui en logique, que tous les jugements qui ne s'appuient que sur ces lois de la pensée renferment une *vérité intrinsèque*, c'est-à-dire sont *immédiatement vrais*, et qu'il faut distinguer cette *vérité logique intrinsèque* de la *vérité logique extrinsèque*; cette dernière consisterait à s'appuyer sur un autre jugement comme prémisse. Toute vérité est le rapport entre un jugement et quelque chose en dehors de lui, et « vérité intérieure » est une contradiction.

§ 31. — Vérité empirique.

Une représentation de la première classe, c'est-à-dire la perception d'un objet sensible, autrement dit l'expérience, peut fonder un jugement; dans ce cas, il renferme une vérité *matérielle* et, si le jugement s'appuie directement sur l'expérience, une *vérité empirique*.

Dire qu'un jugement est *matériellement vrai* signifie d'une manière générale que les notions dont ils se composent sont jointes, séparées ou restreintes, ainsi que l'exigent les perceptions sensibles sur lesquelles il se fonde. Reconnaître la nature de ces notions est l'office direct du *raisonnement*, qui est, ainsi que nous l'avons dit, le médiateur entre la connaissance intuitive et la connaissance abstraite ou discursive, c'est-à-dire entre l'entendement et la raison.

§ 32. — Vérité transcendantale.

Les *formes* de la connaissance empirique, intuitive, qui existent dans l'entendement et dans la sensibilité pure, comme condition de la possibilité de toute expérience, peuvent servir de fondement à un jugement, qui est alors synthétiquement *à priori*. Comme toutefois un semblable jugement est matériellement vrai, sa vérité est transcendantale; car il ne se fonde pas simplement sur l'expérience, mais sur ces conditions existantes dans notre for intérieur, qui seules rendent toute expérience possible. En effet, un tel jugement est déterminé par ce qui détermine l'expérience elle-même : à savoir, soit par les formes intuitivement conçues par nous de l'espace et du temps, soit par la loi de causalité qui nous est aussi connue *à priori*. Les propositions suivantes sont des exemples de jugements de cette espèce : Deux lignes droites n'enferment pas d'espace. — Rien n'arrive sans cause. — $3 \times 7 = 21$. — La matière ne peut être ni créée ni détruite. — Pour bien faire comprendre cette espèce de vérité on peut citer tout l'ensemble des mathématiques pures, comme aussi mon tableau des prédicables *à priori* dans le 2ᵉ volume du *Monde comme volonté et représentation* et également la plupart des propositions de Kant dans ses *Eléments métaphysiques de la science de la nature*.

§ 33. — Vérité métalogique.

Enfin les conditions formelles de la pensée qui existent dans la raison peuvent aussi servir de principe à des jugements dont la vérité, dans ce cas, sera ce que je ne crois pas pouvoir mieux désigner que par le nom de *vérité métalogique ;* seulement cette expression n'a rien de commun avec le *Metalogicus* composé au xiiᵉ siècle par *Jean de Sarisbéry ;* en effet, dans son introduction, celui-ci déclare que « quia Logicæ suscepi patrocinium, Metalogicus inscriptus est liber » ; après quoi il ne se sert plus du mot. Il n'existe que quatre de ces jugements renfermant une vérité métalogique ; ils ont été trouvés dès longtemps, et on les appelle les lois de la pensée, bien que l'on ne se soit encore bien entendu ni sur leur formule ni sur leur nombre; on est cependant parfaitement d'accord sur ce qu'ils doivent signifier d'une manière générale. Ce sont les suivants : 1° Le sujet est égal à la somme de ses attributs, ou $a = a$. 2° Un attribut ne peut pas être tout à la fois affirmé et nié d'un même sujet, ou $a = -a = 0$. 3° De deux attributs contradictoirement opposés, l'un doit convenir à tout sujet. 4° La vérité est le rapport d'un jugement à quelque chose en dehors de lui comme raison suffisante.

Une réflexion que j'appellerais volontiers un examen de la raison par la raison elle-même nous fait reconnaître que ces jugements expriment les conditions de toute pensée et se fondent conséquemment sur elles. En effet, par l'inutilité des efforts qu'elle ferait pour penser contrairement à ces lois, la raison les reconnaît comme étant les conditions de la possibilité de penser, et nous trouvons alors qu'il est aussi impossible de penser contrairement à ces préceptes que de mouvoir nos membres dans une direction opposée à celle de leurs articulations. Si le sujet pouvait se connaître soi-même, nous reconnaîtrions ces lois *directement* sans avoir besoin de les éprouver d'abord sur des objets, c'est-à-dire sur des représentations. Il en est de même, sous ce rapport, des principes de jugements contenant la vérité transcendantale, qui n'arrivent pas non plus immédiatement à la connaissance, mais que nous devons reconnaître auparavant *in concreto*, au moyen d'objets, c'est-à-dire de représentations. Essayons, par exemple, de penser un changement sans une cause qui l'ait précédé, ou bien encore une création ou une destruction de matière, nous reconnaîtrons que la chose est impossible, et impossible objectivement, bien que la racine de cette impossibilité se trouve dans notre intellect, car autrement nous ne pourrions en avoir connaissance par la voie subjective. En général, il y a beaucoup de ressemblance et beaucoup de rapport entre les vérités transcendantales et les métalogiques, ce qui indique une commune origine. Comme vérité métalogique par excellence, nous trouvons ici le principe de la raison suffisante, qui a apparu dans le chapitre précédent comme vérité transcendantale, et qui dans le suivant se montrera encore sous un autre aspect, comme vérité transcendantale. C'est aussi pourquoi je travaille dans la présente dissertation à établir que le principe de la raison suffisante est un jugement qui a une quadruple raison, et nullement quatre raisons différentes, qui par hasard ramèneraient au même jugement; il n'a qu'une seule raison se présentant sous un quadruple aspect, que j'appelle figurément une quadruple racine. — Les trois autres vérités métalogiques se ressemblent tellement qu'en les examinant on est presque forcément induit à leur chercher une expression commune, ainsi que je l'ai fait aussi dans le neuvième chapitre du deuxième volume de mon grand ouvrage. En revanche, les vérités dérivant du principe de la raison suffisante sont très distinctes les unes des autres. Si l'on voulait trouver un analogue pour les trois autres vérités métalogiques parmi les vérités transcendantales, je crois qu'on pourrait choisir celle de la persistance de la substance, je veux dire de la matière.

§ 34. — La raison.

Comme les représentations comprises dans la classe dont traite ce chapitre n'appartiennent qu'à l'homme, et comme tout ce qui le distingue si puissamment des animaux et le rend si supérieurement privilégié à leur égard dérive, ainsi que nous l'avons démontré, de sa faculté d'avoir ces représentations, il est évident et incontestable que cette faculté constitue la *raison*, qui a toujours été proclamée être la prérogative de l'homme ; de même aussi, tout ce qui dans tous les temps et par tous les peuples a été considéré expressément comme la manifestation ou l'œuvre de la raison, du λόγος, λόγιμον[1], λογιστικόν, *ratio*, la *ragione*, *reason*, *Vernunft*, se ramène évidemment à ce que peut produire cette connaissance abstraite, discursive, réflective, médiate et inséparable des mots, mais nullement à la connaissance intuitive, immédiate et sensible, qui appartient aussi à l'animal. Cicéron, dans le *De officiis*, I, 16, rapproche très justement *ratio* et *oratio*, qu'il décrit comme étant « *quæ docendo, discendo, communicando, disceptando, judicando, conciliat inter se homines,* » etc. Dans *De nat. deor.*, II, 7 : « *rationem dico, et, si placet, plurimis verbis, mentem, consilium, cogitationem, prudentiam.* » Et encore dans *De legib.*, I, 10 : « *ratio, qua una præstamus beluis, per quam conjectura valemus, argimentamur, refellimus,*

---

1. Il y a ici une faute évidente d'impression : au lieu de λόγιμον (remarquable), il faut lire : λογικόν (raisonnable). (*Le trad.*)

disserimus, conficimus aliquid, concludimus. » Mais c'est dans le même sens que, partout et toujours, les philosophes se sont exprimés sur la raison, jusqu'à *Kant*, qui lui-même, du reste, la définit la faculté des principes et de l'induction, bien qu'on ne puisse se dissimuler que c'est lui qui a donné lieu aux falsifications postérieures. J'ai déjà longuement parlé, dans plusieurs de mes ouvrages, de cet accord de tous les philosophes sur cette matière ainsi que sur la véritable nature de la raison, par opposition à l'interprétation dénaturée qu'en ont donnée les professeurs de philosophie dans le siècle présent : on peut voir pour cela : *Le monde comme volonté et représentation,* vol. I, §. 8 et à l'Appendice, p. 577-583 de la 2ᵉ édition (p. 610-620 de la 3ᵉ éd.), puis dans le vol. II, chap. vi ; et aussi dans le *Problème fondamental de la Morale*, p. 148-154 (p. 146-151 de la 2ᵉ éd. [1]). Je n'ai donc pas à y revenir ; je veux seulement ajouter les remarques suivantes.

Cette faculté de penser et de délibérer, à l'aide de la réflexion et des notions abstraites, qui exige l'emploi du langage et en donne la capacité, cette faculté de laquelle dépend le recueillement humain (*Besonnenheit*) et avec celui-ci toutes les productions humaines, qui a toujours été considérée de cette manière et dans ce sens par tous les peuples comme aussi par tous les philosophes, cette faculté, disons-nous, il a plu aux professeurs de philosophie de lui retirer le nom qu'elle a porté jusqu'ici et de

---

1. *Le fondement de la morale*, traduction de M. Burdeau, p. 45-52. — Paris, 1879. Germer Baillière et Cⁱᵉ.

ne plus l'appeler la *raison* (Vernunft), mais, contrairement à tout usage de la langue et à toute convenance, l'*entendement* (Verstand) ; et tout ce qui en découle, ils le nomment *verständig* (accessible à l'entendement) au lieu de *vernunftig* (raisonnable) : ce qui produit un effet discordant et maladroit, comme une fausse note. Car, de tout temps et en tout lieu, on a désigné par « Verstand », *entendement*, « *intellectus, acumen, perspicacia, sagacitas,* » etc., cette faculté immédiate et plutôt intuitive, que nous avons étudiée dans le précédent chapitre ; ses manifestations, qui diffèrent spécifiquement des produits de la raison qui nous occupent en ce moment, on les a qualifiées d'entendues (verständig), de prudentes, de fines, etc. ; ainsi donc, entendu et raisonnable ont toujours été distingués l'un de l'autre, comme manifestant deux facultés intellectuelles entièrement et largement différentes. Mais les professeurs de philosophie étaient tenus de ne pas s'en soucier ; leur politique exigeait ce sacrifice, et dans de pareils cas voici leur langage : « Place, range-toi, vérité ! nous avons des desseins plus élevés et mieux compris ; place, *in majorem Dei gloriam*, comme tu en as la longue habitude ! Est-ce toi, par hasard, qui payes les honoraires ou les appointements ? Place, place, vérité ! cours te blottir dans l'ombre, auprès du mérite. » Ils avaient en effet besoin de la place et du nom de la *raison*, pour les donner à une faculté imaginaire ou, pour parler plus exactement et plus franchement, à une faculté mensongère de leur invention, qui devait servir à les tirer de la détresse où Kant les avait plongés ; c'était une faculté de connaissances immédiates, métaphysiques, c'est-à-dire, dépassant toute possibilité d'expérience, saisissant le monde des choses en soi et leurs rapports; cette faculté devait par conséquent être avant tout une « connaissance de Dieu », c'est-à-dire qu'elle devait reconnaître directement le bon Dieu, déterminer *à priori* la manière dont il s'y était pris pour créer l'univers; ou bien, si cela semblait trop trivial, comment, en vertu d'une action vitale plus ou moins nécessaire, il l'avait expulsé de son sein et pour ainsi dire engendré; ou bien encore, ce qui est le plus commode, quoique en même temps du plus haut comique, de quelle façon, à l'instar des hauts personnages au terme d'une audience, il lui avait simplement « permis de se retirer. »; après quoi ce monde avait pu prendre sa course pour s'en aller où il lui plairait. Mais, je dois le dire, il a fallu l'effronterie d'un barbouilleur d'extravagances de la taille de Hegel pour avancer cette dernière opinion. Voilà donc les folles bouffonneries qui depuis cinquante ans, largement amplifiées, remplissent, sous le nom de connaissances de la raison, des centaines de volumes s'intitulant ouvrages philosophiques; et l'on appelle cela, comme par ironie croirait-on, de la science, des vues scientifiques; et l'on répète ce mot avec une insistance qui finit par soulever le cœur. La *raison*, que l'on affuble impudemment et mensongèrement de toute cette sagesse, est dite être la *faculté du supra-sensible* ou, d'autres fois, des *idées*, bref une faculté placée en nous, créée expressément pour la *métaphysique* et fonctionnant en guise d'oracle. Toutefois il règne, depuis cinquante ans, parmi les adeptes, une grande diversité de vues sur le mode dont elle perçoit toutes ces magnificences et toutes ces visions suprasensibles. Suivant les plus hardis, elle a une vision intellectuelle immédiate de l'Absolu, ou encore, *ad libitum*, de l'Infini et de ses évolutions vers le Fini. Selon d'autres plus modestes, c'est plutôt par *audition* que par *vision* qu'elle procède, en ce sens qu'elle ne voit pas précisément, mais seulement qu'elle *entend* (*vernimmt*) ce qui se passe dans cette « νεφελοκοκκυγία [1] », et qu'elle en transmet la narration fidèle à cette soi-disant raison, laquelle rédige là-dessus des compendiums de philosophie. C'est même de ce prétendu « *vernehmen* » (entendre) qu'un calembour de Jacobi fait dériver le nom de la raison, « *Vernunft* », comme s'il n'était pas évident qu'il vient du langage dont elle est la condition, c'est-à-dire que le nom vient de : *entendre* (« *vernehmen* », comprendre) les mots, les entendre par l'intelligence, par opposition à : *entendre* (« hören, vernehmen », ouïr) simplement par l'ouïe, faculté que les animaux partagent avec l'homme. Voilà cinquante ans que dure le succès de ce pitoyable jeu de mots ; il passe pour une pensée sérieuse, pour une preuve même, et a été mille fois répété. — Enfin les plus modestes de tous disent que la raison ne saurait ni voir ni entendre, qu'elle ne jouit par conséquent ni de l'aspect ni du récit desdites splendeurs, mais qu'elle en a une simple « *Ahndung* » c'est-à-dire, la divination ;

---

[1]. Mot forgé par Aristophane : *la cité des coucous, dans les nuages* (trad. Burdeau), et que l'allemand a très heureusement pu rendre par *Volkenkukuksheim*. (*Le trad.*)

mais ils éliminent le *d*, et ce mot « *Ahnung* » (vague soupçon) donne à toute cette affaire une teinte de niaiserie qui, grâce à la physionomie hébétée de l'apôtre du moment qui prêche cette sagesse, doit nécessairement lui procurer accès et crédit.

Mes lecteurs savent que j'attache au mot *idée* exclusivement son sens primitif, platonicien, que j'ai longuement exposé, principalement dans le troisième livre de mon grand ouvrage. D'autre part, les Français et les Anglais donnent au mot *idée*, *idea*, une signification très vulgaire, mais pourtant très bien déterminée et très claire. Par contre, les Allemands, quand on leur parle d'idées (surtout quand on prononce : udée [1], se sentent pris de vertiges ; ils perdent toute présence d'esprit, et il leur semble qu'ils s'élèvent en ballon. Il y avait donc moyen de faire là quelque chose ; aussi le plus imprudent de tous, Hegel, le charlatan bien connu, a-t-il, sans se gêner, appelé son principe du monde et de toute chose « l'*Idée* », — et en effet les voilà tous convaincus qu'on leur présente là du sérieux. — Cependant si l'on ne se laisse pas déconcerter, si l'on demande ce que sont au juste ces idées dont la raison est dite être la faculté, on obtient pour explication un verbiage ampoulé, creux et confus, conçu en périodes si enchevêtrées et si longues que le lecteur, s'il ne s'est pas déjà endormi au milieu, se trouve à la fin dans un état d'étourdissement plutôt que dans la condition d'esprit de quelqu'un qui vient de s'instruire, où peut-être bien

---

[1]. Vice de prononciation dans les classes incultes en Allemagne et qui a pénétré même auprès de quelques savants. (*Le trad.*)

même finit-il par se douter qu'on lui parle là de quelques chose qui ressemble à des chimères. Si cependant il demande à connaître ces idées de plus près, alors on lui en sert de toutes les couleurs : ce sont tantôt les thèmes principaux de la scolastique, c'est-à-dire les idées de Dieu, d'une âme immortelle et d'un monde réel et objectivement existant ainsi que de ses lois ; malheureusement, Kant aussi, à tort et sans justification, je l'ai prouvé dans ma critique de sa philosophie, a appelé ces idées : idées de la raison ; il est vrai qu'il ne l'a fait que pour établir qu'elles ne sont absolument pas démontrables ni théoriquement justifiables ; tantôt, pour varier, on cite seulement Dieu, la liberté et l'immortalité ; parfois c'est l'Absolu, qui n'est autre que la démonstration cosmologique obligée de voyager incognito, ainsi que je l'ai fait voir ci-dessus au § 20 ; d'autres fois encore, c'est l'Infini, comme opposition au Fini ; car c'est surtout à un pareil jargon que le lecteur allemand trouve son plein contentement, sans s'apercevoir qu'en définitive cela ne lui présente rien de clair, si ce n'est l'image de « ce qui a une fin » et de « ce qui n'en a pas ». « Le Bien, le Vrai, et le Beau », voilà encore de ces soi-disant idées très goûtées surtout par la partie sentimentale et naïve du public, bien que ce ne soient là, comme tant d'autres abstractions, que trois notions très abstraites, d'une très grande extension et par conséquent d'une très pauvre compréhension, par la raison qu'elles ont été formées au moyen d'une infinité d'individus et de rapports. Touchant leur contenu, j'ai montré, au § 29 ci-dessus, que la vérité est une propriété appartenant exclusivement aux jugements, par conséquent une qualité logique ; et pour les deux autres abstractions en question, c'est-à-dire le bien et le beau, je renvoie à ce que j'ai exposé, pour l'une dans *Le monde comme volonté et représentation*, vol. I, § 65, et pour l'autre dans tout le troisième livre du même ouvrage. Mais lorsque, en parlant de ces trois maigres abstractions, on prend une mine mystérieuse et importante, et qu'on lève les sourcils jusque sous la perruque, des jeunes gens peuvent aisément s'imaginer qu'il se cache Dieu sait quoi de merveilleux derrière ces mots, quelque chose de tout à fait à part et d'indicible, qui leur vaut le nom d'idées, et qui en fait le cortège triomphal de cette prétendue raison métaphysique.

Or, quand on vient nous enseigner que nous possédons une faculté de connaissances immédiates matérielles (c'est-à-dire fournissant la substance, et non pas seulement la forme), suprasensibles (c'est-à-dire allant au delà de toute expérience possible), une faculté établie expressément sur des considérations métaphysiques, que nous possédons à cet usage, et que c'est en elle que consiste *notre raison*, je dois être assez impoli pour qualifier cela de pur mensonge. Car un sincère examen de soi-même, des plus faciles à faire, doit convaincre tout homme que nous n'avons absolument pas en nous de semblable faculté. De là dérive précisément ce résultat constaté dans le cours des temps, par les recherches des penseurs les plus autorisés, les plus capables, les plus amis de la vérité, à savoir que ce qu'il y a d'inné, c'est-à-dire antérieur à toute expérience et indépendant de celle-ci, dans tout l'ensemble de notre faculté de connaissance, se borne uniquement à la partie *formelle* de la connaissance, c'est-à-dire à la consciences des fonctions propres de l'intellect et du mode de sa seule activité possible; mais ces fonctions, sans exception aucune, ont besoin de l'étoffe du dehors pour fournir des connaissances matérielles. Donc nous possédons comme formes de la perception externe, objective, les notions de temps et d'espace, puis la loi de la causalité, comme simple forme de l'entendement, au moyen de laquelle celui-ci construit le monde physique et objectif, enfin aussi la partie formelle de la connaissance abstraite; cette partie est contenue et exposée dans la logique, que nos pères avaient bien raison d'appeler la *théorie de la raison* (Vernunftlehre [1]). Mais la logique même nous enseigne que les *idées abstraites*, qui composent les jugements et les syllogismes, et auxquelles se rapportent toutes les lois du raisonnement, ne peuvent prendre leur matière et leur contenu que dans les connaissances de la perception intuitive; de même que l'entendement, qui crée ces dernières, puise dans la sensation l'étoffe qui doit fournir un contenu à ses formes *à priori*.

Ainsi donc, toute la partie *matérielle* de notre connaissance, c'est-à-dire tout ce qui ne se réfère pas à ce qui est *forme* subjective, mode d'activité propre, fonction de l'intellect, en un mot toute l'*étoffe* de la connaissance

---

1. Arnaud l'appelle « l'art de penser ». (*Le trad.*)

vient du dehors, ou finalement de la perception objective du monde matériel issue de la sensation. C'est cette connaissance intuitive, et empirique. quant à son étoffe, que la *raison*, la *véritable* raison transforme en notions générales, qu'elle fixe sensiblement au moyen des mots, et dans lesquelles elle trouve ensuite la matière pour opérer, à l'aide des jugements et des syllogismes, ces combinaisons infinies qui forment le tissu de notre monde intellectuel. La *raison* n'a donc aucun contenu *matériel*, mais purement *formel ;* c'est là l'objet de la logique, qui ne se compose que des formes et des règles pour les opérations de la pensée. Ce contenu matériel, la raison, en même temps qu'elle pense, doit absolument le prendre du dehors dans les perceptions intuitives que l'entendement a créées. C'est sur celles-ci que s'exercent ses fonctions en formant d'abord des *idées abstraites*, c'est-à-dire en éliminant certains attributs des choses, et en conservant d'autres qu'elle rassemble pour en former une notion abstraite. Mais, par cette opération, les idées perdent la faculté d'être perçues intuitivement, mais elles y gagnent en clarté générale et en facilité à être maniées ; c'est ce que nous avons montré plus haut. En cela et rien qu'en cela, se résume l'activité de la raison : quant à fournir le fond par ses propres moyens, cela lui est à jamais impossible. Elle ne possède que des formes : comme la femme, elle ne peut procréer, elle n'est faite que pour concevoir. Ce n'est pas le hasard qui, dans les langues latines comme dans les germaniques, a fait la raison du genre féminin et l'entendement du masculin.

Les locutions suivantes : « la saine raison l'enseigne, »

ou bien : « La raison doit refréner les passions, » et autres semblables, ne veulent pas dire du tout que la raison fournit de son propre fond des connaissances matérielles, mais elles font allusion aux résultats de la réflexion raisonnée, c'est-à-dire aux conclusions logiques tirées des propositions que la connaissance abstraite, s'enrichissant par l'expérience, a accumulées peu à peu et par le moyen desquelles nous pouvons facilement et nettement saisir non seulement ce qui est empiriquement nécessaire, donc ce que l'on peut prévoir le cas échéant, mais encore les motifs et les conséquences de nos propres actions. Toujours et partout, *raisonnable* ou *conforme à la raison* est synonyme de *conséquent* ou *logique*, et à l'inverse ; car la logique n'est justement que l'opération naturelle de la raison même énoncée sous la forme d'un système de règles ; ces expressions (raisonnable et logique) se rapportent donc l'une à l'autre, comme la pratique se rapporte à la théorie. C'est dans le même sens que l'on comprend par conduite *raisonnable* une conduite entièrement conséquente, c'est-à-dire procédant de notions générales et guidée par des idées abstraites, telles que des projets, et non pas déterminée par l'impression fugitive du présent : ce qui cependant ne décide rien touchant la moralité de la conduite, qui peut aussi bien être bonne que mauvaise. On trouvera des exposés très détaillés sur cette matière dans ma *Critique de la philosophie kantienne* et dans les *Problèmes fondamentaux de l'éthique*. Enfin les connaissances de la *raison pure* sont celles dont l'origine est dans la partie *formelle* de notre intellect opérant soit par la pensée, soit par l'intuition ; ce sont donc celles que nous connaissons *à priori*, sans le secours de l'expérience ; et elles se basent toujours sur des propositions renfermant une vérité transcendantale ou bien une vérité métalogique.

Mais une raison fournissant des connaissances matérielles *à priori* et par ses propres ressources, donnant des enseignements positifs et par delà toute expérience possible, et devant posséder pour cela des *idées innées*, une pareille raison est une pure fiction des professeurs de philosophie et un produit de la terreur provoquée en eux par la *Critique de la raison pure*. — Ces messieurs connaissent-ils un certain *Locke?* l'ont-ils lu? Oui, peut-être une fois par hasard, il y a longtemps, superficiellement, par-ci par-là, et en jetant sur le grand homme de ces regards qui témoignent de la conscience qu'on a de sa propre supériorité ; en outre, ils l'ont lu peut-être sur la mauvaise traduction de quelque traducteur à la ligne : car sur ce dernier point je dois dire que je ne vois pas la connaissance des langues modernes progresser dans la même proportion dans laquelle, et on ne saurait assez le déplorer, on voit diminuer celle des langues anciennes. Mais il est vrai de dire qu'ils n'ont pas eu de temps à consacrer à la lecture des ouvrages de ces vétérans ; où trouve-t-on aujourd'hui une connaissance réelle et approfondie de la philosophie de Kant, si ce n'est, et encore à grand'peine, chez quelques rares vieux? Car la jeunesse de la génération aujourd'hui arrivée à l'âge mûr a dû être consacrée aux ouvrages de « Hegel, cette intelligence colossale », du « grand Schleiermacher » et du « pénétrant Herbart ». Hélas! trois fois hélas! ce qu'il y a de pernicieux dans la glorification de ces coryphées universitaires et de ces héros de chaires professorales, prônés à grand bruit par tous leurs honorables collègues ainsi que par tous les zélés candidats qui aspirent à le devenir, c'est que l'on fait passer aux yeux de la jeunesse bonne, crédule et encore dépourvue de jugement, des têtes médiocres, de la marchandise de pacotille de la nature, pour de grands esprits, pour des êtres exceptionnels, pour l'ornement de l'humanité. Les jeunes gens se précipitent alors de toute l'ardeur de leur âge dans l'étude stérile des interminables et insipides productions de ces écrivassiers, gaspillant sans profit le temps si court qui leur a été départi pour les hautes études, au lieu de l'employer à s'instruire réellement; cette instruction, ils ne peuvent la puiser que dans les écrits des vrais penseurs, de ces hommes toujours si rares, si vraiment exceptionnels parmi leurs semblables, qui, « *rari nantes in gurgite vasto,* » dans le cours des siècles n'ont apparu qu'à de longs intervalles, parce que la nature ne créa qu'une seule fois chaque être de cette espèce ; après quoi « elle brisa le moule ». La jeune génération actuelle aurait pu avoir aussi sa part des bienfaits de ces génies, si elle n'en avait été frustrée par ces êtres malfaisants entre tous qui préconisent partout le mauvais, par les affiliés de la grande confrérie des esprits vulgaires, toujours florissante, que la supériorité humilie et qui a juré une guerre perpétuelle au grand et au vrai. Ce sont ces êtres et leurs menées qui ont causé la profonde décadence de l'époque actuelle, où la philosophie de Kant, que nos pères ne comprenaient qu'après des années d'une étude sérieuse et avec des efforts d'intelligence, est devenue étrangère à la génération présente; dans son ignorance, celle-ci est en présence de ces hautes conceptions comme « ὄνος πρὸς λύραν », et à l'occasion elle se livre contre celles-ci à des attaques grossières, maladroites et stupides, — comme ces barbares qui lançaient des pierres contre quelque statue grecque d'un dieu qui leur était étranger. — Puisqu'il en est ainsi, il m'appartient de m'adresser à ces défenseurs d'une raison qui connaît, qui saisit, qui perçoit intuitivement, bref qui fournit par ses propres ressources des connaissances matérielles, et de leur recommander de lire, comme quelque chose d'entièrement nouveau pour eux, l'ouvrage de *Locke*, célèbre depuis cent cinquante ans; les paragraphes 21-26, dans le 3ᵉ chapitre du livre I, sont consacrés à combattre toute connaissance innée. Bien que Locke soit allé trop loin dans sa négation de toute vérité innée, en ce sens qu'il l'étend aussi aux connaissances *formelles*, ce en quoi il a été brillamment réfuté plus tard par Kant, néanmoins il est pleinement et incontestablement dans le vrai au sujet des connaissances matérielles, c'est-à-dire qui fournissent l'étoffe.

Je l'ai déjà dit dans mon *Ethique*, mais je dois le répéter, car, comme dit le proverbe espagnol, « *no hay peor sordo, que el que no quiere oir* » (il n'est pire sourd que celui qui ne veut pas entendre) : si la raison était une faculté organisée en vue de la métaphysique, donnant des connaissances tirées de son propre fonds, et par conséquent fournissant des notions qui dépassent toute possibilité d'expérimentation, il devrait nécessairement régner parmi les hommes, sur les choses de la métaphysique et sur celles de la religion, puisque ce sont les mêmes, le même accord que sur les questions mathématiques, au point qu'il faudrait considérer comme n'étant pas dans son bon sens tout individu qui serait d'un avis divergent sur ces matières. Or, c'est précisément le contraire qui arrive ; il n'y a pas de thème qui divise plus le genre humain que celui-là. Depuis que les hommes ont commencé à penser, tous les systèmes philosophiques se disputent entre eux et sont parfois diamétralement opposés les uns aux autres ; et, depuis que les hommes croient (ce qui date de plus loin encore), les religions se combattent réciproquement par le fer et le feu, par l'excommunication et le canon. Avec la différence que, pour les cas individuels d'hétérodoxie, l'on avait non pas des asiles d'aliénés, mais les prisons de l'Inquisition avec tous leurs accessoires. En cela aussi, l'expérience témoigne donc hautement et impérieusement contre l'allégation mensongère d'une raison qui constituerait une faculté de connaissances immédiates et métaphysiques, ou, pour parler clairement, d'inspirations d'en haut. Il serait temps une fois de juger et condamner sévèrement un mensonge aussi maladroit et aussi palpable, colporté, *horribile dictu*, depuis cinquante ans par toute l'Allemagne, et transmis annuellement par la chaire aux bancs de l'école pour remonter ensuite des bancs à la chaire professorale. Il s'est trouvé, même en France, quelques niais pour se laisser mystifier par ce conte bleu qu'ils vont débitant à leur tour; mais le « bon sens » (sic) des Français aura bientôt fait de montrer la porte à la « raison transcendantale ». (sic).

Mais où donc ce mensonge a-t-il été ourdi, et comment ce conte est-il venu au monde? — Je dois le reconnaître, c'est malheureusement la Raison pratique de Kant, avec son impératif catégorique, qui a donné l'impulsion première. En effet, cette raison pratique une fois admise, il n'y avait simplement qu'à lui adjoindre, en guise de pendant, une raison théorique, revêtue, comme sa sœur jumelle, d'une souveraineté immédiate [1], et par suite prophétisant *ex tripode* les vérités métaphysiques. J'ai dépeint dans les *Problèmes fondamentaux de l'éthique*, auxquels je renvoie le lecteur, les brillants effets qui en ont découlé. Tout en accordant, comme je l'ai fait, que c'est Kant qui a fourni l'instigation à cette hypothèse mensongère, je dois néanmoins ajouter que pour qui aime à danser les violons sont bientôt trouvés. N'est-ce pas vraiment comme une malédiction qui pèse sur la race bipède, qu'en vertu de cette affinité élective qui les attire vers le faux et le mauvais les hommes préfèrent, même dans les œuvres des grands esprits, les parties les plus défectueuses; ou tout bonnement les erreurs; c'est là ce qu'ils louent et admirent, et ils ne font qu'accepter par-dessus le marché ce qui dans ces œuvres est vraiment

---

1. « Reichs-unmittelbar, » par opposition à « Reichs-mittelbar, » souveraineté médiate ou médiatisée. (*Le trad.*)

digne d'admiration. La philosophie de Kant, dans ce qu'elle a de réellement grand et profond, n'est connue aujourd'hui que de bien peu de gens : car ces œuvres, en cessant d'être étudiées sérieusement, ont dû cesser aussi d'être comprises. Elles ne sont plus lues, à la hâte et comme faisant partie de l'histoire de la philosophie, que par ceux qui s'imaginent qu'après Kant il y a bien eu encore quelque chose, et voire même de meilleur ; aussi, quand ces gens-là parlent de la philosophie de Kant, on s'aperçoit à l'instant qu'ils n'en connaissent que l'enveloppe extérieure ; ils n'en ont gardé dans leur tête qu'une ébauche grossière ; ils en ont par hasard saisi un mot par-ci par-là, mais n'en ont jamais pénétré le sens profond et l'esprit. Or ce qui leur a plu dans Kant, ce sont tout d'abord les antinomies, comme quelque chose d'éminemment bizarre ; ils aiment ensuite la raison pratique avec son impératif catégorique ; mais ils préfèrent par-dessus tout la morale théologique, à laquelle la précédente sert de fondement, mais que Kant n'a jamais prise réellement au sérieux, car un dogme théorique qui n'a qu'une autorité exclusivement pratique ressemble à ces fusils de bois que l'on peut sans danger mettre entre les mains des enfants ; cela rappelle aussi le dicton allemand : « Wasch' mir den Pelz, aber mach' ihn mir nicht nass. » (Laver la fourrure, mais sans la mouiller, c'est-à-dire demander l'impossible). Quant à l'impératif catégorique, Kant ne l'a jamais posé comme une réalité ; au contraire, il a protesté à plusieurs reprises contre cette supposition ; il n'a présenté cet impératif que comme le résultat d'une très singulière combinaison d'idées, car il avait besoin d'une ancre de salut pour la morale. Mais les professeurs de philosophie n'ont jamais examiné le fond de l'affaire, tellement que, selon toute apparence, personne n'avait avant moi reconnu la vérité sur cette question. Ils se sont empressés au contraire d'accréditer l'impératif catégorique comme une réalité solidement assise, et, dans leur purisme, ils lui ont attribué le nom de loi morale (*Sittengesetz*) qui me rappelle toujours *Mamzelle Larègle* [2] dans Bürger; ils en ont fait quelque chose d'aussi massif que les tables de pierre des lois de Moïse, qu'il est appelé à remplacer de tout point auprès d'eux.

Or, dans mon Mémoire sur le fondement de la morale, j'ai disséqué cette raison pratique et son impératif, et j'ai prouvé qu'il n'y avait là dedans ni vie ni vérité; je l'ai démontré si clairement et si sûrement que je voudrais bien rencontrer celui qui pourrait me réfuter par des arguments fondés et qui pourrait s'aviser honorablement de ressusciter l'impératif catégorique. Mais les professeurs de philosophie ne se troublent pas pour une vétille. Ils peuvent aussi peu se passer de leur « loi morale de la raison pratique » qui leur sert de *Deus ex machina*, très commode pour fonder leur morale, que du libre arbitre : car ce sont là les deux pièces les plus essentielles de leur philosophie de bonne femme. Je les ai anéanties toutes les deux, mais cela n'y change absolument rien : pour eux, elles continuent d'exister, — comme parfois, pour des

---

1. Titre d'une poésie de Bürger. (*Le Trad.*)

raisons politiques, on fait régner encore quelque temps un roi expiré depuis plusieurs jours. Ces vaillants héros emploient vis-à-vis de moi, qui ai démoli ces deux vieilles fables, leur tactique accoutumée : se taire, ne souffler mot, passer devant en se glissant sans bruit, faire semblant d'ignorer ce qui est arrivé, afin que le public croie que ce qu'un être comme moi peut dire ne mérite même pas qu'on y prête l'oreille : eh! certainement; n'est-ce pas du ministère qu'ils tiennent leur vocation philosophique, tandis que moi je ne la tiens que de la nature? Malgré tout, la fin montrera que ces nobles paladins font exactement comme l'autruche : cet oiseau, qui a des opinions idéalistes, s'imagine que dès qu'il ferme les yeux, le chasseur disparaît. Oui, certes; s'il arrivait d'autres temps, on pourra recourir à d'autres moyens : pourvu seulement qu'en attendant, peut-être jusqu'à ce que je sois mort, et qu'on ait eu le loisir d'arranger à sa façon tout ce que j'ai avancé, le public veuille bien s'accommoder du bavardage stérile, du rabâchage mortellement ennuyeux, et des systèmes d'absolu et de morale à l'usage des écoles primaires, bâtis selon le bon plaisir de ces messieurs; plus tard, on verra à prendre ses mesures :

> Morgen habe denn das Rechte
> Seine Freunde wohlgesinnet,
> Wenn nur heute noch das Schlechte
> Vollen Platz und Gunst gewinnet [1]. »
> (*W. O. Divan.*)

---

[1]. Que demain le vrai trouve ses amis bien disposés, pourvu qu'aujourd'hui encore le mauvais trouve pleinement place et faveur. (Gœthe.) (*Le trad.*)

Mais ces messieurs savent-ils bien quelle est l'heure qui sonne en ce moment? — Une époque dès longtemps prédite est arrivée : l'Eglise chancelle; elle chancelle si fort, que l'on se demande si elle pourra retrouver son centre de gravité; car la foi a disparu. Pour la lumière de la révélation, comme pour toute autre lumière, quelque obscurité est une condition indispensable. Le nombre a grossi considérablement de ceux qu'un certain niveau et un certain horizon de connaissances rendent incapables de croire. Ceci montre l'extension générale prise par le vulgaire rationalisme, étalant de plus en plus sa large face de bouledogue. Ces profonds mystères du christianisme, sur lesquels on a médité et disputé pendant des siècles, il se dispose tout tranquillement à les mesurer à son aune de boutiquier et croit par là faire des merveilles de sagesse. C'est surtout l'enseignement essentiel du christianisme, le dogme du péché originel, qui est devenu pour les têtes carrées du rationalisme un sujet de risée; n'est-il pas évident, disent-ils, que l'existence de chaque homme commençant à sa naissance, il est impossible qu'il vienne au monde déjà entaché de péché? Comme c'est intelligent! — Et de même que, lorsque la misère et l'abandon prennent le dessus, les loups commencent à se montrer dans le village, de même, en ces circonstances, le matérialisme, toujours aux aguets, relève la tête et s'avance assisté de son compagnon le « bestialisme » (que certaines gens appellent humanisme). — Plus les hommes deviennent incapables de croire, plus le besoin d'acquérir des connaissances grandit. A l'échelle du développement intellectuel, il existe un point d'ébullition où toute croyance, toute révélation, toute autorité s'évaporent; où l'homme aspire à voir par lui-même et où il demande qu'on l'instruise, mais qu'on le convainque aussi. Il a rejeté la lisière de l'enfance et veut se tenir debout sans aide. Mais en même temps son besoin métaphysique (voir *Le monde comme volonté et représentation*, vol. II, ch. 17) est tout aussi indestructible que n'importe quel besoin physique. Les aspirations à la philosophie deviennent alors de plus en plus impérieuses, et l'humanité, dans son dénuement, invoque tous les grands penseurs sortis de son sein. Alors le verbiage creux et les efforts impuissants d'eunuques intellectuels ne suffisent plus; il faut une philosophie sérieusement entendue, c'est-à-dire cherchant la vérité, et non des appointements et des honoraires; une philosophie, par conséquent, qui ne s'inquiète pas de savoir si elle agrée aux ministres ou aux conseillers, ou bien si elle s'accorde avec les drogues débitées par tel ou tel parti religieux dominant, mais qui montre que sa mission est toute autre que celle de constituer une ressource pour les pauvres d'esprit.

Mais laissons cela et revenons à notre sujet. — Aux oracles *pratiques* dont Kant avait à tort doté la raison, on adjoignit, par une amplification qui ne demandait qu'un peu d'audace, un oracle *théorétique*. L'honneur de l'invention doit en revenir à *F.-H. Jacobi*, et c'est des mains de ce cher homme que les professeurs de philosophie tiennent ce précieux cadeau qu'ils ont accepté avec jubilation et gratitude. Car ce don les aidait à sortir de la détresse dans laquelle Kant les avait plongés. La raison froide, sobre et cogitative, que celui-ci avait si impitoyablement critiquée, fut déchue de son rang pour devenir *l'entendement*, dont elle dut désormais porter aussi le nom ; quant à celui de *raison*, il fut attribué à une faculté entièrement imaginaire, ou, pour parler plus franchement, inventée par mensonge. On se trouvait posséder de la sorte une lucarne, ouvrant, pour ainsi dire, sur le monde supra-lunaire, voire même supra-naturel, et par laquelle on pouvait se faire passer, tout apprêtées et tout arrangées, toutes ces vérités pour la recherche desquelles la raison d'autrefois, la raison à l'ancienne mode, la raison honnête, douée de réflexion et de prudence, avait laborieusement travaillé et vainement discuté pendant de longs siècles. Et c'est sur une semblable faculté chimérique et mensongère que se base depuis cinquante ans la soi-disant philosophie allemande, d'abord comme construction libre et comme projection du moi absolu et de ses émanations vers le non-moi ; puis comme intuition intellectuelle de l'absolue identité ou de l'indifférence, et de leurs évolutions vers la nature, ou aussi de Dieu, naissant de son fond ténébreux ou de son absence de fond (abîme) à la Jacob Böhme ; enfin comme idée absolue, se pensant soi-même, et comme scène où s'exécute le ballet du mouvement propre des idées ; mais, en outre, toujours comme conception immédiate du divin, du supra-sensible, de la divinité, de la beauté, vérité, bonté, et de tout ce qu'on voudra encore de choses en « té » ou bien seulement une divination de toutes ces magnificences. — Eh quoi ! serait-ce là la raison? Oh non, ce sont des bouffonneries, qui doivent venir au secours des professeurs de philosophie réduits aux abois par la sérieuse critique de Kant, afin qu'ils puissent faire passer, *per fas aut nefas*, les affaires de la religion d'État pour des résultats de la philosophie.

Car le premier devoir de la philosophie des professeurs est de prouver par des considérations philosophiques et de mettre à l'abri du doute le dogme que le Dieu qui a créé et qui gouverne le monde est un être personnel, c'est-à-dire un individu doué de volonté et d'intelligence, qui a fait le monde du néant et qui le guide avec une sagesse, une puissance et une bonté suprêmes. Mais, par là, les professeurs de philosophie se trouvent placés dans une position très critique vis-à-vis de la vraie philosophie. En effet Kant est venu, voilà plus de soixante ans; la *Critique de la raison pure* a été écrite, dont le résultat fut que toutes les preuves avancées depuis le commencement de l'ère chrétienne pour démontrer l'existence de Dieu, et qui se ramènent aux trois seules espèces de démonstrations possibles, sont absolument impuissantes à fournir ce que l'on demandait : bien plus, la critique établit bien clairement, *à priori*, l'impossibilité de toute semblable démonstration et en même temps de toute théologie spéculative, et elle l'établit, bien entendu, non pas comme il est de mode aujourd'hui, à l'aide d'un verbiage creux, d'un radotage à la Hegel que chacun peut interpréter à sa guise, mais sérieusement et loyalement, à la bonne vieille manière, de façon que depuis soixante ans, quelque gênante que la chose puisse être pour beaucoup de gens, personne n'a rien pu objecter de grave, et que par suite les démonstrations de l'existence de Dieu sont hors d'usage et ont perdu toute autorité. Il est arrivé même que, depuis lors, les professeurs de philosophie prennent à leur égard des airs de hauteur et manifestent pour elles un mépris bien prononcé, donnant ainsi à entendre que l'affaire se comprend tout bonnement de soi-même et qu'il est ridicule de vouloir encore la prouver. Tiens, tiens, tiens! quel malheur qu'on n'ait pas su cela plus tôt. On ne se serait pas, pendant des siècles, donné tant de peine pour établir ces démonstrations, et Kant n'aurait pas eu besoin d'écraser celles-ci de tout le poids de sa *Critique de la raison*. En voyant le mépris que nous mentionnions tout à l'heure, il y aura bien des gens à qui cela rappellera le renard aux raisins trop verts. Pour qui voudrait voir un échantillon de ces façons dédaigneuses, je lui en recommande un bien caractérisé, dans les *OEuvres philosophiques de Schelling*, vol. Ier, éd. 1809, p. 152. — Pendant que quelques autres d'entre eux se consolaient par ce qu'avait dit Kant, que le contraire était tout aussi impossible à démontrer, — comme si le vieux finaud avait ignoré la maxime : *Affirmanti incumbit probatio*, — voilà que soudain, comme pour sauver de leur détresse les professeurs de philosophie, apparaît la merveilleuse invention de Jacobi, qui mettait à la disposition des savants allemands de ce siècle une raison tout à fait singulière, dont personne jusqu'à ce jour n'avait rien entendu ni rien connu.

Et pourtant toutes ces finesses étaient bien superflues.

Car, par l'impossibilité de la démonstration, l'existence de Dieu n'était en aucune façon attaquée, vu qu'elle est inébranlablement établie sur un terrain bien plus sûr. En effet, n'est-ce pas là une affaire de révélation, et l'on peut d'autant moins le contester que cette révélation a été faite exclusivement à un seul peuple, qui pour ce motif a été appelé le peuple élu. Ce qui le prouve, c'est que la connaissance de Dieu, créateur et souverain personnel du monde, qui a tout bien fait, ne se trouve que dans la religion juive et dans les deux religions qui en dérivent et que, dans un sens plus large, on pourrait appeler ses sectes ; on ne retrouve cette connaissance dans la religion d'aucun autre peuple, soit de l'antiquité, soit des temps modernes. Car il ne viendra certainement à l'esprit de personne de confondre le Seigneur Dieu avec le Brahm des Hindous, qui vit et souffre en moi, en toi, dans mon cheval, dans ton chien, — ni avec le Brahma, qui est né et qui meurt pour faire place à d'autres Brahmas et auquel en outre on reproche, comme une faute et comme un péché, d'avoir produit le monde [1], — bien moins encore avec le fils voluptueux de Saturne l'abusé, avec ce Jupiter que Prométhée brave et auquel il prédit sa chute. Mais surtout si nous tournons nos regards vers le boud-

---

1. If Brimha be unceasingly employed in the creation of worlds,.... how can tranquillity be obtained by inferior order of being? (Si Brahma est incessamment occupé à créer des mondes,...... comment des êtres d'une nature inférieure pourraient-ils obtenir leur tranquillité?) Prabodh, Chandro Daya, tr. by J. Taylor, p. 23. Brahma fait aussi partie du Trimurti, qui est la personnification de la nature, comme procréation, conservation et mort : c'est la première qu'il représente.
(*Note de Schop.*)

dhisme, celle de toutes les religions de la terre qui compte le plus d'adhérents, qui a donc pour elle la majorité dans l'humanité et peut, à ce titre, être dite la plus importante, nous verrons, à n'en pouvoir plus douter aujourd'hui, que le bouddhisme est aussi positivement et expressément athée qu'il est rigoureusement idéaliste et ascétique, à tel point que ses prêtres, quand on leur expose le dogme du théisme pur, le repoussent catégoriquement. On lit dans les *Asiatic researches*, vol. 6, p. 268, et dans Sañgermano, *Description of the Burmese empire*, p. 81, que le grand-prêtre des bouddhistes à Ava, dans un mémoire qu'il remit à un évêque catholique, comptait parmi les six hérésies condamnables le dogme qui enseigne « qu'il existerait un être qui a créé le monde et toutes choses et qui seul mérite d'être adoré. » (Voir J.-J. Schmidt : *Forschungen im Gebiete der ältern Bildungsgeschichte Mittelasiens,* Pétersbourg, 1824, p. 276). J.-J. Schmidt, savant distingué et que je considère comme l'homme, en Europe, le plus versé en matière de bouddhisme, dans son ouvrage : *Ueber die Verwandtschaft der gnostischen Lehren mit dem Buddhaismus,* p. 9, dit à ce sujet : « Dans les livres des bouddhistes, on ne trouve pas la moindre mention positive d'un Etre suprême, comme principe de la création, et, là même où la question se présente logiquement d'elle-même, ils semblent l'éviter à dessein. » Dans l'ouvrage cité plus haut, p. 180, il dit encore : « Le système du bouddhisme ne reconnaît pas d'Etre divin, éternel, incréé et unique, ayant existé de tout temps et créateur de toutes les choses visibles et invisibles. Cette notion lui est entièrement étrangère, et on n'en trouve pas la moindre trace dans les livres bouddhiques. Il n'y a pas de création non plus ; l'univers visible a bien eu un commencement, mais il s'est formé du vide en vertu de lois naturelles, régulières et immuables. Mais on serait dans l'erreur si l'on croyait que les bouddhistes admettent ou révèrent quoi que ce soit, Destin ou Nature, comme principe divin : c'est plutôt le contraire, car ce développement du vide, ce précipité qu'il a produit ou ce morcellement infini, en un mot cette matière qui vient de naître, c'est le mal qui pèse sur le *Jirtintschi* ou Univers, dans sa condition interne et externe, et d'où est résulté le *Ortschilang* ou changement incessant d'après des lois invariables, fondées elles-mêmes sur ce mal. » Dans une conférence tenue par le même à l'Académie de Saint-Pétersbourg, le 15 septembre 1830, il disait, p. 26 : « Le mot de création est inconnu au bouddhisme, qui n'admet que le développement des mondes ; » et p. 27 : « On doit se convaincre qu'avec ce système il ne peut se trouver chez les bouddhistes aucune idée d'une création primitive divine. » Je pourrais citer encore une foule de preuves à l'appui. Il est un point cependant sur lequel je veux encore appeler l'attention, parce qu'il est bien connu et en outre officiellement établi. Le troisième volume d'un ouvrage bouddhique très instructif, le *Mahavansi, Raja-ratnacari and Raja-vali, from the Singhalese*, by E. Upham, London, 1833, contient, traduits sur le texte des procès-verbaux hollandais, les interrogatoires officiels que le gouverneur hollandais de

Ceylan a fait subir en 1766, séparément et successivement, aux grands-prêtres des cinq pagodes les plus considérables. Le contraste entre les interlocuteurs, qui se comprenaient difficilement, est très amusant. Les prêtres, conformément aux préceptes de leur religion, pénétrés d'amour et de charité envers toute créature vivante, quand même ce serait un gouverneur hollandais, s'efforcent de leur meilleure volonté, de satisfaire à toutes ses questions. L'athéisme naïf et candide de ces grands-prêtres, pieux et même pratiquant la continence, est en conflit avec les intimes convictions de cœur du gouverneur, nourri dès son enfance des principes du judaïsme. La foi du Hollandais est devenue une seconde nature ; il ne peut se faire à l'idée que ces religieux ne soient pas théistes ; il revient toujours sur la question de l'Etre suprême et leur demande sans cesse qui donc a créé le monde, etc. Ceux-là lui expliquent alors qu'il ne peut pas y avoir d'être supérieur à Bouddha-Chakya-Mouni, le victorieux et parfait, qui, né d'un roi, a vécu volontairement en mendiant, qui a prêché jusqu'à sa mort sa haute doctrine, pour le salut de l'humanité, et pour affranchir tous les hommes du mal d'une renaissance perpétuelle ; le monde, lui disaient-ils, n'a été fait par personne [1], il est créé de soi-même (*selfcreated*) ; la nature le développe pour le diminuer ensuite, mais il est ce qui, tout en existant, n'existe pas ; il accompagne nécessairement toute renaissance, mais ces renaissances sont les suites de nos péchés pendant la vie, etc., etc. Et

---

1. Κόσμον τόνδε, φησὶν Ἡράκλειτος, οὔτε τὶς θεῶν οὔτε ἀνθρώπων ἐποίησεν. (Plut. *De animæ procreatione*, c. 5.)   (*Note de Schop.*)

la conversation continue ainsi pendant environ cent pages.
— Je mentionne principalement tous ces faits, parce qu'il est scandaleux de voir comment, aujourd'hui encore, dans les écrits des érudits allemands, on identifie constamment, sans plus se gêner, religion et théisme, comme s'ils étaient synonymes, tandis que la religion est au théisme dans le rapport du genre à une espèce unique, et qu'en réalité il n'y ait que judaïsme et théisme qui soient synonymes ; c'est pourquoi aussi nous stigmatisons du nom générique de païens tous les peuples qui ne sont ni juifs, ni chrétiens, ni mahométans. Les mahométans et les juifs reprochent même aux chrétiens de n'être pas des théistes purs, à cause du dogme de la Trinité. Car le christianisme, quoi qu'on dise, a du sang indien dans le corps, et par là un penchant perpétuel à secouer le judaïsme. Si la *Critique de la raison* de Kant, qui est l'attaque la plus sérieuse qui ait jamais été tentée contre le théisme, — ce qui a été pour les professeurs de philosophie un motif pour la mettre de côté, — avait paru en pays de bouddhisme, d'après ce que nous avons relaté plus haut, on n'y aurait rien vu d'autre qu'un traité édifiant, ayant pour but de combattre radicalement leurs hérétiques et de fortifier avec efficacité le dogme orthodoxe de l'idéalisme, c'est-à-dire le dogme de l'existence purement apparente du monde qui s'offre à nos sens. Tout aussi athéistes que le bouddhisme sont les deux autres religions professées dans l'État voisin, la Chine, savoir celle de Tao-ssé et celle de Confucius : aussi les missionnaires n'ont pas pu traduire en chinois le premier verset du Pentateuque, vu que cette langue ne pos-

sède pas de termes pour exprimer l'idée de Dieu et de création. Le missionnaire Gützlaff, dans son ouvrage récemment publié, *Geschichte des Chinesichen Reichs*, page 18, est même assez sincère pour dire : « Il est extraordinaire qu'aucun des philosophes (chinois), qui possèdent cependant toutes les lumières naturelles, ne se soit élevé jusqu'à la connaissance d'un créateur et maître de l'univers. » A l'appui de cette assertion viennent encore les lignes suivantes, citées par J.-F. *Davis* (*The Chinese*, chap. XV, p. 156) et écrites par *Milne*, le traducteur du *Shing-yu*, dans l'avant-propos de sa traduction ; il dit que de cet ouvrage il résulte : « that the bare light of nature, as it is called, even when aided by all the light of pagan philosophy, is totally incapable of leading men to the knowledge and worship of the true God. » Tout ce que nous avons rapporté confirme que l'*unique* fondement du théisme est la révélation, ainsi que cela doit être en effet, sans quoi la révélation serait superflue. Remarquons, à cette occasion, que le mot athéisme comprend une supercherie, car il admet par anticipation le théisme comme une chose qui s'entend de soi. Au lieu d' « a-théisme » il faudrait dire « a-judaïsme, et au lieu d' « a-thée » dire « a-juif »; ce serait là parler en honnête homme.

Ainsi donc, puisque, comme nous l'avons dit plus haut, l'existence de Dieu est une affaire de révélation et par là même inébranlablement établie, elle peut se passer d'une confirmation humaine. Or la philosophie n'est qu'un essai, en réalité superflu et oiseux, d'abandonner une fois à ses seules et propres forces la raison humaine en tant que faculté de penser, de méditer, de réfléchir, — à peu près comme on enlève à un enfant ses lisières sur un parterre de gazon, afin qu'il essaye ses forces, — pour voir ce qui en résultera. Ces essais et ces tentatives sont ce que l'on appelle la spéculation ; et il appartient à son essence de faire abstraction de toute autorité, soit divine, soit humaine, de n'en tenir aucun compte et de marcher par ses propres voies et à sa manière à la recheche des vérités les plus élevées et les plus importantes. Si maintenant, sur ce terrain, le résultat n'est autre que celui auquel notre grand Kant a abouti et que nous avons rapporté ci-dessus, elle ne doit pas, renonçant à toute probité et à toute conscience, prendre, comme un filou, des voies dérobées pour se replacer, par n'importe quel stratagème, sur le terrain judaïque comme sa condition *sine qua non;* elle doit au contraire, franchement et simplement, se mettre à la poursuite de la vérité par d'autres routes qu'elle pourrait trouver s'ouvrant devant elles ; il est de son devoir de n'avoir jamais pour guide que les lumières de la raison et de toujours marcher en avant, sans s'inquiéter du but final auquel elle arrivera et avec l'assurance et le calme de celui qui accomplit une mission.

Mais nos professeurs de philosophie comprennent autrement la chose et s'imaginent ne pouvoir manger honorablement leur pain, aussi longtemps qu'ils n'ont pas replacé le Seigneur Dieu sur son trône (comme s'il avait besoin de leur aide); on peut par cela seul déjà se rendre compte pourquoi ils n'ont pu prendre goût à mes travaux et comment je ne suis pas leur homme ; car effectivement je ne saurais leur rendre aucun service, et je ne suis pas en mesure, comme eux, de donner chaque année, le jour de la grande foire de Leipzig, les renseignements les plus récents sur le bon Dieu.

CHAPITRE VI

DE LA TROISIÈME CLASSE D'OBJETS POUR LE SUJET ET DE LA FORME QU'Y REVÊT LE PRINCIPE DE LA RAISON SUFFISANTE.

§ 35. — Explication de cette classe d'objets.

La troisième classe d'objets pour la faculté de representation se compose de la partie formelle des représentations complètes, à savoir les perceptions données *à priori* des formes du sens externe et du sens intime, qui sont l'espace pour le premier et le temps pour le second. En tant que perceptions pures, elles peuvent être des objets pour la faculté de représentation, en elles-mêmes et en dehors des représentations complètes et des conditions de plein ou de vide que ces représentations déterminent et y ajoutent, puisque même de simples points et de simples lignes, qui ne peuvent être représentés, peuvent être des objets pour l'aperception *à priori*, de même que, pour l'espace et le temps, leur infinie extension et leur infinie divisibilité, prises isolément, peuvent être des objets pour l'intuition pure, tout en étant complètement étrangers à la perception empirique. Ce qui distingue cette classe de représentations, dans laquelle le temps et l'espace sont conçus intuitivement, de la première classe dans laquelle ils sont perçus empiriquement (et toujours conjointement), c'est la matière, que pour cette raison j'ai définie d'une part comme étant la perceptibilité du temps et de l'espace, d'autre part comme étant la causalité objectivée.

En revanche, la forme de la causalité, propre à l'entendement, ne peut faire, en soi et séparée, l'objet d'une représentation ; nous n'arrivons à la connaître qu'avec la partie matérielle de la connaissance et à son occasion.

§ 36. — Principe de la raison de l'être.

L'espace et le temps sont ainsi constitués, que toutes leurs parties sont entre elles dans un rapport réciproque tel que chacune d'elles est déterminée et conditionnée par une autre. Dans l'espace, ce rapport s'apelle *situation*, et, dans le temps, *succession*. Ces rapports sont d'une nature toute spéciale ; ils diffèrent entièrement de toutes les autres relations possibles de nos représentations ; aussi ni l'entendement ni la raison ne peuvent les concevoir au moyen de simples notions ; nous ne pouvons les saisir que par l'intuition pure : car ce qui est en haut ou en bas, à droite ou à gauche, devant ou derrière, avant qu'après, ne peut être rendu saisissable au moyen de simples notions. Kant dit avec raison, à l'appui de ces faits, que la différence entre le gant gauche et le droit ne peut se comprendre qu'intuitivement. Or ce que j'appelle le *principe de la raison suffisante de l'être* (principium rationis sufficientis essendi), c'est la loi suivant laquelle, au point de vue de ces rapports, les parties de l'espace et du temps se déterminent réciproquement. Nous en avons déjà donné un exemple au § 15, en parlant de la relation entre les côtés et les angles d'un triangle, et nous avons montré à cette occasion, qu'elle diffère aussi bien du rapport de cause à effet que de celui de principe de connaissance à conséquence ; c'est pourquoi la condition, dans ce cas, peut être appelée la *raison d'être* (ratio essendi). Il s'entend de soi que la compréhension d'une *raison d'être* peut devenir principe de connaissance, tout comme la compréhension de la loi de causalité et son application à un cas spécial constituent le principe de connaissance de l'effet : mais cela ne fait nullement disparaître la différence radicale qui existe entre la raison d'*être*, de *devenir* et de *connaître*. Dans beaucoup de cas, ce qui, sous un certain aspect de notre principe, est *conséquence*, sous tel autre aspect sera *raison ;* c'est ainsi que très souvent l'*effet* est le principe de connaissance de la *cause*. Par exemple, l'ascension du mercure dans le thermomètre, en vertu de la loi de causalité, est un *effet* de l'élévation de la température ; tandis que, en vertu de la loi du principe de connaissance, elle est un *principe*, le principe qui nous fait connaître l'élévation de la température, comme aussi le principe du jugement qui affirme cette vérité.

§ 37. — Raison d'être dans l'espace.

Dans l'espace, la position de chacune de ses parties, disons, pour fixer les idées, d'une ligne (les mêmes considérations s'appliquent aux surfaces, aux corps et aux points) par rapport à une autre ligne, fixe en même temps rigoureusement sa position, toute différente de la première, par rapport à toute autre ligne possible, de manière que cette dernière position est à la première dans la relation de conséquence à raison. Comme la position de cette ligne relativement à quelqu'une des autres lignes possibles détermine également sa position relativement à toutes les autres lignes, par conséquent aussi celle que nous avons primitivement admise comme fixée, il en résulte qu'il est indifférent quelle est celle de toutes ces positions que nous voulons considérer comme déterminée et comme déterminant les autres, c'est-à-dire comme *ratio*, les autres étant considérées comme *rationata*. Cela provient de ce qu'il n'y a point de succession dans l'espace, puisque c'est précisément de l'union de l'espace avec le temps, en vue d'une représentation totale de l'ensemble expérimental, que naît la notion de simultanéité. Dans la raison d'être dans l'espace, il y a donc constamment quelque chose d'analogue à la prétendue action réciproque : je développerai ce sujet quand j'examinerai la réciprocation des raisons dans le § 48. Puisque chaque ligne, relativement à sa position, est aussi bien déterminée par toutes les autres qu'elle les détermine à son tour, c'est arbitrairement que l'on considérera une ligne seulement comme fixant la position des autres lignes et non comme fixée elle-même; et la position de chaque ligne par rapport à une seconde permet de rechercher sa position par rapport à une troisième ligne; cette seconde position fait alors que la première est nécessairement telle qu'elle est. Aussi, dans l'enchaînement des raisons de « l'être », comme dans celui des raisons du « devenir », on ne peut trouver aucune fin *à parte ante*, comme non plus, à cause de l'infinité de l'espace et de celle des lignes qu'il peut contenir, aucune fin *à parte post*. Tous les espaces relatifs possibles sont des figures, car ils sont limités, et toutes ces figures trouvent le principe de leur être l'une dans l'autre, à cause de leurs limites communes. Donc la *series rationum essendi* dans l'espace, aussi bien que la *series rationum fiendi*, va *in infinitum*; seulement celle-ci n'a qu'un seul sens, tandis que la première va dans toutes les directions.

La preuve de tout ceci est impossible à établir, car ce sont des principes dont la vérité est transcendantale, puisqu'elle est fondée directement sur la perception intuitive et *à priori* de l'espace.

§ 38. — Raison d'être dans le temps. — Arithmétique.

Dans le temps, chaque instant a pour condition l'instant qui l'a précédé. La simplicité de cette raison d'être, sous la forme de loi de succession, provient ici de ce que le temps n'a qu'une seule dimension, et par conséquent ne peut présenter aucune variété dans ses relations. Chaque instant est nécessité par le précédent ; ce n'est que par celui-ci qu'on peut arriver à l'autre ; ce n'est qu'en tant que l'instant précédent *a été*, qu'il s'est écoulé, que l'instant présent *est*. C'est sur cet enchaînement des parties du temps que repose toute numération, et les mots qu'elle emploie ne servent qu'à marquer les différents pas de la succession ; c'est là également la base de toute l'arithmétique, qui n'enseigne absolument pas autre chose que des méthodes abrégées de numération. Tout nombre présuppose les nombres qui le précèdent comme ses raisons d'être : je ne puis arriver au dix que par tous les nombres qui le précèdent, et ce n'est qu'en vertu de la connaissance de la raison d'être que je sais que, là où il y a dix, il y a aussi huit, six, quatre.

§ 39. — Géométrie.

De même, toute la géométrie repose sur l'enchaînement de la position des parties de l'espace. Elle consisterait par conséquent dans la connaissance de cet enchaînement ; mais comme cette connaissance n'est possible, ainsi que nous l'avons dit plus haut, que par l'intuition et non au moyen de simples notions abstraites, toute proposition géométrique devrait être ramenée à la perception intuitive, et la démonstration consisterait à faire bien clairement ressortir l'enchaînement qu'il s'agit de saisir ; on ne pourrait rien au delà. Nous trouvons cependant la géométrie traitée tout différemment. Les douze axiomes d'Euclide sont seuls basés sur l'intuition, et, à la rigueur, les neuvième, onzième et douzième sont les seuls qui se fondent sur des intuitions séparées et différentes ; tous les autres procèdent de cette notion que, dans les sciences, on n'a pas affaire, comme dans l'expérience, à des objets réels qui existent les uns à côté des autres et peuvent varier à l'infini, mais à des notions abstraites, et, en mathématiques, à des *intuitions normales*, c'est-à-dire à des figures et à des chiffres qui font loi pour toute l'expérience et qui, par conséquent, unissent l'extension de l'idée générale à la certitude absolue de la représentation individuelle. Car, bien qu'à titre de représentations intuitives, elles soient toujours entièrement certaines et ne laissent *ainsi* aucune place à la généralité par quelque chose qui resterait encore indéterminé, elles n'en sont pas moins générales, car elles ne sont que les simples formes de tous les phénomènes et sont valables, en cette qualité, pour tous les objets réels auxquels ces formes conviennent. Aussi pourrait-on dire de ces intuitions normales, même en géométrie, tout comme des notions abstraites, ce que dit Platon au sujet de ses « idées » ; à savoir, qu'il n'en peut exister deux qui soient pareilles, car elles ne feraient qu'un[1]. Ceci, dis-je, s'appliquerait aussi à ces intuitions

---

1. On pourrait peut-être définir les *idées platoniciennes*, les *intuitions normales* de l'intelligence qui ne se réfèrent pas seulement, comme dans les mathématiques, à la partie formelle, mais encore à la partie matérielle des représentations complètes : elles seraient donc des représentations complètes qui, en cette qualité, seraient absolument déterminées, et qui en même temps, comme les notions abstraites, compren-

normales en géométrie, si, à titre d'objets existant seulement dans l'espace, elles ne différaient entre elles par la simple *juxtaposition*, c'est-à-dire par leur *lieu*. Cette observation, selon Aristote, a déjà été faite par Platon lui-même : « Ἔτι δὲ, παρὰ τὰ αἰσθητά καὶ τὰ εἴδη, τὰ μαθηματικὰ τῶν πραγμάτων εἶναι φήσι μεταξὺ, διαφέροντα τῶν μὲν αἰσθητῶν τῷ ἀίδια καὶ ἀκίνητα εἶναι, τῶν δὲ εἰδῶν τῷ τὰ μὲν πολλ' ἄττα ὅμοια εἶναι, τὸ δὲ εἶδος αὐτὸ ἓν ἕκαστον μόνον (*item præter sensibilia et species, mathematica rerum ait media esse, a sensibilibus quidem differentia eo, quod perpetua et immobilia sunt, a speciebus vero eo, quod illorum quidem multa similia sunt, species vero ipsa unaquæque sola*). *Métaph.*, I, 6, qu'il faut rapprocher de X, 1. Or, la simple compréhension que cette différence de lieu n'enlève rien à l'identité du reste, me semble pouvoir remplacer les autres neuf axiomes et s'adapter à l'essence de la science, dont le but est d'arriver par le général à la connaissance du particulier, mieux que l'affirmation de neuf axiomes différents qui reposent sur la même notion. Cela étant, on peut appliquer aux figures géométriques ce que dit Aristote, *Métaph.*, X, 3 : « Ἐν τούτοις ἡ ἰσότης ἑνότης » (*in illis æqualitas unitas est*).

Mais pour les intuitions normales dans le temps, pour les nombres, cette différence même de la juxtaposition n'existe pas ; il y a entre elles, comme entre les notions abstraites, l'*identitas indiscernibilium;* il n'existe qu'un cinq et qu'un sept. On pourrait trouver ici un argument

draient beaucoup d'objets : ce qui veut dire, suivant mon explication du § 28, qu'elles seraient des représentants des notions abstraites, auxquelles cependant elles seraient entièrement adéquates.

pour démonter que $7+5=12$ n'est pas, comme le prétend Herder dans la *Métacritique*, une proposition identique, mais, comme Kant l'a trouvé avec pénétration, une proposition synthétique *à priori*, qui repose sur une pure intuition de l'esprit. $12 = 12$, voilà une proposition identique.

En réalité, on ne fait donc appel à l'intuition, en géométrie, que pour les axiomes. Tous les autres théorèmes se démontrent, c'est-à-dire qu'on en donne le principe de connaissance, qui le fait nécessairement admettre pour vrai : on démontre donc sa vérité logique et non sa vérité transcendantale (voir § 30 et 32). Cette dernière, qui se fonde sur le principe de l'être et non sur celui de la connaissance, ne peut jamais être perçue qu'intuitivement par l'intelligence. De là vient qu'après une semblable démonstration géométrique on a bien la conviction que la proposition démontrée est vraie, mais que l'on ne saisit pas du tout pourquoi ce qu'énonce le principe est tel qu'il est : c'est-à-dire on ne voit pas sa raison d'être, et d'ordinaire c'est plutôt à ce moment que l'on commence à vouloir la connaître. Car la preuve qui consiste à donner le principe de connaissance ne produit que la conviction et non la compréhension ; par suite, il serait peut-être plus exact de l'appeler « elenchus » que « demonstratio ». Il s'ensuit qu'elle laisse habituellement après elle un sentiment désagréable, pareil à celui que donne toujours la conscience du manque de compréhension, et, dans notre cas, l'on commence à sentir qu'on ignore *pourquoi* une chose est telle, au moment même où l'on acquiert la conviction *qu'elle est* vraiment telle. Ce sentiment a de l'analogie avec celui que nous éprouvons quand un escamoteur fait passer quelque chose dans notre poche, ou l'en retire, sans que nous comprenions comment il s'y prend. Cette démonstration, qui consiste à donner le principe de connaissance sans la raison d'être, a encore de l'analogie avec certaines propositions en physique, qui exposent le phénomène, sans en pouvoir donner la raison, comme par exemple l'expérience de Leidenfrost[1], en tant qu'elle réussit aussi dans un creuset en platine. En revanche, la connaissance acquise intuitivement de la raison d'être d'une proposition géométrique satisfait pleinement, comme toute connaissance acquise. A-t-on saisi une fois cette raison d'être, alors notre certitude de la vérité de la proposition ne se fonde plus que sur elle, et plus du tout sur le principe de connaissance établi par la démonstration. Par exemple, prenons la 6ᵉ proposition du Iᵉʳ livre d'Euclide : *Si, dans un triangle, deux angles sont égaux, les côtés qui leur sont opposés sont aussi égaux.* Voici la démonstration d'Euclide :

Etant donné le triangle ABG (fig. 3) dans lequel l'angle ABG est égal à l'angle AGB ; je prétends que le côté AG sera aussi égal au côté AB.

Car si le côté AG n'est pas égal au côté AB, l'un des deux sera plus grand ; supposons AB plus grand. Portons sur AB, qui est plus grand, une longueur DB égale au côté plus petit AG, et tirons DG. Puisque maintenant (dans

---

[1]. On ne saisit pas du tout l'analogie trouvée ici par Schopenhauer, qui semble ignorer en outre la théorie donnée par M. Boutigny dans ses belles études sur l'état sphéroïdal. (*Le Trad.*)

les triangles DBG, ABG) DB est égal à AG et que BG est commun, nous aurons les deux côtés DB et BG égaux aux deux côtés AG et GB, chacun pris séparément ; l'angle DBG est égal à l'angle AGB et la base DG à la base AB ; le triangle ABG sera donc égal au triangle DBG, c'est-à-dire le plus grand au plus petit, ce qui est absurde. Donc, AB n'est pas inégal à AG, donc, il lui est égal.

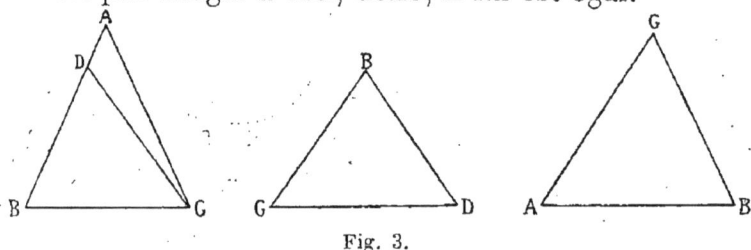

Fig. 3.

Nous trouvons dans cette démonstration un principe de connaissance pour la vérité de la proposition. Mais qui s'avisera de baser sur cette démonstration sa conviction de la vérité géométrique en question et ne la fondera pas plutôt sur cette raison d'être, connue intuitivement, en vertu de laquelle (par une nécessité qui ne peut être démontrée, que l'on ne peut saisir que par l'intuition), lorsque des deux extrémités d'une ligne deux autres lignes s'inclinent également l'une vers l'autre, elles ne peuvent se rencontrer qu'en un point qui soit également distant de ces deux extrémités, parce que les deux angles qui en résultent ne sont en réalité qu'un seul angle, qui paraît dédoublé seulement à cause de la position opposée : d'où il résulte qu'il n'y a pas de raison pour que les deux lignes se coupent en un point plus rapproché de l'une des extrémités que de l'autre.

L'aperception de la raison d'être nous fait saisir comment le conditionné découle nécessairement de sa condition ; dans l'exemple donné, elle nous montre l'égalité des côtés résultant de l'égalité des angles : la raison d'être nous donne la relation, tandis que le principe de connaissance ne nous apprend que la coexistence. On pourrait même prétendre que la méthode habituelle de démonstration nous donne seulement la conviction que l'égalité des angles et celle des côtés coexistent dans la figure présente, tracée pour l'exemple, mais nullement qu'elles coexistent toujours ; on peut soutenir que la conviction de cette vérité (la relation nécessaire n'étant pas démontrée) repose sur une simple induction, qui se fonde sur ce que, pour chaque figure que l'on trace, il en est de même. Il est certain que ce n'est que pour des propositions aussi simples que la 6ᵉ d'Euclide, que la raison d'être peut être vue aussi facilement. Néanmoins, je suis certain qu'elle pourrait être montrée même dans les théorèmes les plus compliqués, et qu'il y a moyen de ramener la certitude de la proposition à la simple intuition intellectuelle. En outre, chacun de nous a conscience *à priori* de la nécessité d'une semblable raison d'être pour tout rapport dans l'espace, tout comme de la nécessité d'une cause pour tout changement. Incontestablement, dans les théorèmes compliqués, cette raison sera très difficile à exposer, et ce n'est pas ici le lieu pour nous livrer à de laborieuses recherches géométriques. Je veux cependant essayer, pour mieux faire comprendre ma pensée, de ramener à sa raison d'être une proposition pas trop compliquée, mais dont la raison n'est pas immédiatement évidente. Je saute dix théorèmes, et j'arrive au seizième : « Dans tout triangle dont on prolonge un des côtés, l'angle extérieur est plus grand que chacun des deux angles intérieurs opposés. » La démonstration d'Euclide est la suivante :

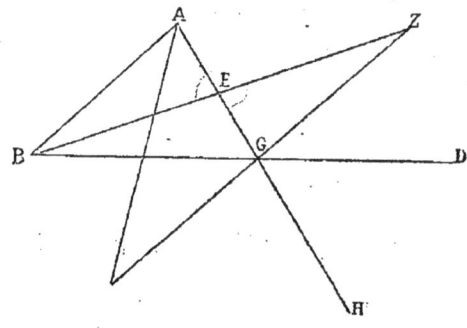

Fig. 4.

Soit le triangle ABG (fig. 4) : prolongeons le côté BG vers D ; je prétends que l'angle extérieur AGD est plus grand que chacun des deux angles intérieurs opposés. — Partageons le côté AG en deux parties égales en E ; menons BE que nous prolongeons jusqu'en Z, et faisons EZ égal à EB, joignons ZG et prolongeons AG jusqu'en H. — Puisque AE égale EG et BE égale EZ, les deux côtés AE et EB seront égaux aux deux côtés GE et EZ, chacun pris séparément, et l'angle AEB sera égal à l'angle ZEG, car il lui est opposé par le sommet. Par conséquent, la base AB est égale à la base ZG, le triangle ABE est égal au triangle ZEG, et les angles restants aux autres angles restants ; par conséquent aussi, l'angle BAE égale l'angle EGZ. Or l'angle EGD est plus grand que EGZ, donc l'angle AGD est aussi plus grand que l'angle BAE. — Si l'on divise ensuite BG en deux parties égales, on prouvera de la même manière que l'angle BGH ou, ce qui est la même chose, son opposé au sommet AGD, est plus grand que ABG.

Voici comment à mon tour je démontrerais la même proposition (fig. 5) :

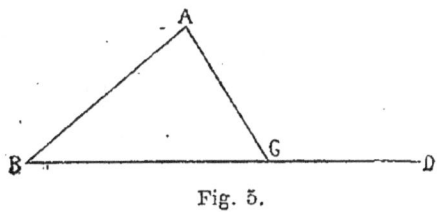

Fig. 5.

Pour que l'angle BAG égalât, à plus forte raison, dépassât, l'angle AGD, il faudrait (car c'est là précisément ce qu'on appelle égalité des angles) que la ligne BA s'inclinât vers la ligne GA dans la même direction que BD, c'est-à-dire qu'elle fût parallèle à BD, c'est-à-dire que les lignes BA et BD ne se rencontrassent jamais ; mais, pour former un triangle, la ligne BA doit (*raison d'être*) rencontrer BD, par conséquent faire l'opposé de ce qu'il faudrait pour que l'angle BAG fût au moins égal à l'angle AGD.

Pour que l'angle ABG fût au moins égal à l'angle AGD, à plus forte raison pour qu'il fût plus grand, il faudrait (car c'est là précisément ce que l'on appelle égalité des angles) que la ligne BA s'inclinât vers la ligne BD dans la même direction que AG, c'est-à-dire qu'elle fût parallèle à AG, c'est-à-dire qu'elle ne coupât jamais AG ; mais, pour former un triangle, elle doit couper AG, par conséquent faire l'opposé de ce qu'il faudrait pour que l'angle ABG fût au moins égal à l'angle AGD.

Par tout ce que je viens de dire, je n'ai nullement entendu proposer une méthode nouvelle de démonstration en mathématiques, pas plus que je n'ai entendu substituer ma démonstration à celle d'Euclide, dans le traité duquel elle ne serait pas à sa place par sa nature même, et aussi parce qu'elle suppose connue la théorie des parallèles, qui, dans Euclide, ne vient que plus tard ; j'ai seulement voulu montrer ce que c'est que la raison d'être, et en quoi elle diffère du principe de connaissance qui ne fait naître que la *convictio*, ce qui est toute autre chose que la connaissance de la raison d'être. Cette circonstance qu'en géométrie on ne cherche qu'à donner la *convictio*, qui, nous l'avons dit, produit une impression désagréable, et non pas la connaissance de la raison d'être, qui, à l'instar de toute connaissance, satisfait et réjouit, peut expliquer, à côté d'autres motifs, pourquoi certains esprits, très intelligents du reste, éprouvent de l'éloignement pour les mathématiques.

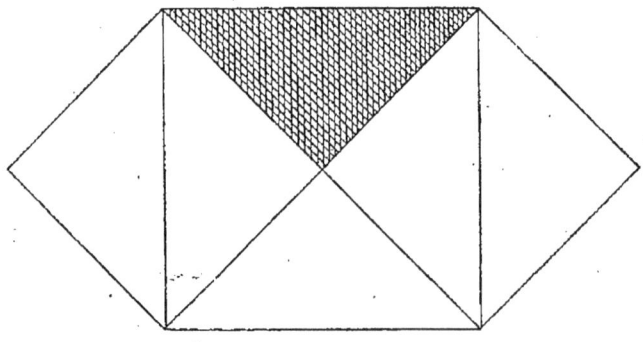

Fig. 6.

Je ne puis m'empêcher de retracer encore une fois ici une figure que j'ai déjà donnée ailleurs (fig. 6), et dont le seul aspect, sans nulle explication, donne une conviction cent fois plus forte de la vérité du théorème de Pythagore que la démonstration d'Euclide, qui vous attrape comme un piège. Le lecteur qui prend intérêt à la matière contenue dans ce chapitre, la trouvera plus développée dans *Le monde comme volonté et représentation*, vol. I, § 15, et vol. II, ch. 13.

CHAPITRE VII

DE LA QUATRIÈME CLASSE D'OBJETS POUR LE SUJET ET DE LA FORME QU'Y REVÊT LE PRINCIPE DE LA RAISON SUFFISANTE.

§ 40. — Explication générale.

Il nous reste à examiner la dernière classe d'objets pour la faculté de représentation ; elle est d'une nature toute spéciale, mais très importante, et ne comprend pour chaque individu qu'*un seul* objet ; c'est l'objet immédiat du sens intime, le *sujet de la volition* qui est objet pour le sujet connaissant et tout spécialement pour le sens intime ; pour ce motif, il n'apparaît pas dans l'espace, mais seulement dans le temps, et là même, comme nous le verrons, avec une restriction importante.

§ 41. — Sujet de la connaissance et objet.

Toute connaissance suppose nécessairement un sujet et un objet. Il en résulte que même la conscience de soi n'est pas absolument simple ; elle se décompose, tout comme la conscience du monde extérieur (c'est-à-dire la faculté de perception), en quelque chose qui connaît et quelque chose qui est connu. Dans la présente classe, ce qui est connu se présente toujours et exclusivement comme *volonté*.

En conséquence, le sujet ne se connaît que comme *voulant*, mais non comme *connaissant*. Car le moi qui se représente, le sujet connaissant, ne peut jamais être lui-même représentation ou objet, parce que, étant le corrélatif nécessaire de toutes les représentations, il est leur condition même ; c'est à lui que s'appliquent ces belles paroles du livre sacré de Oupanishad : *Id videndum non est : omnia videt; et id audiendum non est : omnia audit; sciendum non est : omnia scit ; et intelligendum non est : omnia intelligit. Præter id, videns, et sciens, et audiens, et intelligens ens aliud non est.* — Oupnekat, vol. I, p. 202.

Il n'existe donc pas de *connaissance de la connaissance ;* car il faudrait pour cela que le sujet se séparât de la connaissance et pût néanmoins connaître la connaissance, ce qui est impossible.

On peut me faire une objection. « Non seulement je connais ; mais je sais aussi que je connais, » me dira-t-on. A cela je réponds, que ces deux expressions : « je sais que je connais, » et : « je connais, » ne diffèrent que par les termes. « Je sais que je connais » ne signifie pas autre chose que « Je connais », et « Je connais », sans détermination plus précise, ne dit rien d'autre que « moi ».

Si vous prétendez que connaissance et conscience de la connaissance sont deux choses distinctes, essayez donc une fois de les avoir chacune séparément, c'est-à-dire de connaître à un certain moment sans en avoir la conscience, puis une autre fois de savoir que vous connaissez sans que ce « savoir » soit en même temps le « connaître ». Sans doute, on peut faire abstraction de toute connaissance *spéciale*, et arriver ainsi à la proposition « *Je connais* » qui est la dernière abstraction dont nous soyons capable; mais cette proposition est identique avec celle-ci : « *Il existe des objets pour moi*, » et cette dernière est identique avec cette autre : « *Je suis sujet*, » laquelle ne renferme autre chose que le simple *moi*.

On pourrait encore demander, du moment que le sujet ne se connaît pas, d'où connaît-il ses différentes facultés de connaissance, sensibilité, entendement, raison. Celles-ci ne nous sont pas connues par le fait que la connaissance est devenue objet par rapport à nous; sans quoi il n'y aurait pas à leur égard tant d'opinions contradictoires; elles sont inférées, ou, plus exactement, ce sont des expressions générales pour désigner les différentes classes de représentations que nous avons énumérées, classes que, de tout temps, on a distinguées dans ces facultés de connaissance, avec plus ou moins de précision. Mais à l'égard du sujet, c'est-à-dire de ce corrélatif nécessaire, comme condition des représentations, on peut les abstraire des représentations, aux différentes classes desquelles elles se rapportent, par conséquent, exactement comme le sujet en général à l'objet en général.

Comme, en supposant un sujet, l'objet se trouve supposé du même coup (car sans cela le mot même n'a plus de signification), et réciproquement, l'objet étant supposé, le sujet se trouve l'être en même temps ; comme, par conséquent, être sujet signifie exactement la même chose qu'avoir un objet, et être objet la même chose qu'être connu par un sujet ; de même identiquement, quand un objet *est déterminé de n'importe quelle manière*, immédiatement le sujet est posé comme *connaissant absolument de la même manière*. En ce sens, il est indifférent de dire : les objets ont telles ou telles conditions inhérentes et spéciales, ou bien : le sujet connaît de telle ou telle manière ; de même il est indifférent de dire : les objets doivent être rangés dans telles classes, ou : le sujet est doué de telles facultés distinctes de connaissance. On découvre aussi la trace de ces considérations dans Aristote, ce surprenant mélange de profondeur et de légèreté d'esprit ; on trouve même dans ses écrits le germe d'une philosophie critique. Il dit, dans le *De anima*, III, 8 : « ἡ ψυχή τά ὄντα πως ἐστί πάντα » (*anima quodammodo est universa, quæ sunt*) ; plus loin, il ajoute : « ὁ νοῦς ἔστι εἶδος εἰδῶν, c'est-à-dire l'entendement est la forme des formes, καὶ ἡ αἴσθησις εἶδος αἰσθητῶν, et la sensibilité est la forme des objets sensibles. » Il s'ensuit que dire : « sensibilité et entendement n'existent plus ; » ou : « le monde a cessé d'être, » c'est dire la même chose. Également : « il n'y a plus de concepts ; » et : « la raison a disparu ; il ne reste plus que des animaux, » expriment identiquement la même pensée.

C'est du fait d'avoir méconnu ce rapport qu'est née la querelle du réalisme et de l'idéalisme; plus tard, elle s'est présentée comme dispute entre l'ancien dogmatisme et les adeptes de Kant, ou bien entre l'Ontologie et la Métaphysique d'une part, et l'Esthétique et la Logique transcendantales d'autre part; cette dernière dispute a été provoquée par l'ignorance de ce rapport dans l'étude de la première et de la troisième classe de représentations que j'ai énumérées, de même que la querelle des Réalistes et des Nominaux, au moyen âge, est née de ce qu'ils l'ont méconnu à l'égard de notre seconde classe de représentations.

§ 42. — SUJET DE LA VOLITION.

D'après ce que nous avons exposé ci-dessus, le sujet connaissant ne peut jamais être connu, jamais être objet ou représentation. Comme néanmoins nous ne possédons pas uniquement la connaissance du monde extérieur (en vertu de l'intuition sensible), mais aussi une connaissance intérieure de nous-mêmes; comme il est de l'essence de toute connaissance de supposer un sujet qui connaît et un objet qui est connu, il s'ensuit que ce que nous connaissons en nous, en tant qu'objet de connaissance, ce n'est pas le sujet qui connaît, mais le sujet qui veut, le sujet de la volition, la volonté. En partant de la connaissance, on peut dire que la proposition : « Je connais, » est analytique, et qu'au contraire celle-ci : « Je veux, » est synthétique *à posteriori* et fondée sur l'expérience ; cette expérience, dans le cas qui nous occupe, est intime (c'est-à-dire s'effectuant seulement dans le temps). C'est en ce sens que le sujet de la volonté est pour nous un objet. Quand nous regardons au dedans de nous, nous nous trouvons toujours *voulant*. Mais la volonté a infiniment de degrés, depuis le plus faible désir jusqu'à la passion ; et j'ai souvent expliqué, entre autres dans les *Problèmes fondamentaux de l'éthique*, et ailleurs encore, que non seulement toutes les émotions, mais aussi tous les mouvements intérieurs qui sont compris dans le vaste concept de sentiment, sont des états de la volonté.

Quant à l'identité entre le sujet de la volition et celui de la connaissance, qui fait (nécessairement même) que le mot « moi » les renferme et les désigne tous deux, elle est le nœud de l'univers, et partant, elle est inexplicable. Car nous ne pouvons saisir que les rapports entre les objets ; et, pour que parmi les objets il y en ait deux qui soient identiques, il faut qu'ils soient des parties d'un tout. Mais ici, où il est question du sujet, les lois qui règlent la connaissance des objets ne sont plus applicables, et la réelle identité de ce qui connaît avec ce qui est connu comme voulant, c'est-à-dire du sujet avec l'objet, est immédiatement donnée. Et tout homme qui se rendra bien compte combien cette identité est inexplicable sera d'accord avec moi pour l'appeler le miracle κατ' ἐξοχήν.

Dans la première classe de représentations, nous avons trouvé que la faculté subjective correspondante était l'entendement; dans la seconde, la raison ; dans la troisième, la sensibilité pure ; nous trouvons maintenant pour cette quatrième classe le sens intime, ou l'aperception de soi en général.

§ 43. — LA VOLITION. LOI DE LA MOTIVATION.

Par là même que le sujet de la volition nous est connu directement par le sens intime, on ne peut plus définir ou expliquer davantage ce qu'est la volition : elle est la plus immédiate de toutes nos connaissances, celle dont l'*intuitivité* doit jeter du jour sur toutes les autres qui sont très médiates.
Toutes les fois que nous nous trouvons en présence d'une résolution d'agir, dans les autres comme dans nous, nous nous tenons pour autorisés à demander le pourquoi ; c'est-à-dire nous admettons comme nécessaire que quelque chose ait précédé, qui ait fait naître cette résolution, et que nous appelons la raison, ou plus exactement le motif de l'action qui va suivre. On ne saurait concevoir celle-ci sans un pareil motif, pas plus qu'on ne peut admettre le mouvement d'un corps non vivant sans qu'il soit poussé ou tiré. Par conséquent, le motif fait partie des causes ; et il a déjà été compté parmi celle-ci et caractérisé comme la troisième forme de la causalité dans le § 20. Mais la causalité tout entière n'est que la forme du principe de la raison suffisante dans la première classe d'objets, c'est-à-dire pour le monde matériel perçu

par l'intuition sensible. Là, elle est le lien qui rattache entre eux tous les changements, car la cause est la condition externe de tout événement. Mais là aussi l'intérieur de ces événements demeure un mystère pour nous, car nous-mêmes nous restons toujours en dehors. Nous y voyons bien telle cause produire nécessairement tel effet; mais nous n'apprenons pas comment elle peut le faire, ni ce qui se passe à cette occasion au dedans. C'est ainsi que nous voyons les actions mécaniques, physiques, chimiques, ainsi que celles dues aux excitations, suivre chaque fois leurs causes respectives, sans jamais pour cela comprendre à fond le procédé ; le point le plus important reste caché pour nous ; nous l'attribuons alors aux propriétés des corps : aux forces naturelles, voire même à la force vitale ; mais tout cela n'est que *qualitates occultæ*. Nous n'en saurions pas davantage sur les mouvements et les actions des animaux et des hommes, et nous les verrions également provoqués par leurs causes (les motifs) d'une manière inexplicable, si l'accès ne nous était pas ouvert pour arriver à comprendre ce qui se passe à l'intérieur : nous savons en effet, par l'expérience intime faite sur nous-mêmes, que ce qui se passe là est un acte de volition, provoqué par un motif qui consiste en une simple idée. L'influence du motif ne nous est donc pas connue seulement du dehors et médiatement, comme celle de toutes les autres causes, mais tout à la fois du dedans, immédiatement et par conséquent dans toute l'étendue de son action. Ici, nous nous trouvons être pour ainsi dire derrière les coulisses, et nous pénétrons le mystère comment, selon son essence intime, la cause produit l'effet : car ici nous connaissons par une toute autre voie et, par suite, d'une toute autre manière. Il en découle l'important principe que voici : *la motivation est la causalité vue de l'intérieur*. La causalité se présente donc ici d'une manière toute différente, dans un milieu tout autre et pour une espèce de connaissance entièrement différente : aussi pouvons-nous l'exposer maintenant comme étant un aspect spécial et distinct de notre principe de la raison ; ce principe se manifeste ici comme *principe de la raison suffisante d'agir*, « principium rationis sufficientis agendi, » ou plus brièvement : *loi de la motivation*.

Je dois ajouter ici une observation qui servira ultérieurement de boussole à travers toute ma *Philosophie* : c'est que cette quatrième classe d'objets pour le sujet, c'est-à-dire la volonté reconnue en nous, est dans le même rapport, à l'égard de la première classe, que la loi de la motivation à l'égard de la loi de la causalité exposée au § 20. Il faut bien se pénétrer de ceci, car c'est là la pierre fondamentale de toute ma *Métaphysique*.

Pour ce qui concerne le mode et la nécessité d'action des motifs, leur nature dépendante du caractère empirique individuel et des facultés intellectuelles de l'individu, etc., je renvoie à mon mémoire couronné sur le libre arbitre, où toutes ces questions sont longuement développées.

§ 44. — Influence de la volonté sur la connaissance.

Ce n'est pas en réalité sur la causalité, c'est sur l'identité, dont nous avons traité au § 42, entre le sujet connaissant et le sujet voulant, que repose l'influence exercée par la volonté sur la connaissance, et qui consiste en ce qu'elle oblige cette dernière à rappeler des représentations qu'elle a déjà eues, à porter en général son attention sur telle ou telle chose et à évoquer une série quelconque de pensées. En cela aussi, c'est la loi de la motivation qui la détermine et qui en fait aussi le guide caché de ce que l'on appelle l'association des idées, à laquelle j'ai consacré un chapitre spécial (le 14ᵉ) dans le 2ᵉ volume du *Monde comme volonté et représentation*, et qui elle-même n'est autre chose que l'application du principe de la raison, sous ses quatre aspects, à la marche subjective des idées, c'est-à-dire à la présence des représentations dans la conscience. Mais c'est la volonté de l'individu qui met tout le mécanisme en mouvement, en stimulant l'intellect, conformément à l'intérêt de la personne, c'est-à-dire à ses desseins individuels, à rapprocher de ses représentations présentes toutes celles qui leur sont unies logiquement, ou analogiquement, ou bien par des rapports de voisinage soit dans l'espace soit dans le temps. L'activité de la volonté est ici tellement immédiate que le plus souvent nous ne la reconnaissons pas clairement, et tellement prompte que parfois nous ne savons même pas à quelle occasion nous avons évoqué telle idée ; et il nous semble alors que nous prenons connaissance de quelque chose qui n'a de rapport avec aucune autre chose dans notre conscience ; mais, comme nous l'avons montré ci-dessus, pareille chose ne peut arriver, et c'est là l'origine du principe de la raison suffisante que nous avons expliqué en détail dans ledit chapitre. Toute image qui se présente soudainement à notre fantaisie, comme aussi tout jugement dont le principe ne l'a pas précédé, doivent avoir été évoqués par un acte de volition, qui a un motif, bien que celui-ci, parce qu'il est de petite importance, et l'acte de volition, parce que l'exécution en est si facile qu'elle est simultanée, ne soient souvent pas aperçus.

§ 45. — La mémoire.

La propriété que possède le sujet connaissant d'obéir d'autant plus facilement à la volonté, dans l'évocation des représentations, que ces représentations se sont plus souvent déjà présentées à lui, c'est-à-dire sa *capacité d'exercice*, voilà ce que l'on appelle la *mémoire*. On la décrit habituellement en disant que c'est un réservoir dans lequel nous emmagasinerions un approvisionnement d'idées toutes faites, que nous posséderions par conséquent constamment, mais sans en avoir toujours conscience ; mais je ne puis approuver cette manière de voir. La répétition volontaire d'idées qui nous ont déjà été présentes devient si facile par l'exercice que, à peine un anneau de la chaîne se présente-t-il, nous y rattachons immédiatement tous les autres, souvent même, en apparence, contre notre gré. L'image la plus juste pour nous représenter cette propriété de notre intelligence (Platon en donne aussi une ; il compare la mémoire à une matière plastique qui reçoit et qui garde les empreintes) serait celle d'une toile qui, pliée souvent de la même façon, refait ensuite ces mêmes plis, pour ainsi dire, d'elle-même. L'intelligence, comme le corps, apprend par l'exercice à obéir à la volonté. Un souvenir n'est pas du tout, comme on le croit généralement, toujours la même idée que l'on retire, comme qui dirait, de son magasin ; il se produit réellement chaque fois une nouvelle représentation, seulement avec beaucoup de facilité, vu l'exercice : c'est ainsi que l'on peut se rendre compte comment des images, que nous croyons garder dans la mémoire, mais auxquelles en réalité nous ne faisons que nous exercer par de fréquentes répétitions, se modifient insensiblement ; nous nous en apercevons quand, en revoyant, après un long laps de temps, un objet connu autrefois, nous trouvons qu'il ne correspond plus à l'image que nous en apportons. Cela ne pourrait pas avoir lieu si nous conservions des représentations toutes faites. De là vient que des connaissances déjà acquises, quand nous ne les exerçons pas, disparaissent si vite de la mémoire, parce qu'elles ne sont précisément que des choses d'exercice ayant leur source dans l'habitude et le maniement : ainsi, par exemple, la plupart des savants oublient leur grec, et les artistes qui rentrent dans leur pays, l'italien. C'est pour cette raison encore que, lorsque nous avons su autrefois un nom, un vers ou autre chose de semblable et que pendant longtemps nous n'y avons pas pensé, nous le retrouvons avec difficulté ; mais, une fois rappelé, nous l'avons de nouveau à notre disposition pour quelque temps, car nous avons renouvelé l'exercice. Ceux qui connaissent plusieurs langues devraient de temps en temps lire des livres dans chacune d'elles, pour continuer à les posséder.

C'est ici également que nous trouvons l'explication de ce fait que les événements de notre enfance, et tout ce qui nous entourait à cette époque, se gravent si profondément dans la mémoire : comme enfants, nous n'avons que peu d'idées, et celles-là principalement intuitives ; aussi, pour nous occuper, les répétons-nous sans cesse. Les hommes qui ont peu d'aptitude à penser de leur propre fonds sont dans le même cas leur vie durant (et cela non seulement à l'égard des représentations intuitives, mais aussi à l'égard des concepts et des mots) ; aussi sont-ils parfois doués d'une excellente mémoire, à moins que l'hébétement ou la paresse d'esprit n'y apportent obstacle. En revanche, les hommes de génie ont parfois une mauvaise mémoire, comme Rousseau le dit de lui-même ; on pourrait s'expliquer le fait par le grand nombre de pensées et de combinaisons nouvelles qui ne lui laissent pas le temps pour de fréquentes répétitions ; et cependant la grande intelligence s'allie difficilement avec une très mauvaise mémoire, car l'énergie et la vivacité plus grande des facultés intellectuelles remplacent ici l'exercice continu. N'oublions pas non plus que Mnémosyne est la mère des Muses. Dès lors, on peut dire que la mémoire est sous l'empire de deux influences antagonistes : celle de l'énergie des facultés intellectuelles d'une part, et celle du nombre d'idées qui les occupent, d'autre part. Plus le premier facteur est petit, plus petit doit être aussi le second, pour constituer une bonne mémoire; et plus ce second facteur est grand, plus le premier devra l'être aussi. Voilà pourquoi les gens qui lisent trop de romans affaiblissent par là leur mémoire; c'est qu'en effet, chez ceux-ci aussi, comme chez les hommes de génie, le grand nombre de représentations enlève le temps et la patience voulues pour la répétition et l'exercice, avec cette différence toutefois que ce ne sont pas leurs propres pensées avec leurs combinaisons qui les occupent, mais des pensées et des combinaisons étrangères et fugitives, et que, en outre, ce qui compense l'exercice chez le génie à eux leur fait défaut. Cependant à tout ce que nous avons dit là, il y a un correctif à apporter : c'est que tout homme a la plus grande dose de mémoire pour ce qui l'intéresse, et la moindre pour le reste. Aussi beaucoup de grands esprits oublient avec une surprenante rapidité les petites affaires et les petits événements de la vie journalière, ainsi que les hommes insignifiants qu'ils peuvent avoir connus, tandis que les esprits bornés se les rappellent parfaitement; mais néanmoins les premiers auront une très bonne mémoire, parfois même étonnante, pour ce qui a de l'importance à leurs yeux et pour ce qui en a en soi.

Généralement parlant, il est facile de comprendre que, de toutes les séries d'idées, celles que nous retenons le mieux, ce sont celles qui se rattachent entre elles par une ou par plusieurs des espèces de relation de principe à conséquence; et que nous nous rappelons plus difficilement celles qui ne se relient pas entre elles, mais qui dépendent de notre volonté en vertu de la loi de motivation, c'est-à-dire celles dont le lien est arbitraire. Car pour les premières la connaissance *à priori* que nous avons de leur partie formelle nous épargne la moitié de la besogne. C'est cette connaissance, et, en général, toute connaissance *à priori*, que Platon doit avoir eue en vue quand il a dit qu'apprendre c'est se souvenir.

Quand on veut graver profondément quelque chose dans sa mémoire, il faut autant que possible le rapporter à une image sensible, soit directement, soit par un exemple, soit par une simple comparaison, ou une analogie, ou n'importe comment; car, ce que l'on perçoit intuitivement adhère bien plus solidement que de simples pensées abstraites, à plus forte raison de simples mots. C'est pourquoi nous retenons bien mieux les événements qui nous sont arrivés que ceux que nous avons lus.

CHAPITRE VIII

OBSERVATOINS GÉNÉRALES ET RÉSULTATS

§ 46. — L'ordre systématique.

L'ordre dans lequel j'ai exposé les différentes formes de notre principe, n'est pas l'ordre systématique ; je l'ai choisi pour plus de clarté, afin de montrer en premier ce qu'il y a de plus connu et ce qui a le moins besoin de supposer le reste connu ; j'ai suivi en cela le précepte d'Aristote : « Καὶ μαθήσεως οὐκ ἀπὸ τοῦ πρώτου, καὶ τῆς τοῦ πράγματος ἀρχῆς ἐνίοτε ἀρκτέον, ἀλλ' ὅθεν ῥᾷστ' ἂν μάθοι » (et doctrina non a primo, ac rei principio aliquando inchoanda est, sed unde quis facilius discat). *Métaph.*, IV, 1. L'ordre systématique dans lequel les catégories de raisons devraient se suivre est celui-ci. D'abord le principe de la raison d'être, et avant tout son application au *temps*, qui est la simple esquisse de toutes les autres formes du principe de la raison suffisante ; il n'en contient que les traits essentiels, et l'on peut dire qu'il est l'archétype de tout ce qui est fini. Après avoir exposé ensuite l'application de la raison d'être à l'espace, il faudrait établir la loi de causalité, puis celle de motivation et, tout à la fin, le principe de la raison suffisante de connaissance ; car les autres se rapportent à des représentations directes, tandis que ce dernier se rapporte à des représentations extraites de représentations.

La vérité que nous avons énoncée plus haut, en disant que le temps était un canevas ne contenant que l'essence de toutes les formes du principe de la raison, nous explique la clarté absolue et la parfaite exactitude de l'arithmétique, à laquelle, sous ce rapport, aucune autre science ne saurait se comparer. Toutes les sciences reposent, il est vrai, sur le principe de la raison, puisqu'elles ne sont d'un bout à l'autre que des enchaînements de principes et de conséquences. Mais la série des nombres est la suite simple et unique des raisons d'être et de leurs conséquences dans le temps ; rien n'est laissé en dehors, aucun rapport ne reste indéterminé, et c'est cette simplicité parfaite qui fait qu'elle ne laisse rien à désirer en fait de précision, de rigueur apodictique et de clarté. A cet égard, toutes les sciences lui sont inférieures, même la géométrie, parce qu'il naît tant de rapports des trois dimensions de l'espace, qu'il est trop difficile, soit à la perception pure, soit à la perception empirique, d'en avoir même un aperçu collectif ; aussi les problèmes plus compliqués de la géométrie ne se résolvent-ils que par le calcul ; la géométrie s'empresse de se fondre dans l'arithmétique. Je n'ai pas besoin de montrer combien les autres sciences renferment souvent d'éléments qui les rendent obscures.

§ 47. — La relation de temps entre un principe et sa conséquence.

En vertu des lois de la causalité et de la motivation, la cause doit précéder l'effet dans le temps. C'est là un point absolument essentiel, ainsi que je l'ai développé dans le 2ᵉ volume de mon ouvrage principal, ch. 4; j'y renvoie, pour ne pas me répéter. Il ne faut donc pas se laisser induire en erreur par des exemples comme Kant en cite un dans la *Critique de la raison pure* (p. 202, 1ʳᵉ éd.) [1], à savoir que la cause de la chaleur d'une chambre, c'est-à-dire le poêle, existe en même temps que son effet, c'est-à-dire la chaleur de cette chambre ; il n'y a qu'à se rappeler que ce n'est pas un objet qui est la cause d'un autre objet, mais un état d'un autre état. L'état du poêle d'avoir une température supérieure à celle du milieu ambiant doit précéder la communication à ce milieu de son excès de chaleur ; et, comme chaque couche d'air chaud fait place à une couche plus froide qui y afflue, le premier état, c'est-à-dire la cause, se renouvelle et par conséquent aussi le second, c'est-à-dire l'effet, et cela aussi longtemps que le poêle et la chambre n'auront pas acquis la même température. Il n'y a donc pas là une cause permanente, le poêle, et un effet permanent, la chaleur de la chambre, qui auraient coexisté, mais une série de changements, c'est-à-dire un renouvellement continu de deux

---

[1]. Voy. dans la traduction de M. Tissot, 228, tome I. (*Le trad.*)

états dont l'un est la cause de l'autre. Tout ce qui peut ressortir de cet exemple, c'est combien Kant lui-même avait encore une notion confuse de la causalité.

Par contre, le principe de connaissance ne comporte aucune relation de temps, mais seulement une relation pour la raison ; aussi « avant » et « après » n'ont ici aucune signification.

Quant au principe de la raison d'être, en tant qu'il s'agit de géométrie, il ne comporte pas non plus de relation de temps, mais rien qu'une relation d'espace, d'après laquelle on pourrait dire que tout coexiste, si la coexistence ainsi que la succession n'étaient pas ici dépouillées de sens. En arithmétique, au contraire, la raison d'être n'est autre chose que la relation de temps elle-même.

§ 48. — La réciprocation des raisons.

Le principe de la raison suffisante peut, dans chacune de ses acceptions, motiver un jugement hypothétique, car du reste tout jugement hypothétique se fonde en définitive sur le principe de la raison suffisante. Les règles des jugements hypothétiques gardent ici toute leur valeur : ainsi de l'existence de la raison à celle de la conséquence, ou de l'absence de la conséquence à l'absence de la raison, la conclusion est juste ; mais de la non-existence de la raison à la non-existence de la conséquence, ou de l'existence de la conséquence à celle de la raison, la conclusion est fausse. Or il est singulier que cependant, en géométrie, on peut dans presque tous les cas, conclure aussi de l'existence de la conséquence à celle du principe, et de la non-existence du principe à la non-existence de la conséquence. Mais cela vient de ce que, comme nous l'avons dit dans le § 37, chaque ligne détermine la position des autres lignes, et qu'il est ainsi indifférent quelle est celle par laquelle on commence, c'est-à-dire, quelle est celle que l'on veut considérer comme principe ou comme conséquence. On peut s'en convaincre en examinant un à un tous les théorèmes de la géométrie. Là seulement, où il n'est pas question uniquement de figures, c'est-à-dire, de position de lignes, mais de surfaces, abstraction faite des figures, on ne peut le plus souvent pas conclure de l'existence de la conséquence à celle du principe, ou plutôt on ne peut pas convertir les propositions et faire du conditionné la condition. En voici un exemple dans le théorème suivant : Lorsque des triangles ont mêmes bases et mêmes hauteurs, leurs surfaces sont égales. On ne peut pas le convertir et dire : Lorsque des triangles ont des surfaces égales, leurs bases et leurs hauteurs sont aussi égales. Car les hauteurs peuvent être en rapport inverse des bases.

J'ai déjà montré dans le § 20 que la loi de causalité ne permet pas de réciprocation, car l'effet ne peut jamais être la cause de sa cause, et par suite la notion d'action réciproque, dans son sens propre, n'est pas admissible. — Le principe de connaissance n'autoriserait la réciprocation que des notions équivalentes, puisque leurs sphères se couvrent réciproquement. Sauf ce cas, la réciprocation ne donne qu'un cercle vicieux.

§ 49. — LA NÉCESSITÉ.

Le principe de la raison suffisante, sous tous ses aspects, est l'origine unique et le support unique de toute nécessité. Car *nécessité* n'a pas d'autre signification vraie et claire que celle-ci : la raison étant donnée, la conséquence est infaillible. Dès lors toute nécessité *dépend d'une condition;* une nécessité *absolue*, c'est-à-dire indépendante, est une « contradictio in adjecto ». En effet, *être nécessaire* signifie exclusivement résulter d'une raison donnée. Si l'on voulait le définir : « ce qui ne peut pas ne pas être », on ne donnerait qu'une définition de mots et l'on s'abriterait, pour éviter la définition de chose, derrière une idée des plus abstraites, mais d'où l'on peut être immédiatement débusqué par la question : comment est-il possible, ou comment peut-on penser qu'une chose ne puisse pas ne pas être, puisque toute existence ne nous est connue qu'empiriquement? On voit clairement alors que cela n'est possible qu'en tant qu'une raison est donnée d'où la chose résulte. Être nécessaire et découler d'une raison donnée sont deux notions équivalentes qui, à ce titre, peuvent toujours se substituer l'une à l'autre. Cette notion favorite de nos pseudo-philosophes : « l'*être absolument nécessaire*, » contient donc une contradiction : l'attribut *absolu* (c'est-à-dire « ne dépendant de rien ») annule la condition par laquelle seule l'attribut « nécessaire » est concevable et a un sens. Nous avons là un nouvel exemple de l'*abus des concepts abstraits* à l'usage de supercheries métaphysiques, comme je l'ai déjà démontré pour les notions de *substance immatérielle, raison absolue, cause en général*, etc. Je ne saurais assez répéter que toutes les notions abstraites doivent être contrôlées par l'intuition.

De ce qui précède il résulte qu'il y a quatre espèces de nécessités, qui correspondent aux quatre formes du principe de la raison : 1° la *nécessité logique*, en vertu du principe de connaissance, qui fait que, lorsque l'on a admis les prémisses, on ne peut se refuser à accorder la conclusion; 2° la *nécessité physique*, correspondante à la loi de la causalité et en vertu de laquelle, dès que la cause se présente, l'effet ne peut manquer; 3° la *nécessité mathématique*, correspondante au principe de la raison d'être : en vertu de cette nécessité, tout rapport, énoncé par une proposition géométrique vraie, est tel que celle-ci l'expose, et tout calcul exact est irréfutable; 4° la *nécessité morale*, en vertu de laquelle tout homme, tout animal, quand le motif se présente, est *forcé* d'accomplir l'action qui seule convient à son caractère inné et immuable, et qui doit aussi inévitablement se produire que tout autre effet d'une cause, bien que cet effet soit moins facile à énoncer d'avance que les autres, vu la difficulté de scruter et de bien connaître le caractère pratique individuel et la sphère intellectuelle qui l'accompagne; ce sont là des éléments autrement difficiles à étudier que les propriétés d'un sel neutre d'après lesquelles on peut indiquer d'avance la réaction qui suivra. Je ne cesserai pas de répéter ces choses, à cause des ignorants et des imbéciles qui, au mépris de la doctrine unanime de tant de grands esprits, sont assez impudents pour soutenir le contraire, en vue de leur philosophie de vieille matrone. Mais moi, je ne suis pas un professeur de philosophie, tenu de faire la courbette devant la sottise d'autrui.

§ 50. — Séries des raisons et conséquences.

En vertu de la loi de causalité, la condition est toujours, et de la même manière, soumise elle-même à une condition ; de là résulte une série *a parte ante* infinie. Il en est de même pour la raison d'être dans l'espace : tout espace relatif est une figure ; il a des limites qui le mettent en contact avec d'autres espaces dont ces limites déterminent à leur tour la figure, et cela dans toutes les dimensions *in infinitum*. Mais, si l'on ne considère qu'une seule figure en soi, alors la série a un terme, car on part d'un rapport donné ; de même que la série des causes est finie, quand on s'arrête à volonté à une certaine cause. Dans le temps, la série des raisons d'être a une extension infinie *a parte ante*, comme *a parte post*, vu que tout instant présent a pour condition l'instant précédent et est lui-même la condition du suivant ; le temps ne peut donc avoir ni commencement ni fin. La série des principes de connaissance en revanche, c'est-à-dire une suite de jugements dont chacun établit la vérité logique de l'autre, a toujours un terme final ; elle aboutit en effet ou bien à une vérité empirique, ou à une vérité trancendantale, ou à une vérité métalogique. Dans le premier cas, c'est-à-dire quand c'est une vérité empirique sur laquelle se fonde la proposition antérieure, si l'on continue à poser le « pourquoi », ce qu'on demande alors n'est plus un principe de connaissance, c'est une cause, c'est-à-dire que la série des principes de la connaissance dégénère en série de raisons de « devenir » (*fiendi*). Quand on procède à l'opposé, c'est-à-dire quand on transforme la série des raisons de devenir, afin de lui donner un terme, en série de principes de connaissance, cela n'est jamais amené par la nature des choses, mais par une intention spéciale, donc par une manœuvre, et c'est là le sophisme connu sous le nom de *démonstration ontologique.* Voici comment on s'y prend : quand la démonstration cosmologique a conduit jusqu'à une cause à laquelle on a bien envie de s'arrêter, pour en faire la cause première, comme, d'autre part, la loi de la causalité ne se laisse pas ainsi mettre en inactivité, et qu'elle veut continuer à s'enquérir du « pourquoi », on la met silencieusement de côté, et on lui substitue le principe de connaissance auquel elle ressemble de loin ; on avance donc, au lieu de la cause cherchée, un principe de connaissance que l'on va puiser dans le concept même qu'il s'agit de prouver et dont la réalité est, par conséquent, problématique encore ; et ce principe, qui à tout prendre est une raison, doit alors figurer comme cause. Naturellement on a d'avance arrangé le concept à l'avenant, en y faisant entrer la réalité tout au plus voilée, par décence d'une ou deux enveloppes, et l'on s'est préparé de la sorte la joyeuse surprise de l'y découvrir dorénavant ; comme nous avons déjà expliqué la chose plus au long dans le § 7.

Dans les deux autres cas, c'est-à-dire quand une suite de jugements se fonde en dernière analyse, sur la proposition d'une vérité transcendantale ou métalogique, et que l'on continue à chercher le « pourquoi », il n'y a plus de réponse possible, car la question n'a plus de sens, c'est-à-dire qu'elle ne sait pas quelle raison demander. En effet, la raison suffisante est *principe de toute explication ;* expliquer une chose signifie ramener son existence ou sa relation présente à l'une des formes du principe de la raison, principe en vertu duquel cette existence ou cette relation doivent être telles qu'elles sont. En conséquence, le principe lui-même, c'est-à-dire le rapport qu'il affirme, sous un de ses quatre aspects, n'est pas explicable au delà : il n'existe pas de principe pour expliquer le principe de toute explication, — de même que l'œil voit tout, excepté lui-même. — Bien qu'il existe des séries de motifs, puisque la détermination en vue d'un but à atteindre devient le motif déterminant de toute une suite de moyens, cependant cette série a toujours *a parte priori* un dernier terme, qui est une représentation appartenant à l'une des deux premières classes, et c'est sur celle-là que repose le motif qui a eu le pouvoir, à l'origine, de mettre en activité la volition de l'individu. Que le motif ait eu cette puissance, est un *datum* pour la connaissance du caractère empirique que l'on étudie; mais la question de savoir pourquoi celui-ci a été mû par ce motif ne trouve pas de réponse, parce que le caractère intelligible est placé en dehors du temps et ne devient jamais objet. La série des motifs a donc pour dernier terme un pareil motif et se transforme, selon que le dernier anneau est un objet réel, ou une simple abstraction, en série de causes ou en série de principes de connaissance.

§ 51. — Toute science a pour méthode l'une des formes du principe de la raison, de préférence aux autres

Nous avons dit, § 4, que le « pourquoi » était la source de toutes les sciences, parce que cette demande exige toujours une raison suffisante, et parce que l'enchaînement des connaissances, sur la base de ce principe, est ce qui distingue la science du simple agrégat de connaissances. Il se trouve aussi que, dans chacune des sciences, l'un des modes de notre principe sert de guide à la méthode, par préférence aux autres, bien que ceux-ci y trouvent également leur emploi, mais seulement plus subordonné. C'est ainsi qu'en mathématiques pures, la raison d'être est le guide principal (quoique l'exposition des preuves ne s'appuie que sur le principe de connaissance) ; en mathématiques appliquées apparaît en même temps la loi de la causalité ; celle-ci prend la direction suprême en physique, en chimie, en géologie, etc. — Le principe de connaissance est constamment invoqué dans toutes les sciences, puisque dans toutes on reconnaît le particulier au moyen du général. Mais il domine presque exclusivement dans la botanique, la zoologie, la minéralogie et autres sciences de classifications. — La loi de motivation est le guide par excellence et presque exclusif en histoire, en politique, en psychologie pragmatique, etc., quand on étudie les motifs et maximes, quels qu'ils soient, comme des données pour expliquer les actions; mais quand on les étudie en soi, au point de vue de leur valeur et de leur origine, la loi de motivation sert de guide dans l'éthique. On trouve dans mon ouvrage principal, vol. II, ch. XII, une classification des sciences fondée sur ce principe.

§ 52. — Deux résultats principaux.

J'ai essayé, dans cette dissertation, de montrer que le principe de la raison suffisante est une expression commune pour quatre rapports complètement différents, dont chacun repose sur une loi spéciale et connue *à priori* (puisque le principe lui-même est une proposition synthétique *à priori*). Ces lois ont été trouvées en vertu du précepte de *spécification;* en vertu de celui d'*homogénéité*, nous devons admettre que, de même qu'elles se rencontrent dans une expression commune, de même elles dérivent d'une organisation primordiale identique de toute notre intelligence comme de leur racine commune, que nous pourrions considérer dès lors comme le germe de toute dépendance, de toute relativité, de toute instabilité et de toute limitation dans le temps des objets de notre connaissance, maintenue dans les limites de l'intuition sensible, de l'entendement et de la raison; du sujet et de l'objet; en un mot, comme le germe de ce monde que Platon rabaisse à être ἀεί γιγνόμενον μὲν καὶ ἀπολλύμενον, ὄντως δε οὐδέποτε ὄν, dont la connaissance ne serait qu'une δόξα μετ' ἀισθήσεως ἀλόγου et que le christianisme appelle le monde *temporel*, dans un sens très exact par rapport à cette forme de notre principe que j'ai désignée, dans le § 46, comme son esquisse rudimentaire et comme le type primordial du fini. L'acception générale du principe de la raison en général revient à ceci, que toujours et partout aucune chose n'est que *moyennant une autre*. Or, sous toutes ses formes, ce principe est *à priori*, il a donc son origine dans l'intellect : il ne faut par conséquent pas l'appliquer au monde, c'est-à-dire à l'ensemble de tous les objets existants, y compris l'intellect dans lequel ce monde existe, car le monde, par cela même que nous ne pouvons nous le représenter qu'au moyen de formes *à priori*, n'est que phénomène; par conséquent, ce qui n'est applicable qu'en vertu de ces formes ne peut pas être appliqué au monde même, c'est-à-dire aux objets en soi qui s'y représentent. C'est pourquoi l'on ne peut pas dire : « *Le monde et tous les objets qu'il contient n'existent qu'en vertu d'une autre chose;* » cette proposition est ce qui constitue précisément la démonstration cosmologique.

Si j'ai réussi, dans la présente dissertation, à démontrer le résultat que je viens d'énoncer, on est en droit, me semble-t-il, lorsque les philosophes, dans leurs spéculations, se fondent sur le principe de la raison suffisante, ou d'une manière générale même en font seulement mention, d'exiger qu'ils déclarent quelle espèce de raison ils entendent par là. On pourrait croire que, toutes les fois qu'il s'agit d'une raison, cela ressort de soi-même, et que toute confusion est impossible. Mais on n'a que trop d'exemples où les mots cause et raison sont confondus et employés indistinctement l'un pour l'autre, ou bien où l'on parle *en général* d'une raison et de ce qui est fondé sur une raison, d'un principe et de ce qui découle d'un principe, d'une condition et d'un conditionné, sans préciser davantage, justement peut-être parce que l'on se rend compte, dans son for intérieur, de l'emploi non justifié que l'on fait de ces notions. C'est ainsi que Kant lui-même parle de la chose en soi comme de la *raison* du phénomène. Ainsi encore, dans la *Critique de la raison pure* (5⁰ éd. allem., p. 590), il parle d'une *raison* de la *possibilité* de tout phénomène, d'une *raison intelligible* des phénomènes, d'une *cause intelligible*, d'une *raison inconnue* de la possibilité de la série sensible en général (*ibid.*, p. 592), d'un *objet transcendantal* qui est la *raison* des phénomènes, de *la raison* pour laquelle la sensibilité est soumise à telles conditions plutôt qu'à toutes les autres conditions suprêmes, et ainsi de suite dans bien d'autres passages encore. Tout cela me semble mal s'accorder avec cette pensée si importante, si profonde, je puis dire immortelle (*ibid.*, p. 594) : que l'accidence [1] des choses n'est elle-même que phénomène et ne peut nous conduire à aucune autre régression qu'à la régression empirique qui détermine les phénomènes.

Tous ceux qui connaissent les ouvrages philosophiques modernes savent combien, depuis Kant, les concepts de

---

1. C'est l'accidence empirique qui est entendue, et qui signifie pour Kant la dépendance de quelque autre chose ; je renvoie du reste pour cette question au blâme contenu dans ma *Critique de la philosophie kantienne*, 2ᵉ édit. allem., p. 521. (*Note de Schop.*)

raison et conséquence, de principe et déduction, etc., sont employés dans un sens bien plus vague encore et absolument transcendantal.

Mon objection contre cet emploi indéterminé du mot *raison*, ainsi que du principe de la raison suffisante en général, est la suivante, qui constitue en même temps le second résultat, étroitement uni au premier, que fournit la présente dissertation sur l'objet principal dont elle traite. Il est constant que les quatre lois de notre faculté de connaissance, dont la formule commune est le principe de la raison suffisante, par leur caractère commun et par la circonstance que tous les objets pour le sujet sont répartis entre elles, se manifestent comme établies par une organisation primitive identique et par une propriété intime de notre faculté de connaissance, apparaissant sous forme de sensibilité, d'entendement et de raison. Cela est tellement vrai, que, si l'on concevait qu'il pût surgir une cinquième classe d'objets, il faudrait également admettre que le principe de la raison suffisante se manifesterait, pour cette classe, sous un nouvel aspect. Néanmoins il ne nous est pas permis de parler d'une *raison absolue*, et il n'existe pas plus une *raison en général* qu'il n'existe un *triangle en général*, si ce n'est sous forme de notion abstraite, obtenue discursivement par la pensée et qui, à titre de représentation extraite d'une représentation, n'est qu'un moyen d'embrasser par l'esprit beaucoup de choses en une seule. De même que tout triangle doit être acutangle, obtus ou rectangle, équilatéral, isocèle ou scalène, de même (puisque nous n'avons que quatre classes d'objets, et celles-là bien distinctes) toute raison doit appartenir à l'une des quatre espèces possibles de raisons. Par suite, aucune raison ne peut valoir que dans le cercle de l'une des quatre classes d'objets de notre faculté de connaissance ; l'emploi d'une quelconque de ces raisons présuppose déjà comme donnés et ces objets et cette faculté, c'est-à-dire, le monde tout entier ; mais, hors de là, l'on ne peut plus recourir à cet emploi. Si, malgré tout, il se trouvait là-dessus des gens d'un autre avis, qui penseraient qu'une raison en général, soit autre chose qu'une notion extraite des quatre espèces de raisons et que leur expression commune, nous pourrions renouveler la querelle des Réalistes et des Nominaux, et, dans ce cas, je me rangerais du côté de ces derniers.

FIN

PARERGA ET PARALIPOMENA

ESQUISSE D'UNE HISTOIRE

DE LA

DOCTRINE DE L'IDÉAL ET DU RÉEL

> *Plurimi pertransibunt et multiplex erit scientia.*
> Daniel, XII, 4.

ESQUISSE D'UNE HISTOIRE

DE LA

DOCTRINE DE L'IDÉAL ET DU RÉEL

Descartes passe à bon droit pour le père de la philosophie moderne : d'abord et d'une manière générale, parce qu'il a aidé la raison à se tenir debout sur ses propres pieds, en apprenant aux hommes à faire usage de leur propre tête, que suppléaient jusqu'à lui la Bible d'une part et Aristote de l'autre ; mais plus spécialement et dans un sens plus étroit, parce que le premier il a saisi ce problème autour duquel roulent depuis lors les principales études des philosophes : le problème de l'idéal et du réel, c'est-à-dire la question de distinguer ce qu'il y a d'objectif et ce qu'il y a de subjectif dans notre connaissance ; en d'autres mots, quelle est, dans la connaissance, la part qu'il faut attribuer à quelque chose qui est différent de nous, et quelle est celle qui nous revient à nous-même. — Dans notre cerveau, en effet, il se forme des images provoquées non par des causes internes, comme celles qui naîtraient, par exemple, de la volonté ou de l'enchaînement des pensées, mais dues à des motifs extérieurs. Ces images seules sont ce que nous connaissons immédiatement, ce qui est donné. Quel rapport peut-il y avoir entre ces images et des objets qui existeraient entièrement séparés et indépendants de nous, et qui seraient, en un mode quelconque, la cause de ces images? Avons-nous la certitude que de pareils objets existent réellement? Et, dans ce cas, leurs images nous éclairent-elles sur leur constitution? — Voilà le problème, et depuis qu'il a été posé, depuis deux cents ans, la tâche principale des philosophes est de distinguer nettement, par un plan de sépation bien orienté, l'idéal du réel, c'est-à-dire ce qui appartient uniquement à notre connaissance comme telle, de ce qui existe indépendamment d'elle, et d'établir ainsi d'une façon stable leur rapport mutuel.

Les philosophes de l'antiquité, pas plus que les scolastiques, ne semblent vraiment pas être arrivés à la conscience distincte de ce problème fondamental de la philosophie; cependant on en trouve une trace, sous forme d'idéalisme, et même à l'état de doctrine sur l'idéalité du temps, chez Plotin, et nommément dans l'*Ennéas*, III, livre 7, chap. 10, où il enseigne que l'âme a fait l'univers en passant de l'éternité dans le temps. Voici un des passages : « ου γαρ τις αυτου τουτου του παντος τοπος η ψυχη » (neque datur alius hujus universi locus, quam anima); en voici un autre : « δει δε ουκ εξωθεν της ψυχης λαμβανειν τον χρονον, ώσπερ ουδε τον αιωνα εχει εξω του οντος » (oportet autem nequaquam extra animam tempus accipere, quemadmodum neque æternitatem ibi extra id, quod ens appellatur), qui énonce déjà la doctrine de *Kant* sur l'idéalité du temps. Voici enfin encore un passage dans le chapitre suivant : « οὗτος ὁ βιος τον χρονον γεννα : διο και ειρηται ἅμα τῳδε τῳ παντι γεγονεναι, ὅτι ψυχη αυτον μετα τουδε του παντος εγεννησεν » (hæc vita nostra tempus gignit : quamobrem dictum est tempus simul cum hoc universo factum esse : quia anima tempus una cum hoc universo progenuit). Mais le problème, nettement conçu et nettement énoncé, n'en reste pas moins le thème qui caractérise la philosophie moderne, puisque *Descartes*, le premier, lui consacra l'attention et la méditation voulues : le premier, il fut frappé de cette vérité que nous sommes tout d'abord limités à notre propre conscience, et que le monde ne nous est donné que comme REPRÉSENTATION ; par son célèbre « *dubito, cogito, ergo sum,* » il voulait mettre en évidence que la conscience subjective, uniquement, est le certain, par opposition à la nature problématique de tout le reste ; il voulait en même temps énoncer cette grande vérité que la conscience de soi est la seule donnée réelle et inconditionnée. En y regardant bien, sa fameuse proposition est l'équivalent de celle qui m'a servi de point de départ : « *le monde est ma représentation.* » La seule différence, c'est que la sienne fait ressortir la condition immédiate du *sujet*, la mienne la condition médiate de *l'objet*. Toutes deux expriment la même idée, mais par deux côtés différents ; l'une en est l'endroit et l'autre l'envers ; dès lors, elles sont entre elles dans le rapport de la loi d'inertie à celle de causalité, ainsi que je l'ai exposé dans la préface à ma *Morale (Les deux problèmes fondamentaux de la morale traités dans deux mémoires couronnés,* par le Dr *Arthur Scho-*

penhauer). On a depuis répété bien des fois sa proposition, seulement parce qu'on en entrevoyait l'importance, mais sans en comprendre exactement ni le sens ni le but. (Voy. Descartes, *Méditat.*, Méd. II, p. 14.) C'est donc lui qui a découvert l'abîme qui sépare le subjectif ou idéal de l'objectif ou réel. Il enveloppa cette vue dans le doute sur l'existence du monde extérieur, et la pitoyable voie à laquelle il a recours pour sortir de ce doute, — à savoir que le bon Dieu ne voudrait certainement pas nous tromper, — montre combien le problème est profond et difficile à résoudre. Toutefois, par lui ce scrupule s'était fait place dans la philosophie et devait continuer à l'agiter jusqu'à ce qu'on le résolût à fond. Dès ce moment, il était irrévocablement constaté qu'il ne pouvait y avoir de système certain et satisfaisant en dehors de la connaissance et de l'élucidation de la différence signalée, et la question ne pouvait plus être mise de côté.

Afin de la résoudre, MALEBRANCHE, d'abord, imagina le système des causes occasionnelles. Il saisit le problème lui-même dans toute sa portée, avec plus de netteté, de sérieux et de profondeur que *Descartes* (*Recherche de la vérité*, liv. III, 2ᵉ partie). Ce dernier avait admis la réalité du monde extérieur sur le crédit de Dieu. Cela faisait un étrange effet, pendant que les autres philosophes théistes s'efforçaient de prouver l'existence de Dieu par celle de l'univers, de voir, à l'inverse, *Descartes* conclure de l'existence et de la véracité de Dieu à l'existence de l'univers : c'est la démonstration cosmologique renversée. Faisant encore un pas de plus, *Malebranche* enseigne que nous voyons toutes les choses en Dieu même. Cela s'appelle, à vrai dire, déterminer une inconnue par une plus inconnue encore. De plus, selon lui, non seulement nous voyons toutes les choses en Dieu ; mais celui-ci est également le seul principe agissant en elles ; de sorte que les causes physiques n'agissent qu'en apparence, ne sont que des *causes occasionnelles*. (*Recherche de la vérité*, liv. VI, 2ᵉ partie, ch. 3.) Nous voilà donc, dans son essence, au panthéisme de SPINOZA qui semble avoir plus appris de *Malebranche* que de *Descartes*.

En général, on peut s'étonner de ne pas voir le panthéisme l'emporter complètement sur le théisme dès le xviiᵉ siècle, vu que les démonstrations les plus originales, les plus belles et les plus fondamentales qui en aient été données en Europe (car tout cela est insignifiant mis en parallèle avec les OUPANISCHADS des VÉDAS) ont toutes paru à cette époque, et nommément celles de BRUNO, de MALEBRANCHE, de SPINOZA et de SCOTUS ERIGENA ; ce dernier, oublié et égaré pendant plusieurs siècles, avait été retrouvé à Oxford et publié pour la première fois en 1681 ; il n'a donc été répandu que quatre ans après la mort de *Spinoza*. Cela semble prouver que les conceptions de quelques hommes isolés ne peuvent acquérir d'autorité, aussi longtemps que l'esprit de l'époque n'est pas mûr pour les accepter, de même que, comme contre-partie, le panthéisme, bien que rafraîchi seulement par SCHELLING à sa manière éclectique et confuse, est devenu de nos jours le sentiment dominant chez les savants et même chez les hommes éclairés; et cela parce que *Kant* était venu auparavant triompher du dogmatisme théiste, faisant ainsi place au panthéisme; de la sorte, l'esprit du temps se trouvait préparé pour la doctrine, comme un champ tout labouré, pour la semence. Au xviie siècle, au contraire, la philosophie avait abandonné cette voie, pour aboutir d'une part à LOCKE par les travaux préparatoires de BACON et de HOBBES, de l'autre par LEIBNITZ à CHRISTIAN WOLF; tous deux régnèrent alors au xviiie siècle, principalement en Allemagne, bien que, à la fin, ce ne fût plus que comme ayant été embrassés dans l'éclectisme syncrétique.

Les travaux profondément médités de *Malebranche* ont donné l'impulsion première à la création du système de LEIBNITZ sur l'harmonie préétablie, dont la célébrité si universelle en son temps et la haute considération témoignent que c'est l'absurde qui fait le plus facilement fortune en ce monde. Bien que je ne puisse pas me flatter d'avoir une idée bien claire des monades de *Leibnitz*, qui sont à la fois des points mathématiques, des atomes matériels et des âmes, cependant ce qui me paraît indubitable, c'est qu'une pareille hypothèse, une fois bien établie, pourrait servir à s'épargner toute hypothèse ultérieure à l'effet d'expliquer la liaison entre l'idéal et le réel, et à trancher carrément la question par là que les deux seraient déjà identifiés dans les monades (c'est pourquoi aussi, de nos jours, SCHELLING s'en est donné le divertissement en fondant le système d'identité). Malgré cela, il n'a pas plu au célèbre mathématicien, philosophe, historien universel et grand politique, de l'employer à cet usage; mais il a formulé, tout spécialement à cet effet, l'harmonie préétablie. Celle-ci nous offre deux mondes entièrement différents, incapables chacun d'agir aucunement sur l'autre (*Principia philos.*, § 84, et *Examen du sentiment du P. Malebranche*, p. 500 et suiv. des OEuvres de Leibnitz publ. par Raspe), chacun n'étant que la doublure parfaitement inutile de l'autre, mais qui, avec tout cela, doivent coexister, marcher en lignes rigoureusement parallèles et garder strictement la mesure; dans ce but, leur créateur a établi entre eux, dès l'origine, la plus exacte harmonie, et ils peuvent désormais continuer tranquillement leur course côte à côte. Pour le dire en passant, l'harmonie préétablie peut le mieux être rendue sensible par une comparaison avec la scène d'un théâtre, où très souvent l'*influxus physicus* ne s'exerce qu'en apparence, vu que la relation de cause à effet n'y dépend que d'une harmonie préétablie par le régisseur, comme, par exemple, quand l'un tire et que l'autre tombe *a tempo*. C'est dans sa *Théodicée*, § 62, 63, que *Leibnitz*, succinctement et sous la forme la plus crue, a exposé sa théorie dans toute sa monstrueuse absurdité. Et cependant tout ce dogme leibnitzien n'a même pas le mérite de l'originalité, puisque *Spinoza* déjà a bien clairement posé l'harmonie préétablie dans la seconde partie de sa *Morale*, spécialement dans les 6ᵉ et 7ᵉ propositions, avec leurs corollaires, et puis dans la cinquième partie, prop. 1, après avoir exprimé à sa manière, dans la 5ᵉ proposition de la seconde partie, cette maxime, si voisine, de *Malebranche*, que nous voyons tout en Dieu [1].

Malebranche est donc le seul auteur de tout cet enchaînement d'idées, que *Spinoza* aussi bien que *Leibnitz* n'ont fait qu'utiliser en l'arrangeant à leur convenance. Leibnitz aurait même pu s'en dispenser, car il a déjà abandonné ce qui constitue le problème, à savoir le simple fait que le monde ne nous est donné immédiatement que comme représentation, pour lui substituer le dogme d'un monde du corps et d'un monde de l'esprit, sans aucune communication possible entre les deux; vu qu'il joint la question de la relation entre la représentation et la chose en soi avec la question de la possibilité pour la volonté de faire mouvoir le corps, et qu'il les résout toutes deux à la fois par son harmonie préétablie (voy. *Système nouveau de la nature*, in Leibn. Opp. ed. Erdmann, p. 125; — Brucker, *His. ph.*, tom. IV, P. II, p. 425). Déjà plusieurs de ses contemporains, BAYLE entre autres, avaient fait clairement ressortir la monstrueuse absurdité de sa doctrine en exposant les conséquences qui en découlent. (Voyez, dans les petits écrits de *Leibnitz*, traduits par *Huth*, en 1740, la note à la p. 79 dans laquelle Leibnitz lui-même est obligé d'énoncer les conséquences révoltantes de son hypothèse.) Mais l'absurdité même de la doctrine

---

[1]. *Eth.*, p. II, prop. 7 : Ordo et connexio idearum idem est, ac ordo et connexio rerum. — P. V, prop. 1 : Prout cogitationes rerumque ideæ concatenantur in Mente, ita corporis affectiones, seu rerum imagines ad amussim ordinantur et concatenantur in Corpore. — P. II, prop. 5 : Esse formale idearum Deum, quatenus tantum ut res cogitans consideratur, pro causa agnoscit, et non quatenus alio attributo explicatur. Hoc est, tam Dei attributorum, quam rerum singularium ideæ non ipsa ideata, sive res perceptas pro causa efficiente agnoscunt; sed ipsum Deum, quatenus est res cogitans.

à laquelle un penseur éminent a pu être entraîné dans le sujet qui nous occupe, prouve la grandeur, la difficulté, l'incertitude du problème, et l'impossibilité de l'écarter et de trancher ainsi le nœud en se bornant tout simplement à nier le problème, comme on l'a osé de nos jours.

Spinoza, à son tour, procède directement de *Descartes*; au commencement, en fervent cartésien, il conserva même le dualisme de son maître, c'est-à-dire qu'il admit une *substance pensante* et une *substance étendue*, l'une comme sujet, l'autre comme objet de la connaissance. Plus tard, au contraire, volant de ses propres ailes, il trouva que les deux ne sont qu'une seule et même substance, considérée par des côtés différents, et saisie une fois comme *substantia extensa* et une autre fois comme *substantia cogitans*. Ce qui signifie, au vrai, que la distinction entre la substance pensante et la substance étendue, ou entre l'esprit et le corps, n'est pas fondée; par conséquent qu'elle est inadmissible : il eût donc dû n'en plus être fait mention. Mais il persiste à la conserver en ce sens qu'il répète sans cesse que les deux ne font qu'un. Il y ajoute ensuite, en le joignant par un simple *sic etiam*, que *modus extensionis et idea illius modi una eademque est res* (*Eth.*, P. II, prop. 7 schol.); il entend par là que notre représentation des corps et ces corps eux-mêmes sont identiques. Mais pour cela le *sic etiam* est une transition insuffisante : car de ce que la distinction entre l'esprit et le corps ou entre le pensant et l'étendu n'est pas fondée, il ne s'ensuit nullement que celle entre notre représentation et quelque chose d'objectif et de réel, distinction qui est le problème fondamental soulevé par *Descartes*, ne le soit pas non plus. Le représentant et le représenté peuvent parfaitement être de même espèce ; la question n'en reste pas moins de savoir si des représentations dans mon cerveau je puis conclure avec assurance à l'existence de choses qui soient distinctes de cette image, de choses en soi, c'est-à-dire existant indépendamment de leur représentation. La difficulté n'est pas celle que *Leibnitz* surtout a voulu faussement établir (entre autres : *Théod.*, p. I, § 59), à savoir qu'entre les âmes et le monde des corps, qu'il admet comme étant deux espèces de substances entièrement hétérogènes, il n'y a pas d'influence ni de communauté possibles, en vue de quoi il nie l'influence physique : car cette difficulté n'est qu'une question de psychologie rationnelle et n'a qu'à être mise de côté comme simple fiction, ainsi que l'a fait *Spinoza;* et, de plus, on peut faire valoir contre ceux qui soutiennent cette fiction, comme argument *ad hominem*, leur propre dogme qui consiste à dire que Dieu, qui est un esprit pourtant, a créé et continue de gouverner le monde des corps, de sorte qu'un esprit peut agir immédiatement sur des corps. La seule difficulté plutôt est et demeure celle soulevée par *Descartes*, que le monde, qui seul nous est donné immédiatement, est absolument idéal, c'est-à-dire composé uniquement de représentations dans notre tête ; en même temps qu'allant au delà nous entreprenons de juger d'un monde réel, c'est-à-dire existant indépendamment de notre représentation. Ainsi donc, en supprimant toute différence entre la substance pensante et la substance étendue, *Spinoza* n'a pas encore résolu le problème; tout au plus a-t-il rendu l'influence physique de nouveau admissible. Mais celle-ci ne peut pas non plus lever la difficulté : car la loi de causalité est incontestablement d'origine subjective; mais si même, à l'inverse, elle prenait sa source dans l'expérience extérieure, elle appartiendrait précisément à ce qui est mis en question, savoir, au monde qui ne nous est donné que comme idéalité; de sorte qu'en aucun cas elle ne saurait être le pont qui établit la communication entre l'objectif absolu et le subjectif, mais tout au plus le lien qui relie les phénomènes entre eux. (Voyez *Le monde comme volonté et représentation*, vol. II.)

Pourtant, et afin de mieux expliquer l'identité dont nous faisions mention plus haut, entre l'étendue et sa représentation, *Spinoza* émet une opinion qui embrasse à la fois celle de *Malebranche* et celle de *Leibnitz*. Exactement comme dans Malebranche, nous voyons toutes les choses en Dieu : « *rerum singularium ideæ non ipsa ideata, sive res perceptas, pro causa agnoscunt, sed ipsum Deum, quatenus est res cogitans* » (*Eth*. P. II, pr. 5); et ce Dieu est aussi en même temps ce qu'il y a de réel et d'actif dans les choses, tout comme dans *Malebranche*. Mais comme, par le nom de Dieu, *Spinoza* désigne l'univers, finalement rien n'est ainsi expliqué. Mais chez lui, tout comme chez *Leibnitz*, il existe encore un parallélisme parfait entre le monde étendu et le monde représenté : « *ordo et connexio idearum idem est, ac ordo et connexio rerum* » (P. II, pr. 7), et bien d'autres passages semblables. C'est bien là l'harmonie préétablie de *Leibnitz*, avec cette seule différence que chez *Spinoza* le monde représenté et le monde existant objectivement ne restent pas entièrement séparés et ne se correspondent qu'en vertu d'une harmonie du dehors et établie à l'avance comme chez *Leibnitz*, mais qu'ils ne sont réellement qu'une seule et même chose. Nous avons donc ici en premier lieu un *réalisme* complet, en tant que l'existence des choses correspond exactement à leur représentation en nous, puisque les deux ne font qu'un ; ensuite nous connaissons les choses en soi ; elles sont en soi *extensa*, tout comme, en tant qu'elles sont *cogitata*, c'est-à-dire dans leur représentation en nous, elles apparaissent *extensa*. (Remarquons en passant que c'est là l'origine de l'identité schellingienne entre le réel et l'idéal). Tout cela ne se base que sur de simples assertions. L'exposition en est obscure pour plusieurs raisons, mais déjà par l'équivoque que fait naître le mot *Dieu* employé dans un sens tout à fait impropre ; aussi *Spinoza* se perd-il dans les ténèbres et déclare finalement : « *nec impræsentiarum hæc clarius possum explicare.* » Or l'obscurité dans l'énonciation provient toujours du vague dans la compréhension et dans la méditation des philosophèmes. *Vauvenargues* a très justement dit : « *La clarté est la bonne foi des philosophes.* » La clarté parfaite est en philosophie ce qu'est en musique la *phrase pure ;* elle est la « conditio sine qua non » ; rien n'a de valeur si on ne l'observe pas, et l'on ne peut que dire dans ce cas : « *quodcumque ostendis mihi sic incre-*

dulus odi. » Si dans les circonstances les plus ordinaires de la vie pratique l'on est tenu d'éviter soigneusement, à force de clarté, tous malentendus possibles, comment serait-il permis de s'exprimer en termes douteux, presque énigmatiques, dans les matières les plus difficiles, les plus abstruses, à peine abordables, de la pensée; dans les problèmes de la philosophie? L'obscurité que nous reprochons à la doctrine de *Spinoza* provient de ce qu'il n'est pas parti, libre de préjugés, de la nature des choses telle qu'elle existe, mais du cartésianisme et à sa suite, d'une foule de notions traditionnelles, telles que *Deus*, *substantia*, *perfectio*, etc., qu'il s'efforce après, par des détours, de mettre en harmonie avec sa vérité. Ce qu'il y a de meilleur dans sa théorie, il ne l'exprime le plus souvent que d'une manière indirecte, surtout dans la 2ᵉ partie de sa *Morale;* il y parle toujours par ambages et presque allégoriquement. D'autre part aussi, *Spinoza* professe un *idéalisme transcendantal* qu'on ne saurait méconnaître : il a saisi, bien que d'une manière générale seulement, ces vérités que *Locke*, mais surtout *Kant*, devaient clairement exposer, à savoir la distinction effective entre le phénomène et la chose en soi, et la reconnaissance de ce fait que le phénomène seul nous est accessible. Voyez *Morale*, P. II, prop. 16, avec le 2ᵉ corollaire; prop. 17, scol.; prop. 18, scol.; pr. 19; la proposition 23 étend le principe à la connaissance de soi-même; la proposition 25 l'exprime nettement, et enfin, comme résumé, le corollaire à la pr. 29, qui prononce catégoriquement que nous ne reconnaissons ni nous-même ni les objets, tels qu'ils sont en soi, mais uniquement tels qu'ils nous apparaissent. La démonstration qu'il fait de la prop. 27, P. III, expose la question avec le plus de clarté. Je dois rappeler ici ce que j'ai dit dans mon ouvrage : *Le monde comme volonté et représentation*, au 2⁰ volume, au sujet du rapport entre la doctrine de *Spinoza* et celle de *Descartes*. Mais ce n'est pas seulement de l'obscurité et de l'équivoque qui se sont produites dans la manière d'exposer de *Spinoza* pour avoir pris comme point de départ les notions de la philosophie cartésienne ; il est encore tombé par là dans bien des paradoxes criants, dans des erreurs manifestes, dans des absurdités et des contradictions, qui ont ajouté à tout ce que sa doctrine a de beau et d'excellent, un désagréable mélange de principes absolument indigestes et qui font que le lecteur est partagé entre l'admiration et le déplaisir. En ce qui concerne plus spécialement notre sujet, le défaut capital de *Spinoza* est d'être parti d'un point faux pour tirer la ligne de démarcation entre l'idéal et le réel, entre le monde subjectif et le monde objectif. En effet, l'*étendue* n'est nullement l'opposé de la *représentation*, mais elle se trouve tout entière dans celle-ci. Nous représentons les objets comme étendus, et, en tant qu'ils sont étendus, ils sont notre représentation ; mais la question, le problème initial est de savoir si, indépendamment de notre représentation, il y a quelque objet qui soit étendu, si même, d'une manière générale, il existe quoi que ce soit. *Kant* en donna plus tard une solution, d'une exactitude incontestable sur ce point que l'étendue ou l'espace n'existe uniquement et absolument que dans la représentation; l'étendue est adhérente à la représentation, dont l'espace n'est que la forme : il s'ensuit qu'en dehors d'elle il ne peut y avoir et il n'y a certainement rien d'étendu. La ligne de démarcation de Spinoza est tombée, par conséquent, tout entière du côté de l'idéal, et il s'est arrêté au monde de la représentation : c'est celui-ci, déterminé par sa forme d'étendue, qu'il prend pour le réel, partant, pour indépendant de l'acte d'être représenté, en d'autres termes, pour existant en soi. De cette façon il a certainement raison de soutenir que ce qui est étendu et ce qui est représenté, c'est-à-dire notre représentation des corps et ces corps eux-mêmes, sont une seule et même chose (P. II, prop. 7, scol.). Car il est positif que les objets ne sont représentés qu'en tant qu'étendus, et ne sont étendus qu'en tant que représentables; le monde comme représentation et le monde dans l'espace sont, comme il le dit, *una eademque res;* nous pouvons lui accorder cela entièrement. Si donc l'étendue était une propriété de l'objet en soi, notre perception serait la connaissance de l'objet en soi; c'est là ce qu'il admet, et c'est en cela que consiste son réalisme. Mais attendu qu'il n'en donne aucune preuve, attendu qu'il ne démontre pas qu'à notre perception d'un monde dans l'espace corresponde un monde dans l'espace, indépendant de cette perception, le problème fondamental reste sans solution. Ce résultat est dû à ce que la ligne de démarcation entre le réel et l'idéal, l'objectif et le subjectif, la chose en soi et le phénomène, n'est pas bien orientée ; il a mené, comme nous l'avons dit, le plan de séparation droit par le milieu du côté idéal, subjectif, phénoménal du monde, ainsi donc à travers le monde comme représentation ; il partage celui-ci en étendue ou espace et en représentation de l'étendue ; après quoi, il s'évertue à démontrer que les deux ne font qu'un, ce qui, en effet, est vrai. *Spinoza* reste entièrement dans la partie idéale du monde qui renferme l'étendue ; mais comme c'est déjà dans l'étendue qu'il croit avoir trouvé le réel, comme le monde visible est, en conséquence, à ses yeux ce qu'il y a d'uniquement réel en dehors de nous, et la connaissance (le *cogitans*) ce qu'il y a d'uniquement réel en dedans de nous, — de même, d'autre part, il transporte dans l'idéal ce qu'il y a d'effectivement réel, la volonté, en en faisant une simple forme de connaissance, un *modus cogitandi* et en l'idendifiant même avec le *jugement*. Voir, dans la *Morale*, II, les preuves des prop. 48 et 49, où il dit : « *per voluntatem intelligo affirmandi et negandi facultatem,* » et plus loin : « *concipiamus singularem aliquam* VOLITIONEM, *nempe modum cogitandi, quo mens affirmat, tres angulos trianguli æquales esse duobus rectis;* » après quoi suit le corollaire : « *Voluntas et intellectus unum et idem sunt.* » — *Spinoza* a en général le grand défaut d'employer les mots à désigner des notions que tout le monde appelle par d'autres noms, et, en revanche, de leur enlever la signification qu'ils ont partout : ainsi ce qu'on appelle partout « le monde », il le nomme « Dieu » ; « la force », « le droit » ; et « le jugement », « la volonté ». Cela ne rappelle-t-il pas ce hetman des Cosaques dans le *Benjowsky* de Kotzebue?

BERKELEY, bien que venu plus tard et ayant déjà connaissance des travaux de Locke, suivant avec conséquence la voie des cartésiens, alla plus loin et devint ainsi le fondateur du véritable *idéalisme* proprement dit, c'est-à-dire de la doctrine que ce qui est étendu dans l'espace et le remplit, donc le monde visible en général, ne peut absolument avoir d'existence comme tel que dans notre *représentation*, et qu'il est absurde et même contradictoire de lui accorder encore une existence en dehors de toute représentation et indépendante du sujet connaissant, par conséquent d'admettre une matière existant par elle-même [1]. C'est là une vue aussi juste que profonde, mais elle seule constitue toute sa philosophie. Il a trouvé et nettement séparé l'idéal; mais il n'a pas su trouver le réel; il s'en préoccupe peu du reste et ne s'explique à son égard qu'à l'occasion, par fragments et incomplètement. La volonté et la toute-puissance de Dieu sont la cause tout immédiate de l'ensemble des phénomènes du monde

---

1. On devrait interdire entièrement aux profanes en philosophie, dont font partie tant de docteurs en philosophie, l'emploi du mot *idéalisme*, car, ignorant sa signification, ils le font servir à toute sorte d'usages scandaleux; il entendent par idéalisme tantôt le spiritualisme, tantôt quelque chose comme l'opposé de la trivialité bourgeoise (*Philisterei*), et sont soutenus et encouragés dans ce sentiment par les lettrés vulgaires. Les mots *idéalisme* et *réalisme* ne sont pas des termes vagabonds et sans maître; ils ont en philosophie une signification bien déterminée; quiconque, par ces expressions, comprend autre chose, n'a qu'à employer d'autres mots. L'opposition d'*idéalisme* à *réalisme* concerne *l'objet de la connaissance;* au contraire, celle de *spiritualisme* à *matérialisme*, le *sujet connaissant*. (Les ignorants barbouilleurs d'aujourd'hui confondent l'idéalisme avec le spiritualisme.)
(*Note de Schopenhauer.*)

visible, c'est-à-dire de toutes nos représentations. La réalité d'existence n'appartient qu'aux êtres doués de connaissance et de volonté, dont nous faisons aussi partie : ceux-là donc, avec Dieu, composent le réel. Ils sont esprits, c'est-à-dire, précisément des êtres connaissant et voulant : car lui aussi considère la volonté et la connaissance comme absolument inséparables. Il a encore ceci de commun avec ses devanciers, qu'il suppose Dieu pour plus connu que le monde présent, et qu'en rapportant la question à Dieu il croit avoir fourni une explication. Mais surtout sa qualité de prêtre, même d'évêque, lui imposait des liens très lourds et l'obligeait à se maintenir dans un cercle très restrictif d'idées qu'il ne devait choquer sur aucun point ; c'est pourquoi, ne pouvant s'avancer davantage, il devait amener le vrai et le faux à s'accommoder dans sa tête, aussi bien que faire se pouvait. Cette remarque peut être étendue aux ouvrages de tous ces philosophes, à l'exception de *Spinoza;* ce qui les gâte tous, ce qui a chaque pas vient barrer le chemin à la vérité, c'est le théisme juif, inaccessible à tout examen, mort à toute discussion, véritable idée fixe ; de sorte que le mal qu'il cause ici en théorie est le pendant de celui que pendant dix siècles il a fait pratiquement, par les guerres de religion, les tribunaux ecclésiastiques et les conversions de peuples par le glaive.

On ne saurait méconnaître la plus proche parenté entre Malebranche, Spinoza et Berkeley ; aussi les voyons-nous procéder tous trois de Descartes par là qu'ils se sont emparés du problème fondamental énoncé par lui sous forme de doute sur l'existence du monde extérieur, et qu'ils cherchent à le résoudre en s'efforçant de rechercher la séparation et les rapports entre le monde idéal, subjectif, existant uniquement dans notre représentation, et le réel, objectif, indépendant de l'autre et existant par soi. C'est pourquoi nous disions que ce problème est l'axe autour duquel pivote toute la philosophie du temps moderne.

LOCKE se distingue de ces philosophes, probablement à cause de l'influence de *Hobbes* et de *Bacon*, en ce qu'il serre toujours au plus près l'expérience et le sens commun, évitant le plus possible toute hypothèse hyperphysique. Le *réel* est pour lui la *matière*, et, sans s'inquiéter des scrupules de *Leibniz* sur l'impossibilité d'un rapport de causalité entre la substance immatérielle, pensante, et la matérielle, étendue, il admet hardiment, entre la matière et le sujet connaissant, l'influence physique. Mais, avec une prudence et une loyauté rares, il va en cela jusqu'à confesser que la substance connaissante et pensante pourrait bien être aussi matière (*On human underst.*, L. IV, ch. 3, § 6) : ce qui lui valut plus tard les éloges répétés du grand VOLTAIRE, mais qui lui attira, en revanche, de son vivant, les attaques méchantes d'un rusé prêtre anglican, l'évêque de Worcester [1]. Selon *Locke*, le réel, la

---

1. Il n'est pas d'Eglise qui redoute plus la lumière que l'anglaise, précisément parce qu'aucune autre n'a en jeu d'aussi gros intérêts pécuniaires; ses revenus se montent à 5 millions de livres sterling, ce qui, dit-on, dépasse de 40 000 livres ceux de tout le clergé chrétien des deux hémisphères pris ensemble. D'autre part, il n'y a pas de nation qu'il soit plus douloureux de voir s'abrutir méthodiquement par cette foi dégradante du charbonnier, que le peuple anglais, si supérieur en

matière produit dans l'être connaissant des représentations ou *l'idéal* par « impulsion », c'est-à-dire par choc (*ibid.* L. I, ch. 8, § 11). Nous nous trouvons donc ici en présence d'un réalisme épais, qui, provoquant la contradiction par son énormité même, a occasionné l'idéalisme de *Berkeley*, dont l'origine plus spéciale est peut-être ce que *Locke* avance avec une légèreté d'esprit si frappante, à la fin du § 2, ch. 21 du 2ᵉ livre, où il dit entre autres : « *Solidity, extention, figure, motion and rest, would be really in the world, as they are, whether there were any sensible being to perceive them, or not* » (Impénétrabilité, étendue, forme, mouvement et repos, existeraient dans le monde tels qu'ils sont quand il y aurait, ou non, un être sensible pour les percevoir). En effet, dès qu'on y réfléchit, on doit reconnaître que cela est faux : et alors

---

intelligence à tous les autres. La source du mal vient de ce qu'il n'y a point en Angleterre de ministère de l'instruction publique ; celle-ci est restée entièrement aux mains de la prêtraille, qui a eu grand soin de faire que les deux tiers de la nation ne sussent ni lire ni écrire ; elle pousse même l'audace à l'occasion jusqu'à se déchaîner avec l'impudence la plus ridicule contre les sciences naturelles. Il est donc d'un devoir d'humanité d'introduire en fraude et par toutes les voies imaginables la lumière, l'instruction et la science en Angleterre, pour leur gâter enfin le métier à ces mieux engraissés de tous les prêtres. Sur le continent, les Anglais de distinction qui étaleraient leur superstition juive au sujet du sabbat et leurs autres bigotes stupidités devraient être ouvertement accueillis avec moquerie, « *until they be shamed into common sense* » (jusqu'à ce que, à force de confusion, ils rentrent dans leur bon sens). De semblables pratiques sont un scandale européen qui ne doit plus être toléré. Aussi, même dans la vie ordinaire, ne faut-il pas faire la moindre concession à la superstition religieuse des Anglais, mais lui tomber dessus énergiquement partout où sa voix cherche à se faire entendre. Car l'effronterie des prêtres et valets de prêtres anglicans est encore incroyable de nos jours ; il faut donc qu'elle reste reléguée dans leur île, et, quand elle ose se montrer sur le continent, il faut aussitôt lui faire jouer le rôle de la chouette volant au jour.

(*Note de Schopenhauer.*)

nous nous trouvons devant l'idéalisme de Berkeley, lequel est incontestable. Toutefois *Locke* non plus n'est pas sans avoir eu en vue ce problème fondamental, l'abîme entre la représentation en nous et l'objet existant indépendant de nous, bref la différence entre l'idéal et le réel ; mais il s'en acquitte, pour le point capital, par des arguments pris dans une raison saine, mais grossière, et s'en rapporte à ce que notre perception des objets est bien suffisante pour les besoins de la pratique (*ibid.*, L. IV, ch. 4 et 9) ; ce qui manifestement est étranger à la question et montre à quel degré d'infériorité l'empirisme reste ici à l'égard du problème. Mais son réalisme le conduit précisément à limiter ce qui correspond au *réel* dans la connaissance, aux propriétés inhérentes aux choses *telles qu'elles sont en soi* et de les distinguer de celles qui appartiennent purement à la connaissance de ces choses, donc uniquement à l'*idéal* ; il appelle en conséquence celles-ci les propriétés *secondaires* et les autres les *primaires*. C'est là l'origine de cette distinction entre la chose en soi et le phénomène, devenue plus tard d'une si haute importance dans la philosophie kantienne, et c'est là aussi le point d'attache originel qui relie la philosophie de *Kant* à celle de ses prédécesseurs, et nommément à celle de *Locke*. Elle a été provoquée et plus spécialement motivée par les objections sceptiques de *Hume* à la doctrine de *Locke*, tandis qu'elle n'a qu'un rapport polémique avec la philosophie leibnitz-wolfienne.

Ces propriétés *primaires*, qui sont censées caractériser exclusivement les choses en soi, c'est-à-dire leur appartenir même en dehors et indépendamment de notre représentation, sont celles sans lesquelles *nous ne pouvons pas nous les représenter*, savoir : l'étendue, l'impénétrabilité, la forme, le mouvement ou le repos, et le nombre. Toutes les autres sont *secondaires*, ce qui veut dire qu'elles résultent de l'impression produite sur les organes de nos sens par les propriétés primaires ; elles sont par conséquent de simples sensations de ces organes : telles sont la couleur, le son, le goût, l'odeur, la dureté, la mollesse, le poli, la rudesse, etc. Elles n'ont donc aucune analogie avec l'état des choses en soi qui les fait naître ; leur seul rapport avec les qualités primaires, c'est que celles-ci sont leurs causes : ces propriétés primaires restent les seules objectives et les seules existantes dans les corps (*ibid.*, L. I, ch. 8, § 7 et suiv.). Nos représentations de ces dernières en sont par conséquent des copies fidèles, qui reproduisent exactement les propriétés attachées aux choses en soi (*l. c.*, § 15 ; je félicite le lecteur pour la gaieté qu'à la lecture de ce burlesque passage le réalisme doit provoquer en lui). Nous voyons ainsi que *Locke* ne compte pas parmi les qualités constitutives des choses en soi, que nous percevons du dehors, tout ce qui est action nerveuse des organes sensoriaux ; c'est là un principe simple, clair et incontestable. Mais dans cette même voie *Kant* fit plus tard un pas gigantesque en avant, en déduisant encore tout ce qui est action du *cerveau* (cette masse nerveuse bien autrement grande) ; le résultat fut de réduire toutes les prétendues propriétés primaires au rang de secondaires, et les prétendues choses en soi à n'être plus que de simples phénomènes, de sorte que la véritable chose en soi, dépouillée aussi de ses propriétés primaires, reste à l'état complet de quantité inconnue, un simple x. Pour en arriver là, il a fallu, à la vérité, une analyse laborieuse, approfondie et qu'il a fallu longtemps défendre contre les attaques de ceux qui comprenaient mal ou ne comprenaient pas du tout la question.

Locke ne déduit pas par le raisonnement ses propriétés primaires des choses et ne produit pas d'autre motif pourquoi ce seraient celles-ci et non d'autres qui seraient purement objectives, si ce n'est qu'elles sont indestructibles. Examinons alors nous-mêmes pourquoi il ne reconnaît pas d'existence objective à celles des propriétés des corps qui agissent directement sur la sensation, tandis qu'il reconnaît cette existence objective pour celles qui (ainsi qu'on l'a reconnu depuis) dérivent des fonctions propres de l'intellect : nous verrons que c'est parce que la conscience qui perçoit objectivement, c'est-à-dire la conscience du monde extérieur, a besoin d'un appareil compliqué dont elle est la fonction ; que par conséquent ses emplois essentiellement fondamentaux sont déjà établis de l'intérieur, et que, par là, la forme générale de la perception, ou son mode, d'où résulte uniquement toute connaissance *à priori*, apparaît comme le canevas fondamental du monde visible, comme l'élément absolument nécessaire, inséparable et ne souffrant pas d'exception, de sorte qu'il est à l'avance la condition de tout l'univers dans son infinie variété. On sait que cette forme est avant tout le temps et l'espace, avec tout ce qui s'ensuit et tout ce qui n'est possible que par eux. En eux-mêmes, le temps et l'espace sont vides; s'il doit y pénétrer quelque chose, ce ne peut être que pour se manifester comme *matière*, c'est-à-dire quelque chose d'*actif*, et en conséquence comme causalité, car la matière n'est d'outre en outre que causalité : son existence est dans son action et réciproquement : elle n'est que la forme objective sous laquelle l'intelligence conçoit la causalité (voyez *De la quadruple racine du principe de la raison suffisante*, et *Le monde comme volonté et représentation*). Voilà donc d'où vient que les propriétés primaires de *Locke* sont purement celles sans lesquelles on ne peut concevoir les objets; mais cette condition indique précisément avec une netteté suffisante leur origine subjective, en ce qu'elles résultent immédiatement de l'organisation même de l'appareil de l'intuition; de là vient aussi qu'il considère comme absolument objectif ce qui précisément, à titre de fonction cérébrale, est bien plus subjectif encore que la sensation directe qu'excite ou du moins détermine plus nettement le monde extérieur.

C'est un beau spectacle néanmoins de voir comment toutes ces diverses manières de saisir et d'expliquer la question du rapport entre l'idéal et le réel, soulevée par *Descartes*, ont contribué à développer et à éclairer de plus en plus le problème et à faire faire des progrès à la vérité. Il est vrai que ce fut le résultat d'une faveur des circonstances, ou plutôt de la nature, qui, dans le court intervalle de deux siècles, fit naître et se développer en Europe plus d'une demi-douzaine de penseurs; et, pour surcroît de chance, il se fit que ces hommes, placés au sein d'une société vouée exclusivement à l'intérêt, aux plaisirs et aux occupations de bas étage, purent suivre leur haute vocation, sans avoir à s'inquiéter des clabauderies des prêtres, ni du radotage ou des menées perfides des professeurs de philosophie, leurs contemporains respectifs.

Locke, fidèle à son rigoureux empirisme, ne nous faisait aussi connaître que par l'expérience la relation de causalité ; *Hume* ne vint pas combattre cette fausse donnée, ainsi qu'il eût été juste de le faire ; mais, dépassant aussitôt le but, il nia la réalité même de ce rapport, en se fondant sur cette observation, vraie en soi, que l'expérience ne peut jamais donner plus que la suite des choses telles qu'elles se succèdent, et qu'elle ne nous apprend rien sur les véritables causes et effets, sur les rapports nécessaires, sensibles et immédiats. Tout le monde sait que cette objection sceptique de *Hume* provoqua les recherches bien autrement approfondies de *Kant*, dont le résultat fut que la causalité, et avec elle le temps et l'espace, sont des objets *à priori* de notre connaissance, c'est-à-dire existent en nous avant toute expérience et appartiennent ainsi à la partie *subjective* de la connaissance ; il s'ensuit encore que toutes ces propriétés primaires ou absolues des choses, établies par *Locke*, n'étant composées que de simples déterminations de temps, d'espace et de causalité, ne sauraient être inhérentes à la chose en soi, mais dépendent de notre mode d'aperception ; elles n'appartiennent donc pas au réel, mais à l'idéal : d'où il ressort finalement que sous aucun rapport nous ne reconnaissons les choses *telles qu'elles sont en soi,* mais purement et simplement *telles qu'elles apparaissent.* Le réel, la chose en soi, reste entièrement inconnue ; c'est un simple *x*, et tout l'univers perceptible tombe dans le domaine de l'idéal, comme représentation, comme pur phénomène, mais auquel, en tant que phénomène, doit correspondre d'une façon quelconque une réalité, une chose en soi.

Enfin, à partir de ce point, j'ai fait encore un pas en avant, et je crois que ce sera le dernier ; car j'ai résolu le problème autour duquel s'agitent toutes les méditations philosophiques depuis *Descartes*, de façon à ramener toute existence et toute connaissance aux deux éléments de notre conscience de nous-même, c'est-à-dire jusqu'à une limite au delà de laquelle il ne peut plus y avoir de principe explicatif, car c'est le plus immédiat et, partant, le dernier. J'ai réfléchi, en effet, qu'ainsi qu'il résulte des recherches de mes prédécesseurs, telles que je viens de les exposer, le réel absolu, l'objet en soi, ne peut effectivement jamais nous être donné du dehors, par le moyen de la simple *représentation*, vu qu'il est de l'essence nécessaire de celle-ci de ne nous fournir jamais que l'idéal ; mais qu'au contraire, et attendu que nous sommes nous-même indubitablement du réel, nous devons pouvoir d'une manière quelconque puiser dans l'intérieur de notre propre être la connaissance du réel. Et, en effet, cette connaissance arrive là, d'une manière immédiate, à la conscience, comme *volonté*. En conséquence, j'ai mené la ligne de séparation entre le réel et l'idéal de manière à laisser dans la partie *idéale*, en tant que représentation, tout le monde visible et objectivement aperceptible, y compris le propre corps de l'être connaissant, ainsi que l'espace, et le temps et la causalité, avec la substance étendue de *Spinoza* et avec la matière de *Locke;* comme le *réel*, il reste uniquement a volonté, que tous mes prédécesseurs, sans avoir médité et envisagé suffisamment la question, avaient rejetée du côté de l'idéal, comme étant un simple résultat de la représentation et de la pensée, que *Descartes* et *Spinoza* identifiaient même avec le jugement [1]. Par là, ma *Morale* aussi se rattache directement à la métaphysique, et bien plus étroitement que dans tout autre système, et par là encore la valeur morale du monde et de l'existence a été, plus que jamais, établie sur des bases solides. *Volonté* et *représentation* sont fondamentalement distinctes l'une de l'autre, en ce qu'elles constituent l'opposition extrême et essentielle dans toutes les choses de l'univers et ne laissent rien en dehors d'elles. L'objet représenté et sa représentation sont la même chose, mais l'objet *représenté* seulement, non pas l'objet *en soi-même;* celui-ci est toujours *volonté*, sous quelque forme qu'il puisse se présenter dans notre représentation.

1. Spinoza, *l. c.* — Descartes, in *Meditationibus de prima philosophia,* Medit. 4, p. 28.

APPENDICE

A L'HISTOIRE DE LA DOCTRINE DE L'IDÉAL ET DU RÉEL

Des lecteurs qui seraient au courant de ce qui passait pour de la philosophie, dans le cours du siècle présent, en Allemagne, s'étonneront peut-être de ne m'avoir vu mentionner, dans l'intervalle entre *Kant* et moi, ni l'idéalisme de *Fichte*, ni le système de l'identité absolue de l'idéal et du réel, qui semblent cependant appartenir tout particulièrement à notre sujet. Mais je n'ai pu les citer, parce qu'à mon avis Fichte, Schelling ni Hegel ne sont pas des philosophes, en ce qu'il leur manque la première condition exigée pour cela, savoir l'étude sérieuse et honnête. Ils sont de simples sophistes : ils voulaient paraître, non être ; ils recherchaient non la vérité, mais leur propre intérêt et leur avancement dans le monde. Des fonctions du gouvernement, des honoraires payés par les étudiants et les libraires, et, comme moyen servant le but, le plus possible de bruit et de parade avec leur semblant de philosophie, — voilà les constellations qui guidaient, voilà les génies qui inspiraient ces disciples de la sagesse.

C'est pour cela qu'au guichet du contrôle on n'a pu leur accorder leur entrée dans la vénérable compagnie des penseurs, bienfaiteurs de l'humanité.

Toutefois il est une chose dans laquelle ils ont excellé : c'est l'art d'attraper le public et de se faire valoir pour ce qu'ils n'étaient pas ; il faut pour cela un talent incontestable, seulement pas philosophique. Mais au fond ils n'ont rien pu produire de véritable en philosophie, par la raison que *leur intellect n'était pas devenu libre*, mais était resté au service de la *volonté* : l'intellect, dans ces conditions, peut être très utile à la volonté et à ses fins, mais non à la philosophie ni à l'art. Car ceux-ci demandent justement pour première condition que l'intellect ne travaille que de sa propre impulsion et cesse, tant que dure son activité, de servir la volonté, c'est-à-dire d'avoir en vue les intérêts personnels propres. Lui, quand son activité est due à son propre mouvement, ne connaît de sa nature d'autre but que la vérité. Aussi ne suffit-il pas pour être un philosophe, c'est-à-dire un ami de la sagesse (qui n'est autre que la vérité), d'aimer la vérité en tant qu'elle peut se concilier avec l'intérêt propre, ou avec les statuts de l'Église, ou avec les préjugés ou les goûts des contemporains : tant qu'on s'en tient là, on n'est qu'un φιλαυτος, mais non un φιλοσοφος. Car ce titre honorable est beau et sagement trouvé, précisément parce qu'il signifie qu'on aime la vérité sérieusement et de tout cœur, sans condition, sans réserve, par-dessus tout et, au besoin même, en dépit de tout. La raison en est la même que celle rapportée plus haut, à savoir que l'intellect s'est affranchi, et que dans cette condition il ne connaît ni ne comprend d'autre intérêt que celui de la vérité : de là naît une haine irréconciliable contre tout mensonge et toute fourberie, quelque habit qu'ils portent. Avec cela, il est certain qu'on n'avancera pas beaucoup dans le monde, mais d'autant plus en philosophie. — Il est au contraire d'un mauvais augure pour celle-ci, lorsque, partant soi-disant à la recherche de la vérité, l'on débute par prendre congé de toute sincérité, de toute probité et de toute clarté, et qu'on ne se préoccupe que de se faire passer pour ce qu'on n'est pas. Alors on adopte, comme les trois sophistes mentionnés, tantôt un faux pathos, tantôt un sérieux élevé et artificiel, tantôt une mine immensément réfléchie, pour en imposer là où l'on désespère de pouvoir convaincre ; on écrit sans jugement, parce que, ne pensant qu'afin d'écrire, on a omis de penser jusqu'au moment de prendre la plume ; on cherche alors à passer en contrebande des sophismes palpables en place de preuves ; on en appelle à l'*intuition intellectuelle* ou à des *méditations absolues* et au *mouvement propre des notions;* on abhorre le terrain de la *réflexion*, c'est-à-dire de la connaissance raisonnée, de la délibération judicieuse et de l'exposition de bonne foi, en un mot l'usage propre et normal de sa raison ; on proclame un mépris souverain pour la *philosophie réfléchie*, en désignant par là toute suite de pensées bien enchaînées et bien logiques dans leurs déductions, telles qu'elles caractérisent les travaux des philosophes antérieurs. Ensuite, quand la dose d'impudence est suffisante et, de plus, encouragée par l'ignorance de l'époque, on s'exprimera à ce sujet à peu près en ces termes : « *Il n'est pas difficile de comprendre que cette* « MANIÈRE » *qui consiste à énoncer une proposition, à donner les raisons qui l'appuient et à réfuter de même par des raisons la thèse contraire, n'est pas la forme sous laquelle puisse se présenter la vérité. La vérité est le mouvement d'elle-même par elle-même,* » etc. (*Hegel*, Préface à la *Phénoménologie de l'esprit*, page LVII ; dans l'édition complète, page 36). Pour moi, je pense qu' « il n'est pas difficile de comprendre » que, lorsqu'on s'annonce de cette façon, on n'est qu'un effronté charlatan, qui veut jeter de la poudre aux yeux des niais et qui s'aperçoit que les Allemands du XIXe siècle sont justement les gens qu'il lui faut.

Lorsque, courant soi-disant vers le temple de la vérité, on confie les rênes aux mains de l'intérêt personnel, qui a les yeux fixés à côté et se guide sur d'autres constellations, comme qui dirait sur les goûts et les faiblesses des contemporains, sur la religion de l'État, mais surtout sur les vues et les indications des hommes du pouvoir, — comment pourrait-on jamais y arriver, à ce temple situé bien haut, sur des roches escarpées et nues ? — Mais on peut grouper autour de soi, attachés par les liens de l'intérêt, une bande d'élèves remplis, c'est le cas de le dire, de hautes aspirations, c'est-à-dire aspirant aux faveurs et aux emplois, formant en apparence une secte, mais en réalité une faction, et dont les voix de Stentor, réunies en chœur, jetteront votre nom à tous les vents comme celui d'un sage sans pareil : l'intérêt de la personne sera ainsi satisfait ; celui de la vérité, trahi.

Un sentiment pénible, mais bien naturel après ce que je viens de dire, s'empare du lecteur lorsque, des travaux de ces vrais penseurs que nous avons passés en revue, il arrive aux écrits de *Fichte* et de *Schelling*, mais surtout au non-sens que *Hegel*, avec une confiance illimitée, mais justifiée, dans la niaiserie allemande, a eu l'audace de coucher par écrit [1]. — Chez les premiers, on reconnaît partout une recherche *loyale* de la vérité et des efforts tout aussi *loyaux* pour communiquer aux autres leurs pensées. Aussi se sent-on élevé et ravi en lisant *Kant, Locke, Hume, Malebranche, Spinoza, Descartes;* on est entraîné à faire cause commune avec un noble esprit, qui pense et fait penser. C'est tout le contraire qui a lieu à la lecture des trois sophistes allemands que j'ai nommés plus haut. Quiconque ouvre, sans prévention aucune, un de leurs ouvrages, ne pourra rester longtemps dans le doute, quand il se demandera si c'est là le ton d'un penseur qui veut instruire ou celui d'un charlatan qui cherche à tromper : tellement tout y respire la *déloyauté*. Le ton

1. La fausse sagesse hégélienne est tout à fait cette meule qui tournait dans la tête de l'écolier dans *Faust* Pour abrutir à dessein un jeune homme et le rendre à jamais incapable de penser, il n'est pas de moyen plus éprouvé que l'étude assidue des œuvres originales de *Hegel*, car ces assemblages monstrueux de mots qui se détruisent et se contredisent réciproquement, et où l'esprit se torture vainement à découvrir un sujet de méditation, jusqu'à ce qu'il s'affaisse épuisé, anéantiront si bien chez notre jeune homme toute faculté de raisonner, qu'à partir de ce moment des billevesées creuses et vides passeront à ses yeux pour de profondes pensées. Ajoutez encore à cela la conviction, raffermie encore en lui par la parole et l'exemple des personnages haut placés, que tout ce fatras de paroles est la vraie, la haute sagesse! Si jamais quelque tuteur éprouvait de l'inquiétude à voir son pupille devenir trop fin pour les plans qu'il ourdit contre lui, l'étude assidue de la philosophie hégélienne pourrait bien vite parer à ce malheur.

de la recherche paisible, qui caractérisait tous les philosophes leurs devanciers, a été échangé contre celui d'une assurance inébranlable, propre au charlatanisme de tous les genres et de tous les temps, et qui se fonde chez eux sur une prétendue intuition intellectuelle immédiate, ou sur un raisonnement *absolu*, c'est-à-dire indépendant de l'individu et de sa faillibilité. Chaque page, chaque ligne s'efforce manifestement de surprendre, de tromper le lecteur, tantôt de le déconcerter en imposant son autorité, tantôt de l'abasourdir par des phrases inintelligibles ou du pur non-sens, d'autres fois de le stupéfier par l'impudence dans les affirmations, bref de lui jeter de la poudre aux yeux et de le mystifier aussi bien que possible. Aussi le sentiment que l'on éprouve par la transition dont il est question est-il, par rapport à la théorie, le même que celui qu'aurait, par rapport à la pratique, un homme sortant d'une société de gens honorables pour tomber dans un repaire de filous. *Christian Wolf*, tant dédaigné, tant vilipendé par ces trois sophistes, est cependant un digne homme, comparé à eux. Il avait et il suggérait de vraies pensées ; eux n'ont que des images de mots, des phrases, à l'effet d'abuser. Ainsi le vrai caractère distinctif de la philosophie de toute cette école soi-disant post-kantienne, c'est l'*improbité*, son élément le charlatanisme, et l'intérêt personnel son but. Ses coryphées ne travaillaient qu'à *paraître*, non à *être ;* ils sont donc des sophistes et non des philosophes. La risée de la postérité, pour eux et pour leurs admirateurs, après quoi l'oubli, voilà ce qui les attend. Pour le dire en passant, ce ton de querelle et de réprimande qui court à travers les écrits de *Schelling*, comme un accompagnement obligé, est en rapport avec les allures que nous avons montrées appartenir à ces gens. — S'il n'en avait pas été ainsi, si l'on avait procédé avec probité, au lieu de prendre le ton impérieux et fanfaron, *Schelling*, le mieux doué des trois sans contredit, aurait pu occuper en philosophie le rang subordonné d'un éclectique provisoirement très utile, en ce sens qu'il avait fabriqué avec les doctrines de *Plotin*, *Spinoza*, *Jacob Bohm*, *Kant*, et avec les sciences naturelles modernes, un amalgame qui pouvait combler momentanément le grand vide qu'avaient produit les résultats négatifs de la philosophie kantienne, jusqu'à l'avènement d'une philosophie réellement neuve qui contenterait les exigences soulevées par l'autre. Il a nommément employé la science naturelle de notre siècle à animer le panthéisme abstrait de Spinoza. Celui-ci, sans aucune connaissance de la nature, avait fait de la philosophie oiseuse, basée sur de simples notions abstraites, dont il avait composé son corps de doctrine, ignorant à vrai dire les choses elles-mêmes. Avoir revêtu ce squelette desséché de chair et de couleur, lui avoir communiqué, autant que cela pouvait se faire, de la vie et du mouvement à l'aide de la science de la nature, parvenue alors déjà à un degré avancé, bien que souvent les applications qu'il en faisait fussent fausses, voilà le mérite incontestable de *Schelling* dans sa philosophie naturelle, qui est aussi ce qu'il a fait de meilleur parmi ses différents essais.

Comme des enfants jouent avec les armes ou avec d'autres instruments destinés à être maniés par des hommes faits et pour un but sérieux, ainsi en ont agi nos trois sophistes avec la question dont je traite dans cette esquisse; leurs travaux sont la contre-partie risible des recherches laborieuses et profondes des philosophes pendant les deux siècles précédents. Après que *Kant* eut poursuivi très loin, et rapproché considérablement de sa solution le grand problème du rapport entre la chose en soi et sa représentation, voici venir *Fichte*, qui soutient que derrière les représentations il n'y a plus rien, qu'elles sont purement des productions du sujet connaissant, du moi. En cherchant ainsi à renchérir sur *Kant*, il n'aboutit qu'à mettre au jour une caricature de sa philosophie; constamment fidèle à la fameuse méthode que nous avons montrée appartenir aux trois pseudo-philosophes, il supprime entièrement le réel, ne laissant subsister que l'idéal. A sa suite vint *Schelling*, qui, dans son système de l'identité absolue du réel et de l'idéal, déclara nulle toute différence entre eux ; il soutient que l'idéal est en même temps le réel, qu'ils sont exactement la même chose, de sorte qu'il s'efforce de bouleverser brutalement, et de mêler tout ce que des méditations se développant insensiblement et pas à pas avaient à grand'peine séparé (Schelling, *Du rapport de la philosophie naturelle à celle de Fichte*). A l'imitation de l'erreur que nous reprochions à *Spinoza*, il nie hardiment la différence entre l'idéal et le réel. A cet effet, il va même, leur faisant une solennelle apothéose, déterrer, pour venir à son secours, les monades de *Leibnitz*, cette monstrueuse identification de deux absurdités, savoir les atomes, et des êtres indivisibles, doués essentiellement et primordialement de la connaissance et qu'on appelle des âmes (Schelling, *Idées sur la philosophie naturelle*). La philosophie naturelle de *Schelling* porte le nom de philosophie d'identité, parce que, marchant sur les traces de *Spinoza*, elle supprime trois distinctions que celui-ci avait déjà écartées, à savoir celle entre Dieu et le monde, celle entre le corps et l'âme, et enfin aussi celle entre l'idéal et le réel dans le monde de l'intuition. Mais cette dernière différence, ainsi que nous l'avons montré en parlant de *Spinoza*, ne dépend nullement des deux autres : elle en dépend si peu, que plus on a fait ressortir celle-ci, plus ces deux-là sont devenues problématiques : car ces dernières sont fondées sur des preuves dogmatiques (réfutées par Kant), tandis que l'autre se base sur un simple acte de la réflexion. Comme conséquence, *Schelling* a identifié aussi la métaphysique et la physique, et a donné le nom pompeux d'« âme du monde » à une simple diatribe physico-chimique. On voudrait ainsi étouffer par des négations audacieuses, par des sentences autoritaires, tous les problèmes métaphysiques qui viennent incessamment s'imposer à la conscience humaine. Tantôt on vient nous dire que la nature existe parce qu'elle existe, d'elle-même et par elle-même; on lui confère le titre de Dieu, et avec cela tout est dit pour elle, et qui en demande davantage est un fou; une autre fois, on prétend que la distinction entre le subjectif et l'objectif n'est qu'une frime d'école, ainsi que toute la philosophie de *Kant* dont la distinction entre l'*à priori* et l'*à posteriori* est de nulle valeur; la perception empirique nous donne pleinement la chose en soi, etc. Un passage du *Rapport entre la philosophie naturelle et celle de Fichte* se moque expressément de « ceux qui s'étonnent vraiment que *rien puisse ne pas être et qui ne peuvent assez s'émerveiller qu'il existe réellement quelque chose.* » Il semble ainsi à M. de *Schelling* que tout cela se comprend de soi. Au fond, tout ce verbiage, drapé dans des phrases pompeuses, n'est qu'un appel au sens soi-disant commun, c'est-à-dire au sens brutal. Je dois rappeler ici du reste ce que je dis au commencement du ch. 17, vol. II de mon grand ouvrage. Très intéressant pour le sujet qui nous occupe, et très naïf aussi, est encore le passage suivant du livre cité ci-dessus de Schelling : « *Si l'empirisme avait donné tous ses résultats, son antagonisme avec la philosophie, et la philosophie elle-même comme sphère spéciale ou branche de la science, disparaîtraient; toutes les abstractions se résoudraient dans l'intuition directe et « riante » : ce qu'il y a de plus élevé serait un jeu divertissant et naïf, le difficile deviendrait facile, ce qui est inaccessible aux sens deviendrait sensible, et l'homme pourrait, libre et joyeux, lire dans le livre de la nature.* » Cela serait en vérité tout à fait charmant! Mais nous n'en sommes pas encore là : on ne peut pas mettre ainsi toute pensée à la porte. Le sphinx antique et sérieux, avec son énigme, est couché là, immobile, et n'ira pas se précipiter à bas de son rocher parce que vous aurez déclaré qu'il n'est qu'un fantôme. *Schelling* lui-même, ayant senti plus tard que les problèmes métaphysiques ne se laissent pas écarter par des décisions autoritaires, essaya d'une démonstration réellement métaphysique, dans son traité sur la liberté ; mais ce n'est là qu'une pièce de fantaisie, un « conte bleu » ; il en résulte que son exposé, dès qu'il prend le ton de la démonstration, produit un effet des plus comiques.

Ce problème évoqué par *Descartes*, traité par tous les grands penseurs et poussé par *Kant* à ses dernières limites, *Schelling*, dans sa doctrine de l'identité du réel et de l'idéal, avait cherché à le résoudre en tranchant le nœud par la négation de toute opposition entre les deux. Pendant qu'il prétendait procéder de *Kant*, il se mettait par là en contradiction directe avec lui. Malgré tout, il avait au moins conservé au problème sa signification première et réelle, qui s'applique au rapport entre notre *perception* d'une part, et l'existence et l'essence, en soi, des objets perçus, d'autre part ; seulement, comme il avait puisé ses principes principalement dans *Spinoza*, il lui emprunta les expressions de *pensée* et *existence*, qui définissent très mal le problème en question et qui donnèrent lieu plus tard aux conceptions les plus montrueusement insensées. *Spinoza* avait formulé la proposition suivante : « *Substantia cogitans et substantia extensa una eademque est substantia, quæ jam sub hoc, jam sub illo attributo comprehenditur* » (II, 7 scol.) ; ou : « *Scilicet mens et corpus una eademque est res, quæ jam sub cogitationis, jam sub extensionis attributo concipitur* » (III, 2 scol.), par laquelle il voulait supprimer l'opposition cartésienne entre l'âme et le corps ; peut-être a-t-il aussi reconnu que l'*objet empirique* n'est pas distinct de l'*objet représenté*. *Schelling* prit donc de chez lui les termes de *penser* et *être* qu'il substitua insensiblement à ceux d'*intuition* ou plutôt d'objet perçu intuitivement et d'objet en soi (*Neue Zeitschrift für spekul. Physik*, Ier v, Ier article : *Fernere Darstellungen, etc.*). Car c'est le rapport entre notre *perception* des choses et leur *essence* ainsi que leur *être en soi*, qui forme le grand problème dont j'esquisse ici l'histoire, et non celui de nos *pensées*, c'est-à-dire des *concepts*; celles-ci n'étant que de simples abstractions d'une connaissance intuitive, obtenues en éliminant par la pensée certaines propriétés et en en conservant d'autres : c'est là un fait qu'aucun homme sensé ne niera [1]. Ces *concepts* et ces *pensées*, qui forment la classe des connaissances *non intuitives*, n'ont donc jamais un rapport *immédiat* avec l'*essence* et l'*être en soi* des choses ; ce rapport est toujours *médiat*, à savoir établi par la voie de l'*intuition :* c'est celle-ci qui, d'une part, leur fournit l'étoffe et qui, d'autre part, est en rapport avec la chose en soi, c'est-à-dire avec l'essence inconnue et propre des objets, s'objectivant dans l'intuition.

Cette expression impropre, prise par *Schelling* dans *Spinoza*, donna motif à *Hegel*, charlatan sans esprit et sans goût, qui à cette occasion s'est fait le paillasse de *Schelling*, de donner à la question une plus fausse tournure encore : selon lui, c'est la *pensée* même, proprement dite, les *concepts* par conséquent, qui seraient identiques avec l'essence propre des choses; la pensée *abstraite* comme telle, et directement, ne ferait qu'un avec ce qui existe en

---

1. *De la quadruple racine du principe de la raison*, § 26.

soi, objectivement ; et la logique serait aussi la véritable métaphysique ; de sorte que nous n'aurions qu'à penser, ou à laisser agir les concepts, pour savoir comment le monde extérieur est constitué absolument. Ainsi donc, tous les rêves creux qui hanteraient une boîte crânienne seraient par là même réels et vrais. De plus, comme la maxime des philosophâtres de cette période était que « plus c'est insensé et plus c'est beau », cette première absurdité fut appuyée par cette seconde, que ce n'est pas *nous* qui pensons, mais que ce sont les notions générales, d'elles seules et sans notre participation, qui effectuent l'opération de la pensée ; cette opération prit alors le nom de « mouvement dialectique propre des concepts » et forma la révélation universelle *in et extra naturam*. Au fond de cette farce il s'en trouve une autre, fondée également sur un abus de mots et qui, bien que n'ayant jamais été nettement énoncée, y est cachée incontestablement. *Schelling* avait, avec *Spinoza*, intitulé le monde Dieu ; *Hegel* prit l'expression au pied de la lettre. Comme ce mot, au propre, indique un être personnifié, qui, entre autres qualités absolument incompatibles avec le monde, possède aussi celle de l'*omniscience*, celle-ci fut également attribuée au *monde*, dans lequel sa place tout naturellement indiquée ne pouvait être que sous le crâne stupide de l'homme ; tout individu n'a donc qu'à donner libre cours à ses pensées (mouvement dialectique propre) pour voir se révéler à lui tous les mystères du ciel et de la terre ; tout cela, bien entendu, d'après le parfait galimatias de la dialectique hégélienne. Il est *un* art que ce *Hegel* possédait réellement à fond : c'est celui de mener les Allemands par le bout du nez. Il est vrai que cela n'est pas bien difficile. Ne voyons-nous pas les mauvaises farces avec lesquelles il a pu tenir en respect pendant trente ans le monde savant en Allemagne? Que les professeurs de philosophie continuent de prendre ces trois sophistes au sérieux et soient gravement occupés à leur faire une place dans l'histoire de la philosophie, cela provient tout simplement de ce que cela appartient à leur *gagne-pain* (en français dans le texte), en ce qu'ils y trouvent matière à faire une exposition détaillée, par écrit ou de vive voix, de l'histoire de la prétendue philosophie « post-kantienne », dans laquelle les doctrines de ces sophistes sont rapportées tout au long et discutées sérieusement, pendant que raisonnablement on ne devrait même pas se soucier de tout ce que ces gens-là ont pu débiter, rien que pour paraître ; à moins toutefois de vouloir déclarer toutes les écrivailleries de *Hegel* pour drogues officinales et d'en approvisionner les pharmacies, afin qu'elles les vendent en guise de vomitif psychique ; et en effet les nausées qu'elles provoquent sont réellement spécifiques. Mais en voilà assez sur ces œuvres et sur leur auteur ; nous l'abandonnons à l'admiration de l'*Académie des Sciences* du Danemark, qui a reconnu en lui un *summus philosophus* à sa façon, et qui exige qu'on ait du respect pour lui ; on peut s'en assurer en lisant son jugement annexé, comme un souvenir éternel, à mon mémoire sur *le Fondement de la morale* [1] ; il méritait d'être

---

[1]. Voyez pour le texte de ce jugement la traduction française de M. A. Burdeau, page 195. Paris, G. Baillière, 1879. (*Le trad.*)

sauvé de l'oubli, tant pour sa sagacité que pour sa remarquable honnêteté ; ce jugement était encore digne d'être conservé, parce qu'il vient prouver surabondamment ce bel aphorisme de La Bruyère : *Du même fonds dont on néglige un homme de mérite, l'on sait encore admirer un sot.*

TABLE DES MATIÈRES

CHAPITRE PREMIER
Introduction 1

CHAPITRE II
Exposé sommaire de tout ce qui a été enseigné jusqu'ici de plus important sur le principe de la raison suffisante 7

CHAPITRE III
Insuffisance de l'exposé qu'on en a fait jusqu'ici et esquisse d'un exposé nouveau 35

CHAPITRE IV
De la première classe d'objets pour le sujet, et de la forme qu'y revêt le principe de la raison suffisante 39

CHAPITRE V
De la seconde classe d'objets pour le sujet, et de la forme qu'y revêt le principe de la raison suffisante 147

CHAPITRE VI
De la troisième classe d'objets pour le sujet, et de la forme qu'y revêt le principe de la raison suffisante 199

CHAPITRE VII
De la quatrième classe d'objets pour le sujet, et de la forme qu'y revêt le principe de la raison suffisante 215

CHAPITRE VIII
Considérations générales et résultats 231

HISTOIRE DE LA DOCTRINE DE L'IDÉAL ET DU RÉEL 247

Appendice 277

COULOMMIERS. — Typog. PAUL BRODARD.

www.ingramcontent.com/pod-product-compliance
Lightning Source LLC
Chambersburg PA
CBHW071258160426
43196CB00009B/1340